区域发展空间均衡的
福祉地理学研究
——以鄱阳湖区为例

Spatial Equilibrium of Regional Development from
Well-being Geography：The Case of Poyang Lake Area

王圣云　著

国家自然科学基金项目"环鄱阳湖区居民福祉空间均衡的动力机制
与情景模拟——福祉地理学视角"（项目编号 41361027）

科学出版社
北 京

内 容 简 介

区域发展空间均衡是人文-经济地理学关注的重要议题，福祉地理学以福祉空间非均衡性为研究核心，为探究区域发展空间均衡问题提供了独特视角。本书从福祉地理学视角构建区域发展空间均衡分析框架；提出鄱阳湖区"滨湖-外围-流域"空间嵌套区划方案，分析鄱阳湖区福祉不平衡格局及其演进特征；对鄱阳湖区居民生活满意度和主观幸福感进行调查分析；探究鄱阳湖区福祉空间演进的动力机制和居民主观福祉差异的影响因素。本书是在中国特色社会主义进入新时代背景下，对我国社会主要矛盾在鄱阳湖区的实证研究和学术响应，对鄱阳湖区全面建成小康社会与实施区域协调发展具有重要的现实意义。

本书可供人文-经济地理学与区域经济学领域的学者、高校学生、研究人员，以及从事区域发展管理的相关政府部门工作人员、有关规划和咨询机构工作者参考。

图书在版编目（CIP）数据

区域发展空间均衡的福祉地理学研究：以鄱阳湖区为例/王圣云著. —北京：科学出版社，2017.12
　　ISBN 978-7-03-055908-1

Ⅰ. ①区… Ⅱ. ①王… Ⅲ. ①区域经济发展-经济地理学-研究-中国
Ⅳ. ①F129.9

中国版本图书馆 CIP 数据核字（2017）第 306179 号

责任编辑：陈会迎 / 责任校对：孙婷婷
责任印制：吴兆东 / 封面设计：无极书装

科 学 出 版 社 出版
北京东黄城根北街 16 号
邮政编码：100717
http://www.sciencep.com

北京虎彩文化传播有限公司 印刷
科学出版社发行　各地新华书店经销

*

2017 年 12 月第 一 版　开本：720×1000 B5
2017 年 12 月第一次印刷　印张：13 3/4
字数：270 000
定价：96.00 元
（如有印装质量问题，我社负责调换）

作 者 简 介

　　王圣云，山西河曲人，华东师范大学人文地理学博士，副研究员，南昌大学中国中部经济社会发展研究中心（教育部人文社会科学重点研究基地）区域经济研究所所长。美国密歇根州立大学地理系公派访问学者，南昌大学理论经济学、应用经济学、人文地理学硕士生导师。开创了国内福祉地理学新领域，致力于福祉地理与区域发展研究。

　　作为课题负责人主持完成国家社会科学基金青年项目、教育部人文社会科学基金青年项目，现主持国家自然科学基金多项课题。已在《中国软科学》《经济地理》《地理科学进展》《周易研究》等刊物发表论文四十余篇，在国家级出版社出版《福祉地理学——中国区域发展不平衡研究》《中部地区社会发展测评、预警与比较研究——发展型福祉视角》《长江经济带区域协同发展——产业竞合与城市网络》《中国区域福祉不平衡及其均衡机制》四部专著。主编蓝皮书《长江经济带创新发展报告》（经济科学出版社），作为副主编编撰出版2011~2016 年六部《中国中部经济社会竞争力报告》。科研成果荣获江西省社会科学研究优秀成果奖二等奖两次、三等奖一次。

前　言

　　区域经济差异是经济快速发展不可避免地带来的副作用，随之出现的区域福祉空间失衡问题已引起学界、政府和民众的广泛关注。经济地理学以区域差异为研究传统，福祉地理学（well-being geography）以福祉空间非均衡性为研究焦点，区域福祉空间均衡是经济地理学、福祉地理学重点关注和研究的重要议题。

　　区域福祉空间失衡主要体现在区域福祉空间的不平衡性加剧及福祉的结构性失调两方面，区域福祉空间均衡是在福祉水平逐步提升和福祉结构协调互补的基础上逐步达到人均综合福祉的空间趋同过程。福祉地理学以福祉空间非均衡性为研究核心，为探究区域福祉空间失衡与空间均衡提供了独特视角。

　　鄱阳湖区的大部分县区是革命老区和特困片区，公共服务发展较滞后，社会发展水平较落后，面临着较艰巨的发展任务。同时，鄱阳湖作为国内重要的湖泊，生态环境十分脆弱，湿地生态系统极易退化，生物多样性丧失和血吸虫病的威胁仍旧严重，同时其又面临着重要的生态保护任务。当前，鄱阳湖区已经进入全面建成小康社会的关键发展阶段。全面建成小康社会的美好蓝图以人民为中心，旨在提高人民生活水平、增进人民福祉、促进人的全面发展，这也是鄱阳湖区经济社会发展的基本出发点和最终落脚点。贫困问题依然是鄱阳湖区全面建成小康社会最突出的"短板"，大力提升贫困地区人民的福祉水平或可行能力，助其脱贫而非仅仅扶贫，是实现全面建成小康社会的现实需求。

　　在此背景下，不断提高鄱阳湖区的福祉水平，逐渐缩小鄱阳湖区的福祉差距，促进鄱阳湖区各县间人均福祉空间逐步均等，是鄱阳湖区推进区域协调发展和民生建设亟须考虑的重要现实问题，也是解决"人民日益增长的美好生活需要和不平衡不充分的发展之间的矛盾"的根本要求。在五大发展理念的指导下，区域福祉空间均衡的科学内涵是什么？针对该问题福祉地理学有何独特视角？什么因素影响着鄱阳湖区区域福祉空间均衡演进？这些都是值得研究的科学问题。为此，本书主要进行以下研究。

一、搭建福祉地理学理论架构，解析"区域发展"系统与"福祉空间"系统的关联逻辑

Smith 提出的"福利地理方法"（welfare geography approach）曾是福祉地理学研究的重要基石。但由于发展观演变、福利向福祉的概念转向、人文主义等众多思潮和研究途径的相继出现，其已难以满足多种研究流派和研究方法的需要。为此，第三章从方法论、伦理性和时空维度几个方面搭建福祉地理学新框架，为多种研究流派理解、认识福祉地理学和发展人文地理学提供了一个更广泛的理论架构。

笔者认为，福祉地理学主要研究不同时空尺度下福祉与环境、福祉与空间、福祉与地方的主客观关系，以及福祉空间不均衡演变过程、影响因素及均衡调控模式和机制（王圣云，2011a）。区域福祉均衡问题是地理学有待深入研究的新方向。第四章构建基于福祉空间的区域发展空间均衡分析框架。笔者认为，福祉空间反映生活在一定地域空间中的人们获得或维持良好生活状态的能力空间的大小。福祉空间分为微观福祉空间和宏观福祉空间，其中，微观的福祉空间是一种包含人的情感、认知和想象，体现人的能力和价值，以"良好生活状态"为中心的多元综合、多层复合的抽象空间；宏观的福祉空间即区域福祉空间，是微观福祉空间在区域（或地域）上的投影。

第四章指出区域发展和福祉空间是一体两面的关系，区域发展是提升福祉空间的主要手段；福祉空间提升则是区域发展的结果。但福祉空间能否得到提升，关键在于人对美好生活的需求是否得到满足，这是区域发展系统与福祉空间系统之间的"潜在纽带"或内在关联机制。借助福祉空间概念可整合福祉研究中客观和主观两种研究路径，将客观度量和主观感知结合起来，有助于使人们不再以收入空间为依据理解区域发展成果，而是以福祉空间为依据理解区域发展成果。借助福祉空间概念，可以将地理学研究的"空间透视"和"区域研究"两大范畴整合起来，将福祉空间和区域发展不平衡结合起来，进而将空间研究方法和区域研究方法综合起来，有利于推进区域发展不平衡和区域发展空间均衡等研究。

二、从福祉空间均衡视角提出区域发展空间均衡的分析框架，并对鄱阳湖区进行多视角、多方法、多层面的实证分析

从区域经济学相关理论来看，区域之间存在经济分异是必然趋势，尽管新古典主义趋同假说指出，通过生产要素自由流动最终会实现区域经济趋同，但现实中新古典主义的经济趋同假说很难成立。学界近年来关注的区域发展空间均衡强调区域之间的发展差距能稳定在合理适度的范围内并不断缩小。然而，什么是度量区域发展差距的适宜指标，或者说，区域发展空间均衡究竟要均衡什么，当前

学界尚无定论，且存在不小争议。若从福祉地理学的福祉空间均衡视角来看，区域发展空间均衡不应机械地一味追求区域间经济发展水平的趋同，而是应想方设法创造条件扭转区域之间福祉空间失衡的趋势，从而逐步实现区域间人均福祉空间的大体均衡，即实行保持"适度经济差距"与追求"人均福祉大致均等"并行不悖的区域均衡发展战略（王圣云，2017）。

本书第一章将滨湖-外围分区的划分方法和按流域分区的划分方法整合起来，提出鄱阳湖区"滨湖-外围-流域"的空间嵌套区划方案；第六章据此应用泰尔指数及其空间分解、基尼系数及其要素分解，以及经济收敛性等多种方法对鄱阳湖区福祉不平衡演进特征进行定量分析，揭示滨湖区与环湖外围区的福祉空间差异及流域之间的福祉空间差异。第六章的研究发现，滨湖区的经济差距与福祉差距均较大，环湖外围区的经济差距与福祉差距均较小。鄱阳湖区福祉空间差距主要是滨湖区和环湖外围区内部的福祉差距。环湖外围区内部流域间的福祉差距较大，流域内的福祉差距较小。这给我们带来的启示是，推进鄱阳湖区均衡发展的重点在于促进滨湖区福祉空间均衡发展。此外，第六章的实证研究还发现，1990~2010年鄱阳湖区的经济差距较大且平缓扩大，而福祉空间差距较小且快速缩小。由此推测，尽管鄱阳湖区各县之间的经济发展不平衡，但只要各县在人均福祉水平不断提高的基础上，人均福祉空间大致均衡，就可以说实现了区域福祉空间均衡。可见，鄱阳湖区各县之间的福祉均衡比经济均衡更容易实现，所以应关注并设法缩小鄱阳湖区各县之间的福祉差距。上述实证研究带来的学术启示是，区域发展空间均衡不仅包括区域间人均福祉空间趋同，还包括通过组分互补的福祉结构均衡，即经济维度的福祉空间不均衡程度，往往可通过非经济维度的福祉均衡而得到削减，最终实现区域间经济维度与非经济维度综合计算的人均综合福祉均衡。根据第五章的实证研究可知，1990~2010年鄱阳湖区福祉空间整体得到大幅提升，福祉结构不断优化，逐渐趋向均衡。其中，收入因素是促进福祉结构均衡的主要因素。第六章基于基尼系数分解的研究发现，鄱阳湖区健康差距逐渐扩大，教育差距逐渐缩小，收入差距是鄱阳湖区的主要福祉差距。集中效应促进鄱阳湖区福祉空间差距缩小，结构效应却扩大鄱阳湖区的福祉空间差距，但鄱阳湖区福祉空间整体上是趋向均衡的；可以认为，逐步缩小鄱阳湖区各县间的人均福祉差距，促进各县福祉结构均衡发展，是实现湖区协调与均衡发展的关键。

三、建立鄱阳湖区居民主观福祉调查问卷，首次对鄱阳湖区居民生活满意度和主观幸福感进行调查研究和比较分析

国内针对湖区居民主观福祉的问卷设计和调查研究尚不多见，第八章从生活满意度和主观幸福感两个层面，针对医疗健康、生活条件、社会关系、生态环

境、休闲程度、收入状况、主观幸福感7个方面设计鄱阳湖区居民主观福祉调查问卷。其充分体现了鄱阳湖的区情特色，特别是增加了生活用水满意度、鄱阳湖水环境质量满意度、血吸虫病担心程度这三个反映生态环境对居民主观福祉影响的题项。第八章通过对鄱阳湖区居民各维度的生活满意度和主观幸福感进行综合分析，更加全面地揭示湖区居民的主观福祉状况。通过分析得出以下结论：鄱阳湖区受访居民普遍表示家庭较为幸福，生活幸福感强，有相对充足的休闲时间，但生活压力较大；受访居民普遍认为物价水平过高，收入满意度较低；受访居民对自身健康状况的满意度较高，但对社区医疗服务设施及医疗保险满意度较低；受访居民对社会治安满意度较高，亲朋邻里关系良好；城镇低收入中年群体是生活满意度与主观幸福感都较低的弱势群体。

四、综合主观福祉、客观福祉两种范式，定量探究鄱阳湖区人类福祉空间演进的动力机制和居民福祉差异的影响因素

目前，学界对区域发展空间均衡的驱动因素或动力机制尚未进行深入研究，且对空间均衡模型构建的研究和实证研究不足（樊杰等，2016）。因此，本书第七章基于客观的人类福祉指标，重点对促进鄱阳湖区福祉空间均衡的动力因素及其相互关系进行经验分析和计量分析，促进湖区福祉空间均衡发展的机制研究。通过第七章的研究发现，产业结构因素、经济增长因素、公共财政因素对鄱阳湖区福祉空间的提升作用明显，而城镇化因素的福祉效应较小；福祉产出机制、福祉驱动机制、福祉共享机制、福祉保障机制相互嵌套、相互传导，是促进鄱阳湖区福祉空间均衡的主要动力机制。

第九章则基于主观福祉视角，采用独立样本 t 检验、单因素方差分析方法、因子分析和结构方程模型共同探究鄱阳湖区居民主观福祉差异及其主要影响因素。通过定量研究发现，健康满意度、生活条件满意度、社会关系满意度、休闲满意度对鄱阳湖区居民主观幸福感具有显著的正向影响。其中，健康满意度对鄱阳湖区居民主观幸福感的影响最大。收入满意度对鄱阳湖区居民主观幸福感的影响并不显著。鄱阳湖区居民自我满足感较强，普遍感到生活幸福，拥有较高的幸福感与较低的收入满意度。居住健康因子和社会关系因子对鄱阳湖区居民主观幸福感有显著的正向影响。虽然鄱阳湖区居民普遍对鄱阳湖的水环境质量满意度较低，认为水环境和血吸虫病对生活有影响，但研究却发现生态环境因子虽然对鄱阳湖区居民的生活满意度有影响，但是对主观幸福感没有显著影响。

目　　录

第一章　绪　　论

第一节　研究背景与研究意义

一、福祉导向下区域发展不平衡的评判域不再局限于经济指标

随着经济发展和人民生活水平的不断提高，民生问题逐渐受到政府和学界的重视。尤其是我国正在全面建成小康社会，正由生存型社会逐步迈向发展型社会，政府对非物质方面的发展越来越重视，人们在满足基本生活需求的基础上对发展型的需求方面提出了更高要求（王圣云，2014）。

在发展观不断演进的背景下，区域发展研究范式已经从重视经济指标转向关注福祉指标；发展的主体从地区的发展转向人的发展；发展目标从重视经济增长转向关注民生福祉。与此同时，福祉观也处于不断嬗变之中，随着福利（welfare）向福祉（well-being）的概念转变，以及福利主义方法向非福利主义方法的发展，福祉被视为一个与人的生活状态和主观感知、情感等密切相关的概念，关注的核心是人的良好生活状态（Gasper 和陆丽娜，2005）。森（2002）提出的可行能力理论认为福祉是人的可行能力的函数，发展的终极目标是提升人的福祉。联合国开发计划署（United Nations Development Programme，UNDP）以森和哈克（Mahbub ul Haq）提出的人类发展指数（human development index，HDI）为基础，编写了《1990 年人类发展报告》，报告中认为人类福祉（human well-being）是扩大人民选择机会的过程，并用 HDI 反映三种重要的选择机会，即获得长寿的机会、受教育的机会，以及享受体面生活的机会（United Nations Development Programme，1990）。

在区域发展研究中，HDI 是运用最广泛、最简明的测度福祉水平的指标。由于福祉指标是衡量区域发展状态的更全面、更有效的指标，度量区域发展不平衡的指标应为反映人的良好生活状态的多维福祉指标。

从评价区域发展不平衡的指标选取来看，不论是侧重探究地区经济增长成果的差距，还是侧重探究地区间生活水平的差距，不论采用的是人均收入和 GDP（gross domestic product，即国内生产总值）等指标，还是人均消费等指标，以往评价区域发展不平衡基本上都采用收入或 GDP 等经济指标。收入或 GDP 等经济指标只是反映福祉水平的简单替代性指标，经济指标不能覆盖区域发展程度和最终人们能享受到的发展成果。区域发展不平衡的评判域不应该局限于收入或 GDP 等经济指标，应该落到福祉水平层面（王圣云，2011a）。

二、以福祉空间不均衡为研究核心的福祉地理学日益兴起

区域经济差异是经济快速发展带来的不可避免的副作用（陆大道，1995a），随之出现的区域福祉空间失衡问题已经引起了学界、政府和民众的广泛关注。经济地理学以区域差异为研究传统，福祉地理学以福祉空间非均衡性为研究焦点（Coates et al.，1977；Smith，1977），因而区域福祉空间均衡成为经济地理学、福祉地理学重点关注的重要议题（樊杰，2007；陈雯，2008；王圣云，2011b）。

区域福祉空间失衡主要体现在区域福祉的空间不平衡性加剧及福祉的结构性失调两方面。区域福祉空间均衡是指在福祉水平逐步提升和福祉结构协调互补的基础上，逐步达到的人均福祉空间趋同过程。福祉地理学以福祉空间非均衡性为研究核心，为探究区域福祉空间失衡与空间均衡提供了独特视角。

通过对福祉地理学研究路径和最新进展进行总结可知，GDP 扩展路径以经济福祉的定量评价为主，沿袭了经济学的传统；地域社会指标路径旨在探究社会福祉的空间模式，因子生态模式等研究是地理学实证主义的体现；满意度和幸福感路径则从认知和情感两个层次，探究福祉或生活质量，为心理学所擅长。因此，进行福祉地理学研究不仅要借鉴心理学、经济学、社会学等理论和方法，展开跨学科的积极合作，还要综合考虑福祉的主观、客观两个维度，将客观研究和主观研究相结合。

经济发展推动了社会发展和进步，如何让人民共享经济发展成果，增进人们的物质福祉和非物质福祉，提高人们的客观福祉和主观福祉，是传统的福祉研究面临的挑战。随着内涵的逐渐拓宽，福利逐步向福祉演变。20 世纪 70 年代提出的福利地理学（welfare geography）研究范式是福利主义和实证主义方法论的产物，更多关注的是经济方面的福利，已难以适应福祉转向和非福利主义方法论及发展观的演进趋势，同时制约了对福祉地理学的研究范式和理论基础的深入和系统探究。福利向福祉的概念和范式跨越，为探索从福利地理学转向福祉地理学的研究范式提供了契机。

构建福祉地理学研究框架，并基于福祉空间视角界定区域发展空间均衡概念，通过对鄱阳湖区福祉不平衡演变及福祉结构演进规律和福祉空间均衡的动力机制等的探究，充实了地理学关于区域发展空间均衡研究的理论基础，同时也深化了福祉地理学在区域趋同与空间均衡研究领域的理论探索和应用。

三、增进人民福祉是新时代鄱阳湖区全面建成小康社会的出发点和落脚点

鄱阳湖位于江西省北部，长江中下游南岸，是中国重要的湿地之一，具有调洪蓄水、调节气候等多种生态功能。鄱阳湖区位于长江经济带和京九经济带的交汇处，是长三角地区、珠三角地区等重要经济板块的直接腹地，是城镇广布、人口集聚、关乎人类生存发展的重要地区。

鄱阳湖区的大部分县区是革命老区①和特困片区②，公共服务与发达地区相比较滞后，社会发展较落后，面临着较艰巨的发展任务。同时，鄱阳湖作为国内外重要的湖泊，生态环境十分脆弱，湿地生态系统极易退化，生物多样性丧失的问题和血吸虫病的威胁仍旧严重，又面临着重要的生态保护任务（胡振鹏，2010）。2009 年国务院正式批复《鄱阳湖生态经济区规划》，将建设鄱阳湖生态经济区上升为国家战略，这标志着国家对鄱阳湖区发展的高度重视。目前，鄱阳湖生态经济区的工业化、城镇化、现代化建设快速推进，江西省于 2016 年 6月又获批设立赣江新区，这为鄱阳湖区的一些县区带来了新的发展机遇。

十八届三中全会指出，全面深化改革，要"以促进社会公平正义、增进人民福祉为出发点和落脚点"。十八大强调，"在改善民生和创新管理中加强社会建设""着力保障和改善民生"；指出"加强社会建设，必须以保障和改善民生为重点"。十九大报告指出："坚持在发展中保障和改善民生。增进民生福祉是发展的根本目的。必须多谋民生之利、多解民生之忧，在发展中补齐民生短板、促进社会公平正义，在幼有所育、学有所教、劳有所得、病有所医、老有所养、住有所居、弱有所扶上不断取得新进展，深入开展脱贫攻坚，保证全体人民在共建共享发展中有更多获得感，不断促进人的全面发展、全体人民共同富裕。"在这种背景下，推进鄱阳湖区发展，就需要关注居民对经济发展的迫切需求，关心社

---

① 包含九江县（现已撤销）、瑞昌县（现已撤县设市）、武宁县、永修县、德安县、星子县（现已撤销）、都昌县、湖口县、彭泽县、贵溪市、余江县、鄱阳县、万年县、新干县、丰城市、樟树市、余干县、东乡县（现已撤县设区）。资料来源：中国老区建设促进会. 江西老区：中国革命的摇篮. http://dangshi.people. com.cn/GB/151935/164962/9786356.html，2009-08-04。

② 包含新干县、余干县、鄱阳县、都昌县、贵溪市、余江县。资料来源：江西省人民政府办公厅. 江西省人民政府办公厅关于印发江西省统筹整合财政涉农扶贫资金实施方案的通知，2016.

会福祉和民生建设，同时要重视鄱阳湖区发展中的结构性冲突和权衡选择。这要求树立正确的发展观，积极探索鄱阳湖区区域协调发展新模式，大力推进鄱阳湖区协调发展。

当前，鄱阳湖区已经进入全面建成小康社会的决胜期。全面建成小康社会得到了各级政府的高度重视。全面建成小康社会的美好蓝图以人民为中心，旨在提高人民的生活水平、增进人民福祉、促进人的全面发展，这也是鄱阳湖区经济社会发展的基本出发点和最终落脚点。贫困问题依然是鄱阳湖区全面建成小康社会最突出的"短板"，大力提升贫困地区的福祉水平或可行能力，助其脱贫而非扶贫，是鄱阳湖区全面建成小康社会的重要目标转变。

四、促进区域福祉空间均衡是新时代鄱阳湖区贯彻五大发展理念和缓解社会主要矛盾的根本要求

十八届五中全会提出了创新、协调、绿色、开放、共享的五大发展理念，这是发展理念的一次深刻变革。提升福祉是区域经济社会发展的根本出发点和最终落脚点，也是民生问题的重要体现。区域发展是提高福祉的过程和手段，福祉的空间公平和结构协调是区域发展的重要目标。在我国全国建成小康社会和实施区域协调发展战略的背景下，如何不断提高鄱阳湖区的福祉水平、逐渐缩小鄱阳湖区各县区的福祉差距、促进各县区人均福祉逐步均等，是江西省在推进区域协调发展和民生建设时亟须考虑的重要现实问题。

那么，在中国特色社会主义进入新时代的背景下，在五大发展理念的指导下，区域福祉空间均衡的科学内涵是什么？对此问题福祉地理学有何独特视角？什么因素影响着鄱阳湖区区域福祉空间的均衡演进？这些都是具有一定难度的值得研究的科学问题，也是回应发展不平衡制约鄱阳湖区满足人民美好生活需求的社会主要矛盾的现实议题。

区域发展通常是经济发展、社会进步和生态环境保护三维目标下的发展过程（陆大道，1995b，2009）；区域发展的空间均衡是指标识任何区域综合发展状态的人均水平值大体趋于相等，经济发展水平低的区域可以通过更好的社会发展状态和生态环境状态提高综合发展水平（樊杰，2007）。因此，在区域发展系统中考虑人的发展因素，纳入人格系统，即重视人民的生活满意度、主观幸福感和可行能力的提高，是对以人民为中心的理念的响应。尽管鄱阳湖区的经济发展不平衡，但只要湖区的人均福祉空间大致均衡，就可以说实现了福祉空间均衡。也就是说，鄱阳湖区空间均衡不是刻意平衡鄱阳湖区各地区的经济发展水平，而是在保持适度经济差距的前提下，逐步扭转各地区的福祉空间失衡趋势，实现鄱阳湖区各县区人均综合福祉空间的大体、相对均衡，这是鄱阳湖区落实五大发展理

念和缓解社会主要矛盾的根本要求。

从福祉导向研究鄱阳湖区的空间失衡与均衡调控问题，体现了以人为本、改善民生等发展内涵，符合鄱阳湖区经济社会协调可持续发展要求，这对新时代背景下推进鄱阳湖区发展方式转变具有重要的理论指导意义。同时，在福祉结构协调互补的基础上推动人均福祉空间趋同的区域福祉空间均衡研究，拓展了湖区协调发展战略思路，有利于促进鄱阳湖区福祉趋同和协调发展，在鄱阳湖区的区域差异调控和民生福祉建设等治理决策方面为政府提供科学参考依据。

第二节　研究框架与研究内容

一、研究框架

基于福祉地理学的理论和方法，结合经济地理学和区域经济学，本书以鄱阳湖区为研究区域，以主观、客观福祉结合为范式，应用定性与定量综合集成的研究方式，基于福祉地理学分析区域福祉空间均衡内涵，通过鄱阳湖区福祉空间不均衡演进和福祉结构动态演变等分析，探究鄱阳湖区福祉空间演变的动力机制，以及鄱阳湖区主观福祉状况、主观福祉差异及其影响因素，从促进人均福祉空间趋同的视角对鄱阳湖区的福祉空间均衡进行系统研究（图1.1）。

二、研究内容

本书分为五部分，共十章，具体如下。

第一部分为绪论部分，即第一章，重点阐述本书的研究背景与研究意义，研究框架与研究内容，研究方法、研究区域与数据来源，主要观点与创新之处。

第二部分为理论基础与文献评述部分，即第二章，主要从理论基础和国内外相关研究入手，应用Citespace软件对福祉理论与测度方法及其研究进展知识图谱、区域发展不平衡与区域均衡发展研究进展知识图谱、鄱阳湖区区域差异与福祉等研究进展相关研究文献进行评述和分析。

第三部分为理论研究部分，包括第三章和第四章。第三章梳理了从福利地理学向福祉地理学拓展的学科研究脉络，基于本体论、认识论、方法论和伦理性等方面的转向，构建福祉地理学的理论框架；第四章建构性地提出了福祉空间概念性框架，通过对福祉空间系统和区域发展系统的关联分析，对区域发展空间均衡问题进行了福祉空间视角的理论分析。

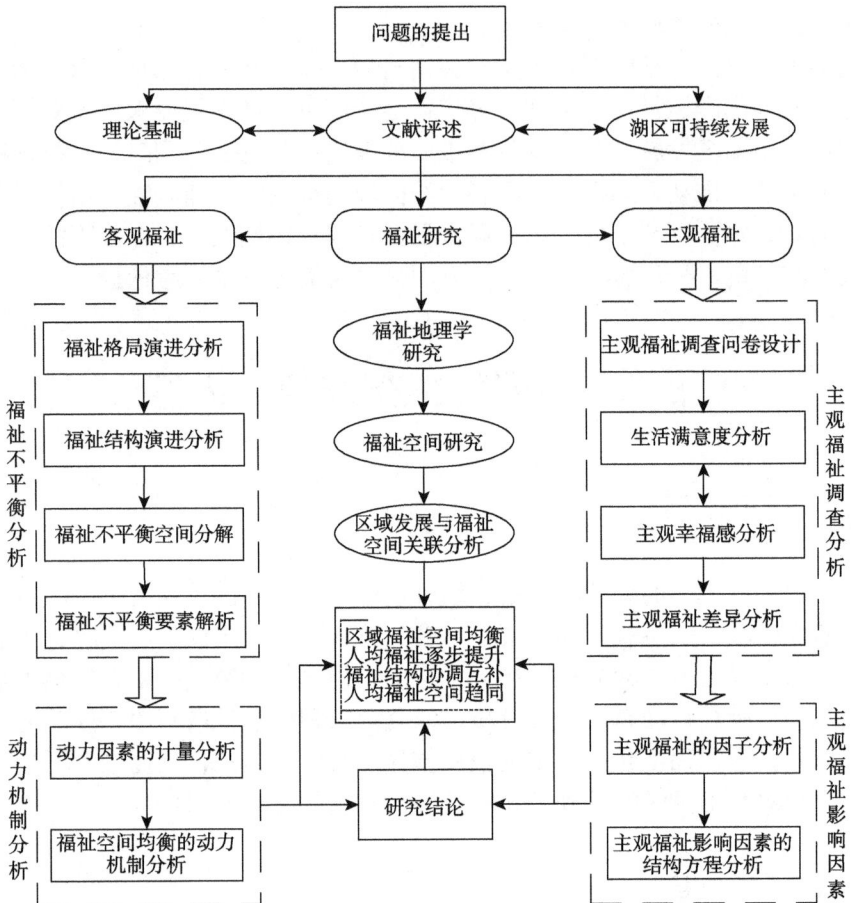

图 1.1　研究框架

第四部分为实证研究部分，包括第五章到第九章。其中，第五章到第七章针对鄱阳湖区的客观福祉，基于人类福祉指标，分别对鄱阳湖区福祉定量测评、时空格局与结构演进，鄱阳湖区福祉不平衡的空间分解和要素解析，以及鄱阳湖区福祉空间演变的动力机制进行研究。第八章和第九章基于主观福祉调查问卷，分别对鄱阳湖区居民主观福祉进行调查分析，对鄱阳湖区居民主观福祉差异进行计量分析，并对鄱阳湖区居民主观福祉差异的影响因素等进行研究。

第五部分为研究结论，即第十章，总结了本书的主要研究结论。

第三节 研究方法、研究区域与数据来源

一、研究方法

（一）计量经济方法

使用三轴图法、基尼系数及基尼系数要素分解法、泰尔指数及泰尔指数空间分解法，对鄱阳湖区福祉不平衡及结构演进进行多视角剖析；分析并比较鄱阳湖区福祉指标与经济指标的收敛性。运用因子分析方法对影响鄱阳湖区居民主观福祉的很多因素进行分类，筛选影响鄱阳湖区居民主观福祉的主因子；利用结构方程模型对鄱阳湖区居民主观福祉建模，分析影响鄱阳湖区居民主观福祉的主要因素。用主成分分析法和多元线性回归方法等计量经济分析法分别对影响鄱阳湖区、滨湖区和环湖外围区福祉变化的动力因素进行分析。应用回归分析方法对鄱阳湖区居民生活满意度差异及其与主观幸福感的关系进行定量研究。

（二）问卷调查方法

通过到鄱阳湖区进行实地访谈，与当地居民进行面对面的交流，对鄱阳湖区居民主观福祉状况进行了解。同时，发放一定数量的调查问卷，获取一些有关鄱阳湖区居民主观福祉的第一手数据。根据现有的研究成果和文献，参考福祉的概念，结合鄱阳湖区的实际情况，设计鄱阳湖区主观福祉调查问卷，对鄱阳湖区居民生活满意度（life satisfaction）和主观幸福感（subjective well-being）进行调查分析。

（三）比较分析方法

侧重于比较分析滨湖区与环湖外围区福祉的格局演变、结构特征及空间差异变化的规律。同时，也通过对经济指标与福祉指标的比较分析，揭示鄱阳湖区经济发展不平衡与福祉不平衡的时空演变特征。

二、研究区域

（一）研究区域范围

关于鄱阳湖区空间范围的界定，主要有以下几种。《鄱阳湖研究》将鄱阳湖

区的范围划定为南昌县、新建县（现为新建区）、进贤县、余干县、波阳县（现为鄱阳县）、都昌县、湖口县、星子县、德安县、永修县及九江市区，共 11 个县区（《鄱阳湖研究》编委会，1988）；鄱阳湖地区的范围则更广，除上述 11 个县区外，还包括周围毗邻的 14 个县区，共 25 个县区；该界定方法注意区分了鄱阳湖区和包含环湖外围区域的鄱阳湖地区。黄新建（2007）研究的鄱阳湖区除使用浔阳区代替九江市区外，与《鄱阳湖研究》中确定的鄱阳湖区的划分相同。《鄱阳湖生态经济区规划》提出，鄱阳湖生态经济区的范围包括南昌、景德镇、鹰潭 3 市，以及九江、新余、抚州、宜春、上饶、吉安的部分县区，共 38 个县区。谢花林等（2012）的研究区域是鄱阳湖生态经济区除市辖区外的 25 个县（将共青城市合并到德安县）。何宜庆和翁异静（2012）的研究区域是南昌、景德镇、九江、新余、鹰潭、抚州六个地级市。余达锦（2010）、钟业喜和陆玉麒（2011）的研究区域是鄱阳湖生态经济区确定的 38 个县区，其中将市辖区合并为 6 个市区，除去共青城市共 31 个县区。

需要指出的是，早期的研究多沿用类似《鄱阳湖研究》的区域划分，本书认为对于鄱阳湖区而言，县域是更微观的空间层面，因此应兼顾区县，以期对鄱阳湖地区有更全面的考察。在最大限度地保持研究区域完整性的前提下，本书界定的鄱阳湖区包括 6 个市区和 25 个县[①]，共 31 个县区。由于其既包含市区又包含县，且区与县的福祉差异通常较大，在很多方面没有很好的可比性，同时区级的综合入学率没有进行统计，在实证计算时只选取 25 个县作为研究对象。需要补充说明的是，1990~2015 年鄱阳湖区部分县域的行政区划调整均为撤县改市、撤县改区或更名、复名，因此未对本书研究区域的地区范围产生实质影响。为统一表述，一律采用 2015 年行政变更后的名称（表 1.1）[②]。

表 1.1 研究区域行政区划变动情况

年份	变动情况	年份	变动情况
1992	撤销乐平县，设立乐平市	2003 年	波阳县县名恢复为鄱阳县
1993	撤销高安县，设立高安市	2015 年	撤销新建县，设立新建区
1996	撤销贵溪县，设立贵溪市		

具体研究区域见表 1.2。

---

① 共青城市是 2010 年设立的县级市，由德安县、永修县和星子县部分地区组成，其 2010 年后的数据较难归到德安县、永修县、星子县的数据中去，故将共青城市从研究区域中除去，研究区域只含 25 个县。

② 2016 年东乡县撤县改区，2016 年星子县撤县改市，2017 年九江县撤县改区，由于本书的研究时间截止2015 年，为了统一，采用更改之前的县名。

表 1.2 本书研究区域的具体范围

地市名称	县区名称
南昌市	南昌市区、南昌县、新建区、安义县、进贤县
景德镇市	景德镇市区、浮梁县、乐平市
九江市	九江市区、九江县、武宁县、永修县、德安县、星子县、都昌县、湖口县、彭泽县、瑞昌市
新余市	新余市区
鹰潭市	鹰潭市区、余江县、贵溪市
吉安市	新干县
宜春市	丰城市、樟树市、高安市
抚州市	抚州市区、东乡县
上饶市	余干县、鄱阳县、万年县

（二）区划方法

研究鄱阳湖区福祉空间分异的前提是进行鄱阳湖区的区域划分。鄱阳湖区的空间区域划分有两种具有代表性的方案：一是按"滨湖-外围"分区的划分方案；二是按"流域"分区的划分方案（表 1.3）。

表 1.3 鄱阳湖区已有的两种区划方案

区划类型	区划方法
按"滨湖-外围"分区	《鄱阳湖研究》较早提出关于鄱阳湖区滨湖区-环湖外围区的划分方法（《鄱阳湖研究》编委会，1988）。钟业喜和陆玉麒（2010）将鄱阳湖区划分为滨湖区域和外围区域：滨湖区域沿用《鄱阳湖研究》对鄱阳湖区的划定，外围区域是结合鄱阳湖生态经济区范围确定的 20 个县区
	刘耀彬等（2012a）以鄱阳湖为中心由内向外将城市经济影响划分为环湖核心区、环湖边缘区和环湖外围区
按"流域"分区	水系山脉是地理上分区的重要自然因素。鄱阳湖水系完整，有赣、抚、信、饶、修五大河[1]
	洪熊和曾菊新（2012）参考《江西统计年鉴》的划分方法，将江西省划分为"五大流域"和"鄱阳湖区及长江水道"六个区域，对区域间的经济差异进行研究

1）据《鄱阳湖研究》，赣江、抚河自西南，信江自东南，饶河自东，修河自西北，汇往鄱阳湖

需要指出的是，按"滨湖-外围"的分区方案是侧重于"中心-外围"的经济区划方法；而按"流域"分区是基于自然地理性质的区划方案。前者的不足在于无法得知流域间的差异情况；而后者则缺乏对滨湖区与外围区的比较考察。因此，综合两种方法的优势，依据《鄱阳湖生态经济区规划》，参考《江西统计年鉴》及《鄱阳湖研究》的区划方法，本书提出鄱阳湖区的"滨湖-外围-流域"的空间嵌套区划方案。

"滨湖-外围-流域"的空间嵌套区划方案先将鄱阳湖区分为滨湖区和环湖外围区，再根据湖泊水系进行流域划分，可将滨湖区视为狭义的鄱阳湖流域[1]，

① 据《鄱阳湖研究》，狭义的鄱阳湖流域是指鄱阳湖水域、平原、滩洲地范围。

同时将环湖外围区按照五大流域和长江流域划分为六个区域。从滨湖区和外围区来看，滨湖区包括九江市区、星子县、永修县、新建区、南昌县、进贤县、余干县、鄱阳县、都昌县、湖口县、德安县；环湖外围区包括南昌市区、新余市区、丰城市、高安市、樟树市、新干县、抚州市区、东乡县、鹰潭市区、贵溪市、余江县、景德镇市区、乐平市、浮梁县、万年县、安义县、武宁县、九江县、瑞昌市、彭泽县。具体划分情况见表1.4。

表 1.4　鄱阳湖区"滨湖-外围-流域"区域划分方案

区域划分		县区名称
滨湖区	鄱阳湖流域	九江市区、星子县、永修县、新建区、南昌县、进贤县、余干县、鄱阳县、都昌县、湖口县、德安县
环湖外围区	赣江流域	南昌市区、新余市区、丰城市、高安市、樟树市、新干县
	抚河流域	抚州市区、东乡县
	信江流域	鹰潭市区、贵溪市、余江县
	饶河流域	景德镇市区、乐平市、浮梁县、万年县
	修河流域	安义县、武宁县
	长江流域	九江县、瑞昌市、彭泽县

三、数据来源

本书主观数据来源详见第八章第一节"二、调查区域与数据收集"部分，客观数据主要来源于《江西省1990年人口普查资料》、《江西省第四次人口普查手工汇总资料》、《江西省2000年人口普查资料》、《2005年江西省1%人口抽样调查资料》、《江西省 2010 年人口普查资料》、《2000 人口普查分县资料》、《中国2010年人口普查分县资料》、《2015年江西省1%人口抽样调查资料》、1991~2015年《江西统计年鉴》、2000~2015 年《中国区域经济统计年鉴》、《新中国六十年的江西》，以及江西省各地市统计年鉴及国民经济和社会发展统计公报等。数据收集整理过程中，当发现不同年份、不同统计年鉴中均统计的但存在差异的数据时，以距该年最近的《江西统计年鉴》的数据为准，不采用后期修正数据。

本书收集 1990~2015 年鄱阳湖区 25 县的识字率、综合入学率、平均预期寿命和人均 GDP 等数据。其中，1990 年、2000 年、2010 年识字率和综合入学率数据来源于江西省人口普查资料；2000 年、2010 年的平均预期寿命由江西省人口普查资料中各县域的死亡率测算获得，1990 年的平均预期寿命用平均变化率[①]估计；1990年、2000 年和 2010 年的人均 GDP 均来源于《中国县域统计年鉴》。

_____

① 平均变化率的计算公式为 $y_T = y_t(1+a)^{T-t}$，a 为平均变化率。

第四节 主要观点与创新之处

一、主要观点

（一）福祉空间是区域发展不平衡的评价基准

基于福祉视角的区域发展空间均衡或空间不平衡的研究成果较为少见。区域发展空间均衡和空间不平衡问题一直是经济地理学、区域经济学的研究核心和研究热点，但至今在测度区域发展不平衡的指标选取等方面存在争议。多数研究将人均 GDP 或人均收入等经济指标视为发展或福祉的替代变量，这既在一定程度上限制了从福祉视角展开区域发展不平衡研究的理论探索深度，又容易在决策层面对鄱阳湖区在全面建成小康社会背景下践行区域协调发展战略和推进基本公共服务均等化调控造成误判。从根本上看，福祉指标的区域不平衡最为重要，福祉空间是区域发展不平衡的评价基准。区域发展不平衡应关注福祉空间在时空维度上的不平衡性，借助福祉空间透视区域发展不平衡可将空间透视与区域研究联系起来，将福祉空间中的主观研究和客观研究联系起来。对区域发展不平衡的福祉空间进行分析，有助于对区域发展水平和区域发展带来的人们享有的发展成果进行综合分析（王圣云，2009）。

（二）福祉空间是综合空间、第三空间，也是能力空间

福祉空间与人类的存在和生活紧密联系，依存于人类存在和生活的地域空间。同地域空间一样，福祉空间也具有主观属性，福祉空间会因个体的主观经验、社会地位、职业类型、性别、年龄、受教育程度和文化认同等而不同，而且人的爱、归属、认同等主观感知、情感也都渗透在空间之中。个体的生活空间、情感空间和想象空间产生共鸣，进而使人感到处于一种"良好的生活状态"，福祉空间开始联合浮现。

福祉空间既是物质空间又是精神空间，既是客观的又是主观的，是亦此亦彼的。福祉空间既是第一空间，也是第二空间，又是由区域福祉空间、经历和感知空间及充满情感和意义的抽象空间不断合成、不断累积、不断形成的复合的第三空间（王圣云，2016）。

福祉空间分为微观福祉空间和宏观福祉空间。其中，微观福祉空间是一种包含着人的情感、认知和想象，体现着人的能力和价值，以"良好生活状态"为中

心的多元综合、多层复合的抽象空间；宏观福祉空间即区域福祉空间，是微观福祉空间在区域（或地域）上的投影。微观福祉空间抽象地反映个体获得或维持良好生活状态的能力空间大小；宏观福祉空间则反映生活在一定地域空间中的人们，获得或维持良好生活状态的能力空间的大小。

福祉空间的核心是良好的生活状态，体现人的选择自由和可行能力，包含人的情感、认知和想象，体现以人为本和生活价值等伦理性，反映生活在一定地域空间中的人们获得或维持良好生活状态的能力空间的大小，其也是一种能力空间。

（三）区域发展空间均衡不是强调区域间经济发展水平的趋同，而是创造条件扭转区域间的福祉空间失衡趋势，逐步实现区域间人均福祉空间的相对均衡

尽管学界已经开始改变以往仅从经济视角缩小区域发展差距的传统观点，认为区域均衡发展旨在缩小地区间生活水平或福祉水平的差距，但多数研究往往选用人均 GDP 或人均收入等福祉的粗糙替代变量，研究结论仍侧重于区域经济趋同规律，未重视区域空间均衡与趋同的区别，即多认为空间趋同是区域间平均生活水平或福祉水平等指标在"数量"差距上的缩小，而忽视了空间均衡不仅包括趋同，还包括福祉组分结构协调。

区域发展空间均衡不是指强调区域间经济发展水平的趋同，而是指创造条件，从而扭转区域间福祉空间失衡的趋势，逐步实现区域间人均福祉空间的大体均衡。尽管区域间的经济发展不平衡，但只要区域福祉空间大致均衡，即实现了区域福祉空间均衡。因此，实现区域福祉空间均衡，不是刻意平衡区域间的经济发展，而是在保持适度经济发展差距的前提下，积极创造条件扭转区域间福祉空间差距扩大的趋势，逐步实现区域人均福祉空间大体均等[①]。

区域福祉空间均衡的实现过程是逐步推进的，区域福祉空间均衡要实现的人均综合福祉水平大致均等是相对的。同时，这种均等也是适度的均等，是人均综合福祉的适度的、大致的均等。此外，区域福祉空间均衡是动态的，随着经济增长和福祉水平的不断提升，福祉水平的均等标准也是不断提升的。而且随着人均综合福祉均等化水平的不断提升，福祉的组分结构也会发生变化，因此这是一种动态均衡。

---

① 樊杰等（樊杰，2007；樊杰等，2013）认为区域发展空间均衡是指标识任何区域综合发展状态的人均水平值大体趋于相等。

二、创新之处

（一）搭建福祉地理学的理论架构，构建基于福祉空间的区域发展空间均衡分析框架

Smith 提出的"福利地理方法"曾是福祉地理学研究的重要基石。但由于发展观演变、福利向福祉的概念转向、福祉概念的复杂性、地理哲学思潮多元化及研究手段多样化等因素，尤其是在人文主义等众多思潮和研究途径的影响下，实证主义主导下的福利地理学框架已难以满足多种研究流派和研究方法的需要，福利向福祉拓展，从福利地理学向福祉地理学的研究范式嬗变使本体论、认识论、方法论和伦理性等方面出现多维转向。以福祉为核心，以福祉本体论、认识论、方法论和伦理性所构成的体系为"主轴"，以空间和时间维度为"辅轴"，构建福祉地理学 WOSTEEM 新框架；其融合方法论、伦理性和时空维度，既为多种研究流派理解、认识福祉地理学和发展人文地理学提供了一个更加广泛的、综合的共同理论研究架构，也为区域发展研究提供了一个新的学科视角和研究框架。

已有的区域发展空间均衡研究多集中在区域经济学和经济地理学研究范畴。就其本质而言，区域发展和福祉空间是一体两面的关系，区域发展是提升福祉空间的主要手段，而福祉空间提升是区域发展的结果。但福祉空间能否得到提升，关键在于人的需求能否得到满足，即区域发展的结果能否有效地满足人的美好生活需求，这是区域发展系统与福祉空间系统之间的"潜在纽带"。

从空间均衡的定义来看，区域福祉空间均衡的核心是在各地区人均生活水平不断提高的基础上，使各地区人均福祉水平大致均等。尽管区域间的经济发展可以不平衡，但只要区域福祉空间大致均衡，就可以说实现了区域福祉空间均衡。需要指出的是，区域发展空间均衡有结构均衡的含义，区域发展空间均衡不仅包括区域间平均生活水平或福祉水平等指标在"数量"差距上的缩小，还包括通过福祉组分互补的结构协调，即经济维度的福祉不平衡程度往往可通过非经济维度的福祉均衡抵消，最终实现区域间经济维度与非经济维度综合计算的人均综合福祉均衡。

区域福祉均衡问题是地理学有待深入研究的新方向。借助福祉空间概念，可将地理学研究的"空间透视"和"区域研究"两大范畴整合起来，将福祉空间和区域发展不平衡结合起来；进而将空间研究方法和传统区域研究方法结合起来，二者综合应用，可以加深对区域发展不平衡和空间均衡等问题的研究。

（二）提出鄱阳湖区"滨湖-外围-流域"的空间嵌套区划方案，运用多种方法对鄱阳湖区福祉不平衡演进特征进行定量分析

从鄱阳湖区的相关研究来看，关于鄱阳湖区的空间范围和区域划分存在争议，本书综合中心-外围分区法与自然地理分区法的优势，创新性地将"滨湖-外围"分区的划分方案和按"流域"分区的划分方案整合起来，提出鄱阳湖区"滨湖-外围-流域"的空间嵌套区划方案。该方案先将鄱阳湖区划分为滨湖区和环湖外围区，再根据湖泊水系进行流域划分，将滨湖区视为狭义的鄱阳湖流域，包括九江市区、星子县、永修县、新建区、南昌县、进贤县、余干县、鄱阳县、都昌县、湖口县、德安县；同时，将环湖外围区按照赣江流域、抚河流域、信江流域、饶河流域、修河流域五大流域及长江流域划分为六个区域，环湖外围区包括南昌市区、新余市区、丰城市、高安市、樟树市、新干县、抚州市区、东乡县、鹰潭市区、贵溪市、余江县、景德镇市区、乐平市、浮梁县、万年县、安义县、武宁县、九江县、瑞昌市、彭泽县。

按照鄱阳湖区"滨湖-外围-流域"的空间嵌套区划方案，将泰尔指数及其空间分解法、基尼系数及其要素分解法，以及经济收敛性分析方法等综合运用于鄱阳湖区福祉不平衡演变研究，探索鄱阳湖区福祉空间不均衡演进规律，并对其进行空间分解与要素解析；应用三轴图分析法透视鄱阳湖区福祉结构演变规律和趋同趋势；深入分析并比较鄱阳湖区及滨湖区和环湖外围区的福祉差距与经济差距演变趋势，进而揭示鄱阳湖区福祉空间演变的特征和趋势。应用鄱阳湖区"滨湖-外围-流域"的空间嵌套区划方案，可以使对鄱阳湖区福祉空间不均衡特征的定量分析更加科学。

（三）构建鄱阳湖区居民主观福祉调查问卷，首次对鄱阳湖区居民生活满意度和主观幸福感进行系统调查研究和比较分析

目前，国内外针对湖区居民主观福祉的问卷设计和调查研究尚不多见，本书从生活满意度和主观幸福感两个层面，从医疗健康、生活条件、社会关系、生态环境、休闲程度、收入状况、主观幸福感7个方面设计鄱阳湖区居民主观福祉调查问卷。所设计的鄱阳湖区居民主观福祉调查问卷除了包含生活满意度和主观幸福感两方面的主观福祉外，还体现了鄱阳湖的特色，特别是增加了生活用水满意度、鄱阳湖水环境质量满意度、血吸虫病担心程度三个反映生态环境对居民主观福祉影响的题项。同时，该问卷设计也考虑到社会关系对居民主观福祉的影响，纳入了公共安全满意度、社会交往满意度等题项。此外，也重视休闲时间和生活压力对居民主观福祉的影响，设计了公共服务和休闲状况方面的题项。因此，本

书设计的问卷能较客观、全面地反映鄱阳湖区居民的生活状态、生活水平和质量，使人与人之间的福祉状况具有较好的可比性。

应用SPSS、Amos等计量软件对鄱阳湖区居民生活满意度和主观幸福感进行系统调查分析，主要对鄱阳湖区居民各维度的生活满意度和主观幸福感进行测评和比较分析。将生活满意度和主观幸福感结合起来可以更加全面地了解湖区居民主观福祉状况，并以此评析和揭示鄱阳湖区居民主观福祉状况，评价居民共享发展成果的效果，检验湖区社会政策效果，反观湖区社会福利供给模式，为鄱阳湖区全面建成小康社会提供决策参考依据。

（四）从主观、客观福祉相结合的视角，定量探究鄱阳湖区福祉空间演变的动力机制和福祉差异的影响因素

目前，对区域发展空间均衡的驱动因素或动力机制尚未进行深入研究，同时在空间均衡模型构建和实证方面的研究仍然不足。因此，有必要对影响湖区福祉不平衡的动力因素及其机制进行深入分析，加强和深化关于促进湖区福祉均衡发展的机制研究。这是促进鄱阳湖区区域协调发展、民生发展、共享发展、公平发展，以及实现鄱阳湖区基本公共服务均等化调控和建成小康社会的重要基础。福祉是主观和客观相结合的一个综合概念，只有将主观、客观的福祉分析结合起来，才能更全面地揭示鄱阳湖区的福祉不平衡及其演进状况。因此，本书一方面基于客观的人类福祉指标，重点对鄱阳湖区居民福祉变化的影响因素进行计量分析，深入揭示促进鄱阳湖区居民福祉空间均衡的动力因素及其相互关系和动力机制。另一方面采用独立样本 t 检验及单因素方差分析方法，探究鄱阳湖区不同性别、户籍类型、年龄、收入、教育水平的居民群体的生活满意度差异；采用多元回归分析方法探究鄱阳湖区生活满意度与主观幸福感之间的关系；运用因子分析和结构方程模型定量分析造成鄱阳湖区居民主观福祉差异的主要因素。

第二章 理论基础与文献评述

第一节 福祉研究进展知识图谱

学术研究者和政策制定者需要有一个关于福祉概念和测量标准的共识。迄今为止，虽然还没有形成一个统一的福祉概念和测量标准，但是已经形成了福祉研究的不同范式、不断演进的福祉观和适用于各种范畴的福祉测评方法。

一、福祉概念和研究范式的演进

（一）以经济增长为福祉

1. GDP 方法及其不足

多年来，发展经济学的主流理论均将由人均 GDP 表征的经济增长作为衡量一个国家或地区繁荣与社会进步的主要指标。由于经济增长被作为普遍实现福祉的手段，经济增长视角的发展观也指向了以经济增长为福祉的一种福祉观范式，更高的 GDP 通常意味着那些从中受益的人有更多的选择、更富有的生活和更高的生活质量（quality of life，QOL）。尤其是发展经济学的涓滴理论在 20 世纪 80~90 年代的盛行，更是助长了这种纯经济增长的福祉观，即认为无须采用任何积极的行动，经济增长的效益必然会改变穷人的生活状况（纳斯鲍姆，2016）。但在发展实践中，涓滴理论遭到了很多质疑，因为以经济增长为福祉的发展观带来了一系列难以解决的社会问题，一些国家或地区的经济虽然获得了快速增长但却仍然存在很多贫困现象，这些国家或地区的经济增长并未带来穷人福祉的改善和相应的社会进步，反而导致了经济富有与穷人健康水平低下、住房条件差等贫困问题共存的局面（王圣云，2014），原因在于高速经济增长并不能自动改善健康和教育等维度的福祉。

很多时候，GDP 被解释为一个测量福利或幸福的指标，实际上 GDP 只是测量在国内生产的最终产品和服务的市场价值的指标。具体来看，GDP 作为衡量福祉的指标有以下局限：首先，GDP 是一个"粗"的概念，包括折旧资本，但折旧不会提高福祉；其次，GDP 衡量的是一个国家或地区生产的收入，而不是在该国或该地区的人民获得的收入，它包含外国人在该国或该地区创造的一些收入；再次，GDP 只统计市场交易，忽略了非市场的家庭劳动的价值，忽略了闲暇时间的价值，不包括良好生态环境的价值；最后，GDP 包含许多不能提高人的福祉的内容，如一些重复建设和灾后重建，尽管计算的结果对 GDP 有促进作用，但不会提高人的福祉。

2. 非经济维度福祉不可缺失

根据联合国开发计划署推出的《1990 年人类发展报告》中的 HDI 数据可以发现，若将健康和教育方面的指标计算在内，不少经济高速增长的国家会因健康或教育指标相对滞后而福祉排名远低于经济指标排名。由此可见，以 GDP 作为衡量福祉水平的指标难以反映良好生活状态的多元组成部分，即欠缺对与人类生活相关联的健康、教育、安全、休闲等众多方面的考量，因为 GDP 仅是对生活水平或福祉水平在经济维度的概括。例如，南非的人均 GDP 尽管较高，但从经济指标无法了解其在健康和教育方面的发展状况，经济指标的成绩往往掩饰了其健康和教育方面的不足。此外，生态福祉日益得到重视。当人们一味追求经济增长时，对资源的持续利用和生态环境均会造成很大的负面影响，这说明继续追求经济增长妨碍了人类生态福祉水平的提高。

3. 经济不平等与福祉剥夺

一些存在惊人的不平等现象的国家反而有可能在经济增长方面获得高分，这说明经济增长的福祉观不能反映发展成果的不平等分布状况。全球不平等体现在：撒哈拉沙漠以南的非洲和印度的人均月收入仅 150~250 欧元，而西欧、北美和日本的人均月收入达 2500~3000 欧元，两者相差 10~20 倍；中国的人均月收入和全球人均月收入接近，为 600~800 欧元（皮凯蒂，2014）。同时，全球存在着巨大的贫富差距，全世界最贫困的 20%的人口仅仅占有全世界收入的 2%，最富有的20%的人口占有全世界收入的74%。这种类似的收入差距造成了全球不断加剧的社会紧张局势及穷人的福祉剥夺，不公平问题导致了人们对传统的经济增长发展模式的批评，以经济增长为福祉的观点受到了质疑。

（二）以效用为福祉

从宽泛的意义上讲，效用是从快乐、幸福或欲望满足等人的主观感受角度来理解的。经济学家常认为欲望满足产生效用，而偏好满足是对效用的一种诠释途径。用"欲望满足"产生效用与用"主观感受"解释效用有所不同，前者关注的是满意度，属于认知层面的效用，反映的是欲望满足的程度；后者则关注主观幸福感（或快乐），尽管心理学、哲学、社会学、经济学等人文社会科学均研究快乐和主观幸福感，但快乐和主观幸福感本质上是心理学概念，其侧重于从人的主观感受角度定义福祉，隐含的假设是人们均能对自己快乐或幸福与否，以及快乐或幸福的程度做出发自内心的真实评价，这不依赖任何外在的客观标准，因而快乐和主观幸福感也被称为主观福祉（黄有光，2005；奚恺元等，2008）。

黄有光（2005）认为福祉就是快乐，既包括感官上的愉悦，也包括精神上的快乐。他认为，人们之所以渴望金钱、地位与健康，并不是为了这些东西本身，只有十足的守财奴才会为了赚钱而赚钱；通常追求金钱、地位与健康，是因为这些能带给人们快乐。他将个人福祉定义为个人的净快乐，认为快乐是人类追求的终极目标。他还指出，根据神经生物学的研究，对脑中某个特定的快乐神经中枢进行刺激，能减少剧烈的疼痛并引起强烈的快感，促进幸福感的产生。

主观幸福感是将人的生活作为整体的一种主观感知，是透视福祉的透镜，通过主观幸福感可以分析人的福祉状况。效用主义福祉观的不同之处在于其关注人的感受，根据自我报告的对生活的感受来衡量福祉水平。

福祉关心的是人的良好生活状态，是对人的生活状态好坏的相对客观的定义。由此可见，福祉和幸福感是相近但不同的概念。和相对客观的福祉概念相比，幸福感不是对生活各个组分主观评价的加权汇总，而是指人们对生活状态整体的主观评价（奚恺元等，2008）。进一步来看，福祉是针对人的良好生活状态的多维度概念，包含构成生活状态的各个领域和组分，如健康是福祉的一个组成部分，福祉和健康是包含关系。而幸福感是一种主观感受，幸福感对健康有正向的影响作用，幸福感促进人的健康，二者不是包含关系，是相互作用的关系。同时，一个人欲望满足的效用，有时未必能够对应表明其拥有一种较高的福祉状况（森等，2007）。

以效用为福祉的研究范式有以下几方面的不足。

其一，效用主义理论对生活的多元组成部分进行了加总统计。真实的生活显示出多元化和不可通约性，而效用体现的却是单一性和可通约性（纳斯鲍姆，2016）。以效用为福祉的研究视角，强调把生活作为整体得到满意度或主观幸福感，但难以反映生活各组成部分的价值，忽视了被认为是"良好生活状态"的其他方面。效用主义理论看似关注大众，但其一元衡量尺度不能对人们多元生活组分和价值进行充分反映。

其二，效用主义关注的偏好和满足具有社会可塑性。偏好并不是一成不变的，在对社会条件进行反应后会发生变化。也就是说，一个人的偏好和满足往往因为其对社会条件和因素的适应而发生变化。例如，Sen（2006）指出，对一个生活很悲惨的穷人，若从满意度来评价其福祉，有可能出现其对生活境况满意度未必很差的情形。一些人由于长期处于较差的生活状态，逐渐降低了自己的幸福期望，在逐步适应了这种社会条件之后，其根据生活感受评价得出的满意度得分未必能真实反映其没有良好的营养条件、没有体面的穿戴服饰、没有受过最起码的教育、居住条件极为恶劣的生活状况。

（三）以资源为福祉

以资源为福祉的研究范式强调基本资源的平等分布，通常将收入、资本、资产、财富等视为资源。该视角一个重要的假设是，只要在全体人民中平等或尽可能平等地分配资源，那么拥有的资源越多，福祉就越高。收入分配和资产分配的不平等对福祉的影响也十分重要。一些有关福祉的研究已开始从对收入的关注转移到对资产的关注。尤其是在市场经济发达的国家或地区，资产收益率往往高于劳动收入的增长率，这导致资产不平等比劳动收入不平等更严重，资产不平等和劳动收入不平等的叠加造成了更大的福祉差距（纳斯鲍姆，2016）。

从收入来看，收入是穷人获取福祉最有效的手段，福祉可由某种水平的收入来界定，尤其是对于穷人而言，提高收入是获取福祉的一个重要前提。因此，基于收入视角的福祉研究更多应用于发展中国家和欠发达地区，主要关心"穷人的所有"，如穷人的收入水平、所拥有的资产等（谢若登，2005）。这方面的大部分研究都认为，给穷人更多收入，将提高其消费水平，进而改善其生活条件，使其福祉水平得到提升。当然，不排除补给穷人更多收入可能会带来的一些负面影响，如穷人因收入补给而逐渐失去自立，不愿意再去劳动市场寻找工作而变得懒惰，这些问题均会导致其生活能力更差、深陷贫困"泥淖"的不良局面。

因为收入是财富的一部分，所以财富可视为对收入的一种拓展。财富指标最初应用于评价可持续发展状况，后来被应用于福祉评估。在这方面，世界银行的研究成果开启了以资本为中心的福祉研究范式。世界银行环境局（1998）指出，国家财富由人造资本、自然资本、人力资本和社会资本四部分组成，Bebbington和 Hinojosa-Valencia（2007）在此基础上增加了第五种资本——文化资本。以资本或财富来透视福祉可知，一般持有资本或财富对提升人类福祉具有促进作用。具体来看，虽然物质资本直接有助于改善经济增长质量和贫困人口生活条件，但是人力资本、社会资本、自然资本、文化资本对提升人类福祉甚至更重要（世界银行，2001a）。例如，联合国千年生态系统评估项目概念框架工作组构建了生态系统与人类福祉的评估框架，并指出自然资本是决定人类福祉的关键因素。周绍森认为人力资本包括教育人力资本和健康人力资本，更好的健康水平、更好的教育质量无疑是提升人类福祉的主要方向。Isham 等（2002）强调社会资本对人类福祉的独特作用，认为社会资本反映的是人与人之间的信任与关系网络，既能直接有助于提升人类福祉，又能通过作用于物质资本等间接地提升人类福祉。正如《2003 年世界发展报告》指出的那样，资产之间是相互补充的，具有互补性（世界发展报告编写组，2003），人造资本、自然资本、人力资本、社会资本、文化资本是福祉的主要来源，与此同时，五种资本的相互作用、相互补充更是人类福祉的重要来源。

以资源为福祉的观点实质涵盖了收入、资产、资本、财富等福祉研究视角，尤其是对资源的分配问题十分关注，但也存在一些不足之处：首先，收入和财富等并不能反映民众实际上可以做什么和能成为什么。实际上，人们对资源有不同需求，而且不同民众或不同地区在将资源转化为可行能力时也存在差异。适宜的福祉提升途径显然不是公平地分配资源，而是针对民众或地区的不同需求，将更多资源分配给公平正义视域下更需要的民众和地区。其次，一个财富和收入相对充裕，且其又得到充分公平分配的社会，也有可能缺乏某些物品，如这些社会的民众未必能享受到干净的空气或卫生的饮用水，即可能难以为资源公平分配的地区和民众提供未被污染的生态环境。

（四）以生活质量为福祉

生活质量是社会学、经济学和心理学共同的研究范畴，因此，学界在生活质量的概念方面缺乏共识。生活质量是个体对自己生活状况或生存环境的主观评价，但不同学科或研究的关注视角和侧重点有所不同，其或侧重幸福感，或侧重满意度，或侧重认同感，或侧重健康状态。由于人的生活状态的好坏取决于人的生活存在状态和生存生活的环境条件两方面，一些研究认为生活质量涉及人的健康状态（生理状态、机体状态、心理健康、社会幸福）和社会状态（经济基础、家庭生活、工作状况等）（万崇华，1999）。

Ferrell 等（1996）从健康学视角认为生活质量包括对身体健康、心理健康、社会健康和精神健康四方面的评估。Dubos（1976）、Ferrans（1990）认为生活质量是指个人对其生活领域的幸福感。Haas（1999）认为生活质量包括生活满意度，评价自己生活满意度的心理能力，良好的身体、心理、社会和情感健康状态，以及生活条件四个关键方面。周长城和陈云（2003）认为生活质量建立在一定物质条件基础之上，社会提高国民生活的充分程度和国民生活需求的满足程度，以及社会全体成员对自身及其生存环境的认同感。

从本质上来看，生活质量包含对人类生活状况的评价。本特森等（2007）认为生活质量和生活水平不同，生活水平是指一个人通过消费而获得的总效用；而生活质量更侧重于对人类生活状况好坏程度的评价。

林南等（1987）认为"认知"（cognitive）和"情感"（affection）是研究

生活质量的两个不同路径，属于两个不同层次的问题，据此对生活质量概念进行了进一步的细分。他们指出，多数生活质量研究采用生活满意度作为衡量标准，也有一些研究采用个人幸福感作为衡量标准；生活满意度是在认识层次上对生活质量进行探讨的，而个人幸福感则是在情感层次上对生活质量进行研究的。

很多研究认为，生活质量应该注重客观指标与主观指标的结合。Haas（1999）认为生活质量是生活满意度等主观指标和功能状态等客观指标的综合，是在个人生活环境和社会文化背景下对个体生活环境的多维评估。并且他认为客观指标是对主观生活质量的补充，见图 2.1。

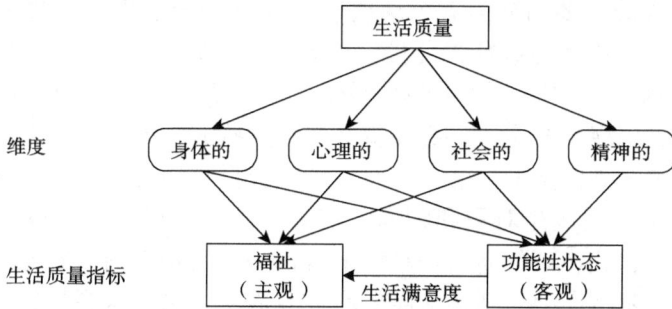

图 2.1 生活质量研究：主观福祉和功能性状态的结合
资料来源：Haas（1999）

对生活质量概念的界定较为困难，不少研究都认为福祉和生活质量是两个难以厘清的概念，这导致了研究中生活质量和福祉的混淆（Acton，1994）。Haas 注意到了福祉和生活质量的区别，认为福祉是纯主观的，福祉依赖于主观评价；而生活质量却有主观和客观两方面的属性，生活质量包括福祉。

森的观点和 Haas 恰恰相反，他认为生活质量和福祉是既有差别又相互联系的，还认为有些东西虽然与个人的生活质量无关，却会对个人的福祉状况产生影响。例如，一个人会因为别人遭遇不幸而感到痛苦，假定其他情况不变，则这无疑会降低其个人福祉，但这种因为同情别人的不幸而感到的痛苦本身并没有降低其生活质量。因此，森等（2007）认为生活质量与富裕、资源和效用没有直接关系，功能性活动和可行能力才是衡量福祉或生活质量的标准。

单从主观和客观视角是很难区分福祉和生活质量的，若从两个概念的内涵去分析反而有助于厘清二者。福祉和生活质量两个概念反映的都是人类生活本身，关注的都是人的生活状况好坏程度；但明显的区别在于，福祉不包括不好的生活状态（ill-being）或差的生活质量（a bad quality of life），而是反映良好的生活质量（a good quality of life）。生活状态的好坏是福祉概念想要反映的本质，福祉概念的核心是生活状态向好的一面，反映的是人的生活质量"好的"状态。生活质量既有好的生活状态，也有不好的生活状态，从反映的生活状况来看，福祉与生活贫困的状态相对（千年生态系统评估项目概念框架工作组，2007）。简言之，福祉即好的生活质量。

（五）以人的需要满足为福祉

人为了生存和生活，某些需要必须得到满足，满足这些需要既可以看作发展的目标，也可以看作提升福祉的手段。当把需要的满足当作提升福祉的手段时，需要则被认为是提升福祉的驱动力。马斯洛（Maslon）提出的人的需要层次理论按先后顺序把人的需要划分为五个层次——生理需要、安全需要、归属感和爱的需要、自尊和受尊重的需要、自我实现的需要，见图 2.2（莫法特，2002）。他认为，获得水和食物等生理需要是最低层次的需要，当生理需要得到满足之后，就会出现更高层次的需要，身体就会受到这些需要的驱使，寻求一个平安健康、免除灾难和充满保障的生活。一旦安全需要得到满足，人就会受到更高层次需要的驱使，更高层次是对爱和归属的需要，该层次以上是自尊和受尊重的需要，最高层次是自我实现的需要。总的来看，马斯洛将人的需要分为基本需要和成长需要两种，基本需要包括物质需要和社会需要，物质需要又包含生理需要和对安全的需要，社会需要则包含归属感和爱的需要及自尊和受尊重的需要。

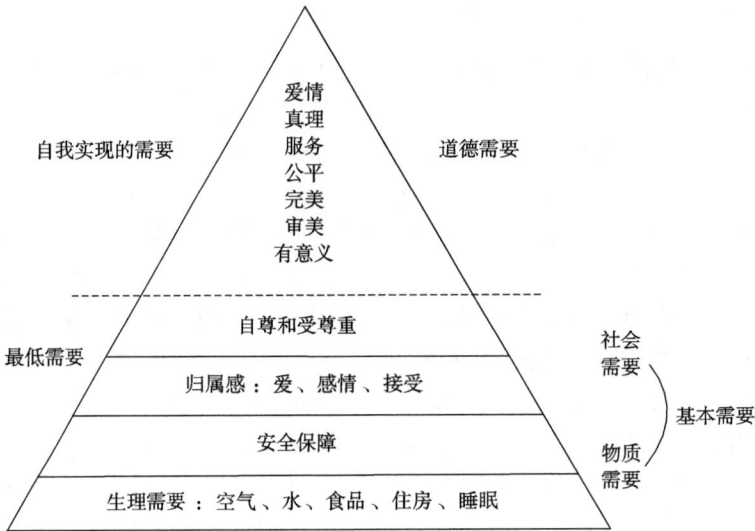

图 2.2　马斯洛的人的需要层次

资料来源：莫法特（2002）

多亚尔和高夫（2008）提出的人的需要理论，认为评价各种生活方式的唯一标准就是使基本的个人需要得到满足的程度。他们认为健康和自主是人的基本需要。他们对基本需要和中间需要做了区分，认为生存、身体健康和自主能动性是人的基本需要，当基本需要得到一定程度的满足之后，个人的价值目标才能得到实现（图 2.3）。

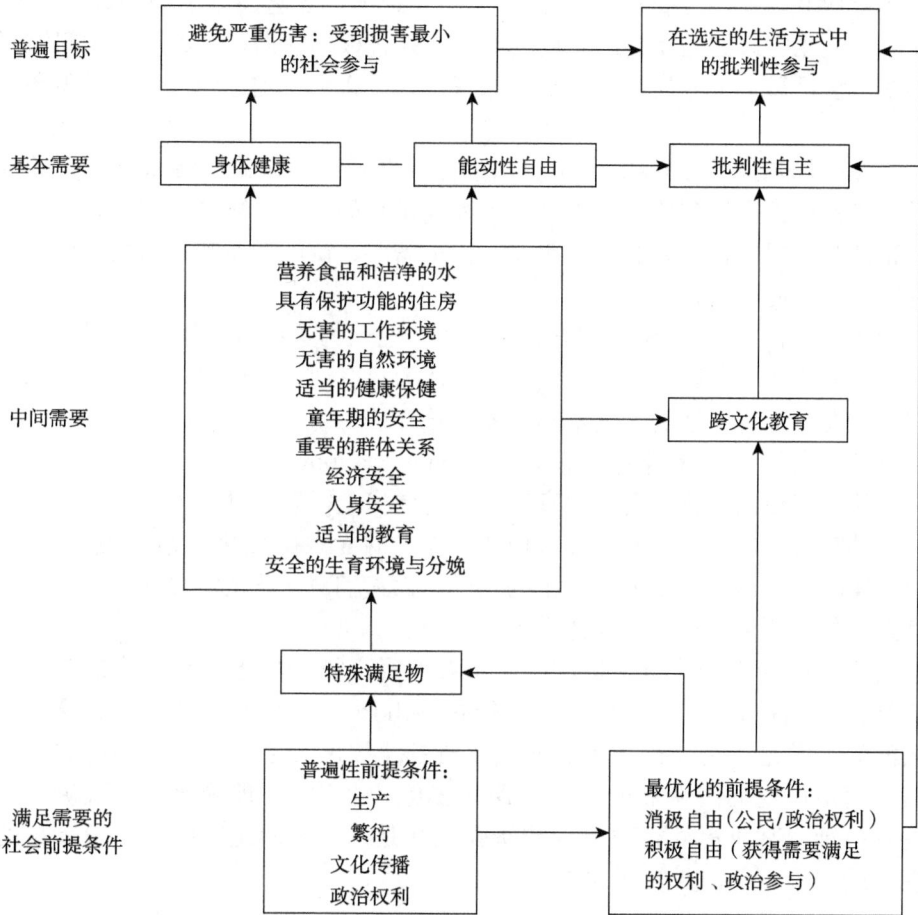

图 2.3　基本需要和社会前提条件
资料来源：多亚尔和高夫（2008）

该理论强调个人需要满足和社会前提条件（生产、繁衍、文化传播和政治权力）之间的相互依赖，即个人需要的满足依赖于社会环境。个人健康和自主能动性总是在一定制度环境中才能获得，人们必须建造住所、生产食物和获得达到健康水平所必需的满足物，这种物质生产性需要构成了社会的经济基础。

多亚尔和高夫（2008）还列出了一份由身体健康和自主构成的人类需要清单，满足这些需要依靠许许多多特定的满足物，即在所有文化中能够促进身体健康和人的自主的产品、服务、活动和关系，这些普遍性满足物即中间需要。他们对中间需要指标进行了细分，具体分为营养食品和洁净的水、具有保护功能的住房、无害的工作环境、无害的自然环境、适当的健康保健、童年期的安全、重要的群体关系、经济安全、人身安全、适当的教育、安全的生育环境与分娩。他们从身体健康和人类自主的基本需要出发，界定了"普遍性满足物特点"——那些在所有文化中共有的需要满足物的特点，并且根据它们决定各种"中间需要"的类型。满足每个个体的目标标准是保障个人健康和自主达到最优所必需的最低要求。

约翰·加尔通（J. Galtung）提出的需要并列结构理论，将需要满足的依赖种类（依赖行为主体和依赖行为结构）和满足物的种类（物质的和非物质的满足物）相结合，提出包括人的安全需要、福祉需要、认同需要和自由需要四种需要的并列结构的需要模式。

加尔通虽然承认基本人类需要的存在，但认为这些基本需要受到了西方观念、类别和清单的"腐蚀"和"污染"，认为只有通过创造另一套非西方的需要清单，才能接近普遍性的人类基本需要的核心。

布伦尼斯洛·马林诺夫斯基（Bronislaw Malinowski）对人类基本需要进行分类，认为其包括食物需要、生育需要、身体安全需要、社会安全需要、娱乐需要、运动需要、成长需要七大类，他认为充足的食物和衣服、良好的居住条件、安全有保障的生活构成了人类福祉的基础，而人们对文化的需要比生理、身体和感官方面的需要更为重要（勒德雷尔，1988）。

人的需要理论是分析福祉的一个重要途径，需要指出的是，人的需要本身不能被视作福祉，其是福祉的先决条件（Alkire，2002）。但人的需要理论关注人的需要满足，是非福利主义研究福祉的重要路径之一。需要理论关注的是由需要满足产生的主观福祉——生活满意度。运用需要理论研究福祉侧重于研究主观福祉，其对福祉客观组分的研究往往是从需求满足物的提供及福祉的产出视角进行的（王圣云，2014）。

（六）以能力为福祉

森聚焦人类自由，提出诠释福祉和生活状态的可行能力这一核心概念。他认为可行能力是一个关于积极自由的概念，即一个人是否有真正的机会去过可以过的生活。福祉的评价空间不是收入空间，也不是财富空间，而是能力空间，是一个人选择有理由珍视生活的实质自由，即一个人有能力去做他有理由珍视的事情，有自由去享受他有理由珍视的生活。可行能力是指人们可以凭借其实现有意义的目标的功能性组合，可行的功能性活动的集合就是一个人的可行能力（森，2002）。

森认为，可行能力是比收入或财富更宽泛的一个概念，但又不像效用那样依凭人的主观感受。若效用和资源这两种分析福祉的范式分别位于两端的话，可行能力则位于资源和效用的中间。他认为衡量福祉绝不是一个收入问题或效用问题，收入、财富等固然可以是人们追求的目标，但它们最终只属于工具性范畴，是为改善人的生活状况和提升人的福祉而服务的。因此，福祉是一个功能性活动和可行能力的问题，应当采用功能性活动和可行能力的标准来衡量福祉。福祉是对获取有价值的功能性活动的可行能力的评价，可行能力反映一个人可能获得的功能性活动的组合。

森提出可行能力和功能性活动概念，提出一种从福祉视角分析一个人生活状态好坏的新的非福利主义范式，改变了把福祉和效用（幸福、满足、欲望实现）或资源（收入、财富、商品占有）联系到一起的福利主义研究范式。

但森（2007）的可行能力理论的最大缺陷在于，未能有力地论证究竟哪些功能性活动和可行能力应当列入生活状况评价的清单。尽管他也提出了如死亡率、营养状况、教育水平等维度，但却缺乏必要的理由。对此，纳斯鲍姆（2016）提出质疑，他认为在可行能力的清单方面，森并没有做系统性的分析，森对可行能力方法的最大贡献在于提供了比较分析的框架。

纳斯鲍姆（2016）认为可行能力是一种多元能力，反映的是每一个人可以得到的机会或实质性自由。研究者势必要在可行能力内容方面采取一种判定，即判定哪些可行能力是重要的，哪些不那么重要，或者哪些可行能力是好的，哪些能力是不太好的。为此，纳斯鲍姆对森提出的可行能力理论进行了改进，他认为能力不仅仅是栖息在个人体内的能力（abilities），还是由个人能力和政治、社会及经济环境结合后所创造的机会或自由。纳斯鲍姆将其称为混合能力（combined capabilities），并认为混合能力就是个体在特定的政治、社会和经济境况内所具有的选择和机会的总和。

为此，纳斯鲍姆专门区分了内在能力与混合能力。他将个人状态称为内在能力（internal capabilities），认为内在能力有别于天赋素养，是训练或发展出来的能力。他指出，在大多情况下，内在能力的发展不可能离开其所处的社会、经济、家庭及政治环境，因为混合能力是内在能力与支撑其是否具有自由实践能力的社会、政治、经济条件的总和。因此，培育人类能力，就要培育内在能力，从而教育民众培育自身心智能力，这离不开创造有选择的环境，也离不开创造民众基于内在能力进行活动的机会通道。换言之，一个人所生活的政治和社会环境为其实现内在能力提供了条件，只有二者兼备，才能提升其混合能力。

他进一步承认，因为内在能力和混合能力的界限实质上并不清晰，所以引入了基本能力（basic capabilities）概念，即个人固有的内在潜能。他针对可行能力理论，进一步对哪些是真正有价值的活动，哪些是一个最低限度公正社会应努力去培育和支持的能力等问题进行探索，在最低限度的意义上，提出必须具备的十种核心能力（表 2.1），这是其突出的贡献。表 2.1 中的十种核心能力既是独特的、具有异质性的、不可通约的，也是相互支持的，如归属这种核心能力往往渗透在其他能力中。

表 2.1 纳斯鲍姆提出的十种核心能力

核心能力清单	能力内涵
生命（life）	长寿，不会过早死亡
身体健康（bodily health）	身体健康，充分的营养，体面的居所
身体健全（bodily integrity）	人口自由流动；免于暴力攻击；有机会得到性的满足；在生育上有选择权利
感觉、想象和思考（senses, imagination and thought）	能够运用感官进行想象、思考和推理
情感（emotions）	有爱的能力，可以去体验渴望、感激和有正当理由的愤怒
实践理性（practical reason）	有能力形成一种人生观，进行有关生活规划的批判性反思
归属（affiliation）	能够与他人共同生活在一起，参与社会互动，能设身处地替他人着想，享有自尊和不被羞辱的社会基础
其他物种（other species）	在生活中可以关注动物、植物和自然世界，并与它们保持联系
娱乐（play）	有能力去欢笑、游暇、享受休闲活动
对外在环境的控制（control over one's environment）	有政治参与和选择的机会；拥有财产的权利、公平就业的权利等

Wolff 和 de Shalit（2007）进一步丰富了可行能力理论，为可行能力理论和十种核心能力清单提供了理论支持。他们引入新的能力概念，强化了能力理论的理论机制。需要指出的是，他们提出了能力安全的概念，认为不仅应向民众提供可行能力，还应以一种人们未来可依赖这种能力的方式提供可行能力，即认为要促进人们的能力安全，就要保护人们获取自由的一种潜在能力。他们进一步提出孵化性能力和腐蚀性劣势的概念，阐释其与能力安全的作用机制，深化了可行能力理论。

（七）关于福祉概念和研究范式演进的评述

对客观福祉概念的界定主要有以经济增长为福祉、以资源为福祉和以可行能力为福祉三类。以经济增长为福祉的观点由来已久，GDP 自诞生起就一直作为衡量一个国家或地区繁荣与社会进步的主要指标。而经济增长过程带来的资源环境恶化、增长与贫困共存（收入分配不均）、教育与医疗资源差距扩大等现象都表明 GDP 所含的信息与社会真实的福利状况相差甚远。仅关注 GDP 或经济增长不能准确表示人们真实的福祉水平，同时也越来越不符合发展趋势。以资源为福祉的观点通常将收入、资本、资产、财富等视为资源，认为拥有更多的资源能更有效地提升福祉水平，虽然这一观点的视角比以经济增长为福祉更宽泛，但不足之处在于只关注资源拥有量，却忽视了人们使用或转换资源的效率。在以可行能力为福祉方面，森和哈克以客观福祉为基础创造的 HDI 是最常用且具有广泛可比性的表征人类福祉的指标。联合国 2005 年的千年生态系统评估报告集《生态系统与人类福祉：评估框架》指出，人类福祉是人们认为有价值的活动和状态，包括维持高质量生活所需的基本物质条件，健康、良好的社会关系、安全及选择和行动的自由等要素。

主观福祉研究范式主要有以效用为福祉、以生活质量为福祉和以人的需要满足为福祉三大类。其中，以效用为福祉的观点认为通过消费商品满足欲望而产生的效用可以作为衡量个人福利的指标。效用表示的是欲望的强度，即当一个人对某项物品的欲望较其他物品更强烈时，就说该物品对那个人具有更大的效用，而更大的效用意味着更高的福利水平。以生活质量为福祉的观点认为福祉最终要依靠个体自身来评价，是对人的生活状况的评价，因而具有较强的主观特征。Veenhoven（1984）认为主观福祉是人们对整个生活质量的评价。Diener（1984）指出，主观福祉是衡量人们生活质量的一个重要的综合性心理指标，包括生活满意程度、积极情绪体验与消极情绪体验等因素。Waterman（1993）将主观福祉分成人格展现的幸福感与尽情享乐的幸福感两种。邢占军和金瑜（2003）认为福祉是人们对现实生活的主观反映，是由人们生活的客观条件等因素共同作用而产生的个体对自身存在与发展状况的一种积极的心理体验。以人的需求满足为福祉的观点主要来源于马斯洛的需求层次理论。马斯洛将需求分为五个层级，由低到高分别为生理需求、安全需求、爱与归属的需求、自尊和被尊重的需求、自我实现的需求。在低层次的需求得到满足后，就会出现更高层级的需求。人的需要理论关注人的需要满足，以及由此而产生的主观幸福感和满意度，这是非福利主义研究福祉的重要路径之一。

二、福祉测度方法应用评述

（一）个人福祉测度

个人福祉测度通常采用生活满意度、主观幸福感和幸福生活预期指数三种方法。

1. 生活满意度

运用生活满意度测度主观福祉的步骤如下：调查者直接询问被调查者对生活的满意度，即个人对其生活状况满意与否或满意程度的整体主观感知，该信息被作为个人福祉的替代变量（图 2.4）。

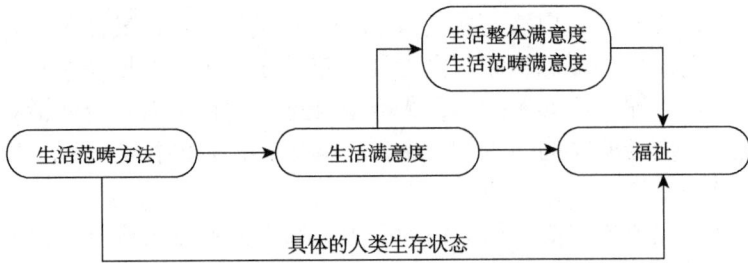

图 2.4　主观福祉的生活满意度研究路径

通常有七分法尺度、D-T 尺度、五分法尺度、九分法尺度等测度方法。研究中常采用七分法尺度，"1"表示非常不同意；"2"表示不同意；"3"表示有些不同意；"4"表示没有明确意见；"5"表示有些同意；"6"表示同意；"7"表示非常同意。通过对图 2.5 的 5 个问题的打分，计算总分。总分若为 31~35，表示极为满意；若为 26~30，表示满意；若为 21~25，表示有点满意；若为 20，表示一般；若为 15~19，表示有些不满；若为 10~14，表示不满意；若为 5~9，表示极为不满。

图 2.5　主观福祉的满意度测度方法

Pavot 和 Diener（1993）；奚恺元等（2008）

2. 主观幸福感

个人福祉多是以个人的主观幸福感定义的，个人的主观幸福感是一种主观感受，与大脑的神经中枢有关，具有生物医学的客观基础，所以可以进行客观测量。最常用的个人主观福祉测量方法是自我报告法。自我报告法可能出现误差，因为认知层面在个人福祉中起到非常重要的作用，所以通过物理学和神经生物学的方法和指标能够反映个人福祉，同时可以对自我报告的主观幸福感进行补充。

事实证明，那些自我报告的主观幸福感是主观福祉的最好指标。人们能够就自己的福祉状况做出评估。个人的主观幸福感可以通过单一问题或多类问题的问卷来分析。单一问题的问卷，如美国密歇根大学调查研究中心和民意中心共同开展的主观幸福感调查，具体问题为"从总体考虑，您怎样形容今天的一切——您是否会说自己很幸福、相当幸福或不很幸福？"这种问卷被广泛应用于国家间的幸福感调查。此外，多类问题的主观福祉评估主要是设置多个问题，从而进行福祉调查，最终根据福祉得分划分等级。

3. 幸福生活预期指数

幸福生活预期指数对主观福祉与预期寿命十分关注，是重视人的福祉的一种测度方法。Veenhoven（1996）将国民幸福指数与预期寿命结合，用平均幸福分值（happiness）乘以出生时预期寿命（life-expectancy at birth），计算得到幸福生活预期指数（happy-life-years，HLY）：

$$HLY=（life\text{-}expectancy\ at\ birth）×（happiness）$$

其中，happiness 表示个体对生活整体的满意度打分，从不满意到满意采用分值 1~10 表示。例如，若预期寿命是 60 年，幸福分值为 5，平均幸福分值则为 0.5，计算得出幸福生活预期指数为 30 年。幸福生活预期指数分值越高，表示越"长寿且生活幸福"；分值越低，表示越"短寿且生活不幸"。Veenhoven 按照 HLY "高（>60 年）、中（±40 年）、低（<25 年）"的标准对世界各国的幸福生活预期指数进行了分类。

幸福生活预期指数既可以反映居民对生活状态的幸福感，也可以反映居民需求满足程度，该指数在幸福感指数的基础上，突出了对生活幸福的持久性考量，是幸福指数通过居民出生时的预期寿命调整后的指标，可以反映居民幸福生活的时间长短（程怀文等，2011）。此外，"长寿而生活不幸"和"短寿而生活幸福"这两类情况的幸福生活预期指数数值尽管相等，但其福祉差距实质上很大，这是该指数的不足之处。

（二）生活质量测度

1. 物质生活质量指数

物质生活质量指数（physical quality of life index，PQLI）是衡量发展中国家贫困居民生活质量的一种方法。通过物质生活质量指数可以测算贫困国家在满足人们基本需要方面的成就，检测贫困国家社会发展政策成功与否。物质生活质量指数由三个衡量物质生活的指标（婴儿死亡率、一岁时的预期寿命和识字率）构成。在计算时，首先将这三个指标转为数值从 0 到 100 的指数；然后，对转化生成的三个指数进行加总平均，计算物质生活质量指数，并将物质生活质量指数分为 0~60、60~80、80~100 三个级别，分别表示低、中、高的社会发展水平。该指数在计算方法上采用简单平均不甚合理，因此有学者对物质生活质量指数计算方法提出一些质疑。尽管如此，婴儿死亡率、一岁时的预期寿命和识字率这三个指标反映的是人们普遍最希望被满足的基本要求，且不涉及种族、性别或特定价值观等差异，故适用于国家或地区间的比较分析。这三个指数均为产出性指标，故用其衡量社会福祉状态在一定意义上更可靠（徐愫，1995）。

2. 生活质量量表

20 世纪 70 年代，生活质量指标研究在欧洲各国受到普遍重视，生活质量概念和研究方法的影响日益深远。20 世纪 70 年代以克鲁普（H. J. Krupp）与沃尔夫冈·查普夫（W. Zapf）为领导的社会政治指标和决策系统计划框架，以社会调查为基础，建立社会报告调查网络，测量社会变迁和人们的生活质量。

20 世纪 80 年代，德国社会科学学者沃尔夫冈·查普夫将各个生活领域中人们生活质量的客观指标和主观指标联合起来进行研究，用"好"与"坏"来衡量生活质量的客观与主观指标，得出幸福、不协调、适应、被剥夺四种类型的生活质量分析框架。

2005 年，德国曼海姆调查研究与方法中心选取包括人口、社会经济地位与主观阶级认同、劳动力市场与工作条件、收入与收入分配、消费与供给、交通、住房、健康、教育、社会参与、环境、公共安全与犯罪、休闲与媒体消费、全球福祉状况 14 个主要生活领域的 80 多个关键性指标，构建了新的德国生活质量指标体系（表2.2）（周长城等，2003）。从表2.2可以看出，德国生活质量指标体系以社会调查为基础，注重主观、客观指标的结合互补，提高了生活质量指标体系的完整性和解释力。

表 2.2　德国生活质量关键领域与指标体系结构

领域	具体指标
人口	居住人口、总生育率、15 岁以下人口比重、65 岁以上人口比重、外国人比重、净移民、总初婚率、总离婚率、单亲家庭比重

续表

领域	具体指标
社会经济地位 与主观阶级认同	不同职业群体私人住房率、就业为主要收入来源的人口比重、按主观阶级认同的人口分类
劳动力市场 与工作条件	调整后的劳动力人口参与率、兼职就业率、有酬就业职业资格人数、第三产业有酬就业者、失业率、长期失业率、缴纳社会保险的雇员比、雇员对劳动力市场机会的评价、平均工作周、实际工资指数、工作满意度
收入与收入分配	不变价格计算的人均纯收入（欧元）、新旧联邦州家庭收入比率、净收入、个人家庭收入满意度、贫困率
消费与供给	福利费用支出、不变价格下人均消费价格、私人家庭储蓄率、个人生活标准满意度
交通	个体运输模式距离比、家到工作地的时间、家庭拥有汽车比率、公共交通系统使用机会、每千户运输风险率
住房	个人居住空间、无标准设施房屋比、住房条件满意率、平均租房负担、家庭拥有住房率
健康	平均预期寿命、每千名婴儿产期死亡率、每十万名居民医生数、保健支出占 GDP 比重、早期癌症测试有用率、永久或因病残疾人数占比、日饮酒消费、吸烟人口占比、超重人口占比、个人健康主观评价
教育	公共教育支出、幼儿园儿童占比、3 岁以下儿童保育地与儿童的距离、13 岁儿童就学率、未完成中学基础教育的青年人口占比、取得高级学位的青年人口占比、大学生人口占比、参与教育培训和继续教育的人员占比、缺乏教学素养的 15 岁学生占比
社会参与	联邦大选投票、政党成员比例、对政治有强烈兴趣的人群比例、工会参与率、俱乐部/协会成员占比、义工占比、民主制度满意度
环境	环境保护支出占 GDP 占比、居住和交通用地面积、人均二氧化碳排放量、环境保护关注度、家庭废物排出量
公共安全与犯罪	一般犯罪率、暴力犯罪率、对犯罪的担忧、警方密度、犯罪案件解决率
休闲与媒体消费	自由时间量、日均看电视时间、休闲娱乐文化占可支配收入比重、休闲主观满意度
全球福祉状况	人均 GDP、HDI、社会福利保障占 GDP 比重、孤独感、生活满意度、自杀率

世界卫生组织（World Health Organization，WHO）定义的生活质量包括个体生理健康、心理状态、独立能力、社会关系、个人信仰与周围环境的关系。世界卫生组织于 1995 年制定生活质量量表——WHOQO-100、WHOQOL-BREF。其中，WHOQOL-100 包括 100 个问题，覆盖生理、心理、独立性、社会关系、环境和精神信仰 6 个领域的 24 个具体方面。WHOQOL-100 是一个复杂的主观指标体系，不易操作且需进行大量调查，不太适用于发展中国家，而 WHOQOL-BREF 是 WHOQO-100 的简化版，相对而言操作性更强（表 2.3）。

表 2.3 世界卫生组织的生活质量量表

领域	具体方面
生理领域	疼痛与不适；精力与疲倦；睡眠与休息；行动能力；日常生活能力；对药物及医疗手段的依赖性
心理领域	积极感受；思想、学习、记忆力与注意力；自尊；身材与相貌；消极感受；精神支柱
独立性领域	行动能力；日常生活能力；对药物及医疗手段的依赖性；工作能力
社会关系领域	个人关系；所需社会支持的满足程度；性生活

续表

领域	具体方面
环境领域	社会安全保障；住房环境；经济来源；医疗服务与社会保障；获取途径与质量；获取新信息、知识、技能的机会；休闲娱乐活动的参与机会与参与程度；环境条件（污染、噪声、交通、气候）；交通条件
精神信仰领域	精神支柱；宗教/个人信仰

资料来源：万崇华（1999）

（三）经济福祉指数

由于 GDP 指标在衡量福祉上存在诸多先天不足，许多经济学家认为 GDP 不是测量福祉的优适指标。诺贝尔经济学奖得主詹姆斯·托宾和著名经济学家威廉·诺德豪斯提出经济福祉指数，增加对家庭服务及休闲价值的考量，并减去资本消耗和环境污染等成本。Osberg 和 Sharpe（2002）从消费流、财富存量、平等、经济安全四个方面，分别选取真实人均消费、真实人均政府支出（包括债务）、工作时间变量、真实人均资本存量（包括房产）、人均 R&D、人均自然资源、人力资本、净人均外债、环境恶化的社会成本、贫困强度、基尼系数（税后收入）、失业风险、疾病风险、单亲贫困风险、老年贫困风险等 15 项指标，构建经济福祉指数（index of economic well-being，IEWB）（表 2.4）。

表 2.4　经济福祉指数具体指标

方面	具体指标
消费流	真实人均消费
	真实人均政府支出（包括债务）
	工作时间变量
财富存量	真实人均资本存量（包括房产）
	人均 R&D
	人均自然资源
	人力资本
	净人均外债
	环境恶化的社会成本
平等	贫困强度
	基尼系数（税后收入）
经济安全	失业风险
	疾病风险
	单亲贫困风险
	老年贫困风险

资料来源：Osberg 和 Sharpe（2002）

（四）社会福利指数

社会福利指数构建的理论来源是福利经济学。福利经济学主要分为旧福利经济学和新福利经济学两个发展阶段。一般学术界将 20 世纪 20 年代庇古的《福利经济学》视为旧福利经济学的开山之作。庇古认为经济增长的目标是增加社会福利，而经济福利是等同于国民收入的；并且主张通过分配制度，实现购买力由富人向穷人转移、国民收入均等化以增加全体的总福利（庇古，2006）。庇古使用的分析工具是具有价值判断的基数效用论，他认为个人福利可以用效用来表示，效用是可以用基数计量并在个人间进行比较的，因此遭到罗宾斯的批判。所以，20 世纪 30 年代以后，新福利经济学在旧福利经济学的基础上发展形成。

新福利经济学使用序数效用论、无差异曲线的研究方法，利用帕累托最优的思想，认为只要个人福利达到最大化就能实现社会福利的最大化。新福利经济学强调个人自由，认为政府只需营造收入公正分配的环境，无须干预收入分配。新福利经济学虽强调效率但忽略了公平分配的问题；同时，由于序数效用论在个人间不便比较，新福利经济学存在无法克服的缺陷。

直到 20 世纪 70 年代，西方福利经济学从效用主义向基数效用论回归又成为主流趋势（姚明霞，2005）。福利经济学的核心是对社会发展状态的一种价值判断。森（2002）提出的可行能力理论拓展了人们对发展的认识，该理论认为发展的实质就是能够选择过自己愿意过的那种生活的能力或自由。可行能力理论侧重经济问题的规范分析，是围绕商品对人的满足、做选择的自由、人自身能力建立的，是对福利效用理论的批判，其认为效用并不能充分地代表福利。同时，可行能力理论也代表一种充满人文关怀的多维度的发展观，认为人的可行能力不仅包括个人效用，还包括自由、平等、公平、权利等。福祉是人的可行能力的函数，即发展的终极目标是提升人的福祉。

福利经济学是一门致力于判断社会福利在一种经济状态下比在另一种经济状态下更高或更低的学科（黄有光，1991）。福利经济学强调一个人的福利增长不能以他人的福利损失为代价，即当一部分人生活状况得到改善的同时不能以其他人生活状况的恶化为代价，其表明社会总福利在增加（即帕累托改进）。

也有研究认为福利经济学关注的基本问题是经济增长对个人福利和社会福利的影响（帕森斯和斯梅尔瑟，1989），从个人福利与社会福利两方面探究经济增长的影响是福利经济学研究的主要议题。

由此可见，效率与公平是福利经济学理论的重要基点，效率与公平是社会福利的两大目标，即福利经济学重视经济效率与社会公平的统筹兼顾，效率和公平是福利经济学不可或缺的两大重要内涵。

社会福利测度方法关注效率与公平，如果只是将收入作为福祉的替代变量，那么收入增长则意味着福利在增长；但如果纳入对分配的考量，即使收入在增长，但若不平等分配在加剧，那么总的社会福利则有可能是降低的。因此，一些更好的福利测度把收入水平和分配不平等结合起来，会达到比仅用收入衡量福利更好的效果。尽管收入和分配不平等并不能完全包括社会福祉概念的本质（McGillivray，2007），但人均收入反映效率，收入差距反映社会公平，从收入水平和分配不平等两方面构建的社会福利指数，是从效率和平等相结合的视角测度社会福利的一种简明方法。由 Sen（1982，2006）提出的通过运用基尼系数反映不平等性的社会福利指数计算公式如下：

$$W\left(w_1, w_2, ..., w_H\right) = \mu_w \left(1 - G_w\right)$$

其中，μ_w 为人均收入水平或平均财富；G_w 为反映收入不平等或财富不平等的基尼系数。

此后，Dagum（2004）对 Sen 提出的社会福利指数进行了改进，给不平等因素赋予了更强的福利惩罚作用，公式如下：

$$W = \frac{\mu(1-G)}{1+G} = \mu\left(1 - \frac{2G}{1+G}\right)$$

其中，μ 为人均效用值；G 为基尼系数。

此外，Atkinson 提出了不平等测度指标，以显示与不平等相关的福利损失：

$$A = \left[\frac{1}{N}\sum_{i=1}^{N} X_i^{1-\varepsilon}\right]^{\frac{1}{1-\varepsilon}}$$

其中，A 为 Atkinson 不平等指数；N 为收入的五分位数；X 为收入指数；ε 为对不公平因素的厌恶程度。ε 的值越大，对不公平的惩罚越大；当 $\varepsilon = 2$ 时，它对不平等的惩罚要比 $\varepsilon = 1$ 时大得多。

（五）国家幸福指数

不丹的国家幸福指数（gross national happiness，GNH）在幸福学研究方面影响十分深远，该指数的主要理念是追求物质生活和精神生活之间的平衡，政府施政应关注物质生活和精神生活的同步发展，强调幸福并以实现幸福为目标，只有社会、心理、经济及文化等方面的各种因素相互交织，才能实现自发的幸福。不丹的国家幸福指数包括以下四个方面：①可持续与公平的社会经济发展；②环境保育；③文化的维护与推广；④良善的治理。不丹研究院开发出包括 72 个具体指标，覆盖九大领域的国家幸福指数（表 2.5）。

表 2.5　不丹的国家幸福指数

领域	内涵
生活水准	基本经济状况。通过调查居民可支配收入，了解社会各阶层的富裕程度，了解贫困和收入差距状况，反映经济安全、就业等
居民健康	包括人口身体健康状况。除死亡率和患病率外，调查个人自评健康与危险健康行为；调查自觉身体活动的健康程度及是否维持健康体重等
教育程度与适宜性	包括参与、技能、教育支持等。同时也评价足以影响教育的国家、社区和家庭等各层级资源；包括自评技能与知识程度，以及文化知识水平

续表

领域	内涵
文化活力	评估不丹传统文化的多样性与优势，内涵是文化能力的性质与数量、语言使用形态与多样性，以及社区文化活动参与等。此外还调查人们对核心价值观、地方传统习俗等的看法
时间运用与平衡	分析一天 24 小时的时间使用情况，以及花时间最多从事的活动类型，反映民众如何运用其社会、文化、经济与人力资本
心理健康	反映居民生活与心理健康各个层面的满足度
社区活力	测量社区内人际关系与社会交往情况，反映社区的社会资本和社会安全
生态活力与恢复力	关注资源、生态系统的承载力和治理情况，反映和调查土地、水、森林、空气和生物多样性
良好的政府治理	包括参与度、政府工作效率、司法公正与公平、媒体自由与品质，以及透明度、诚信和贪污

（六）人类发展指数

联合国开发计划署在《1990 年人类发展报告》中首次提出人类发展的概念，该报告指出人类发展是扩大人的选择机会的过程。十年后，联合国开发计划署推出的《2000 年人类发展报告》又进一步发展了人类发展的概念内涵，认为人类发展是通过扩展人的作用和能力，扩大人的选择机会的过程，即人类发展就是让人们实现自身潜力，过上想过的一种生活的自由。2010 年，联合国开发计划署在推出的《2010 年人类发展报告》中又对人类发展的内涵进行了深化，提出人类发展的内涵包含福祉、赋权、能动、正义，强调通过扩展人类真实自由使人们过上美好生活的人类发展内涵，指出人类发展测度即测度人类福祉水平。需要指出的是，《2010 年人类发展报告》另一个重要贡献在于，其认为人类发展概念所包含的拓展人类真实自由实质上受自然环境的约束，人类追求的美好生活建立在共享地球有限资源的基础上，因而人类发展内涵也要反映对自然环境的依存及自然环境对拓展人类自由的限制（刘民权等，2009）。从《2010 年人类发展报告》开始，每年的人类发展报告都会计算 4 个综合人类发展指数，即 HDI、不平等调整后人类发展指数（inequality-adjusted human development index，IHDI）、性别不平等指数（gender inequality index，GII）和多维贫困指数（multidimensional poverty index，MPI）。

从 HDI 的算法来看，《2010 年人类发展报告》以前的 HDI 是人均 GDP（美元购买力平价）、出生时预期寿命、教育指数（成人识字率和综合入学率的加权平均数，其中，前者的权重为 2/3，后者的权重为 1/3）三项衡量人类生活或人类自由的分指数的算术平均值[①]。三项分指标分别反映经济发展水平、人的健康水平和受教育水平，显示人们所具有的维持健康长寿、获取文化技术、摆脱贫困和

---

① 教育指数由权重为 2/3 的成年人识字率和权重为 1/3 的小学、中学和大学综合入学率组成。

不断提高生活水平的能力（中国发展研究基金会，2005）。在《2010 年人类发展报告》中，HDI 的算法发生了很大变化，HDI 用人均 GDP 指数、出生时预期寿命指数、教育指数这三项分指数的几何平均值来表示，而且计算分指数时的指标选取也有所改变（表2.6）。

表 2.6　HDI 计算指标调整说明

一级指标	二级指标	维度	2010 年以前的三级指标	2010 年以前的指标单位	2010 年以后的三级指标	2010 年以后的指标单位
HDI	健康指数	健康长寿	出生时预期寿命	年	出生时预期寿命	年
	教育指数	教育	成人识字率	%	平均受教育年限	年
			毛入学率	%	预期受教育年限	年
	收入指数	体面生活	人均 GDP	美元	人均国民收入	美元购买力平价

资料来源：《2013 中国人类发展报告》

HDI 主要依据森的可行能力理论构建，是迄今为止衡量人类福祉和民众生活状态最简明、运用最广泛的一种指数。但 HDI 也备受学界批评，不仅因为其缺乏对资源环境要素的考量，而且因为其在算法和分指数权重等方面都略显简单。

对福祉的测评方法总体上可以分为主观福祉与客观福祉两类测评方法，同时又可分为个人福祉指数、经济福祉指数、社会福利指数、国家幸福指数，人类福祉指数及生活质量指数。其中，个人福祉指数主要包括生活满意度、主观幸福感和幸福生活预期指数。

三、福祉本质内涵的多元考量

（一）福祉概念的中心是"良好的生活状态"

福祉在《剑桥国际英语词典（英汉双解）》中被解释为 "the state of feeling healthy and happy"，指的是一个人感到健康和幸福的状态，即康乐、安康、安乐之意（普洛克特，2001）。在《牛津现代英汉双解词典》中，"well-being" 被解释为 "a state of being well, healthy, contented etc."，指的是一个人的好的、健康的、满足的存在状态（汤普森，2003）。从词本身的意思来看，福祉更侧重于一种状态，一种感到健康、幸福的心理状态或感到好的、健康的、满足的生活状态。亚里士多德认为福祉是好生活（well-living）或良好的生活状态，认为福祉不仅包含幸福、快乐或疼痛，还有更多的特殊性质。Gasper（2010）指出，福祉用于评价一个人的生活存在的状态，是一种聚焦于人的"存在"的评估。存在是福祉概念的中心，福祉不仅要反映生活的

"质"，也要反映生活的"量"。

"福"在我国文化中，本义是幸福和福气。《尚书·洪范》提出了寿、富、康宁、攸好德、考终命的五福福祉观，即"长寿、富足、康健平安、美德、寿终正寝"，涉及生活和道德范畴。关于"祉"，《说文解字》写道："祉，福也。从示，止声。"（许慎和段玉裁，1988）《尔雅注疏·卷二·释诂下》写道："祉者，繁多之福也。"（郭璞和邢昺，1980）上述两种解释认为祉、福含义相同，祉即是福。需要指出的是，徐锴的《说文解字约注》对"祉"有独到的训诂解释："祉，福也，从示止声。曰：祉之言止也，福所止不移也。福，佑也，从示逼声。以佑训福。"（张舜徽，1983）由此可见，徐锴对福、祉两字的解释更贴近福祉的本意，更具新意。"祉之言止也，福所止不移也"道出了"祉"和"福"的根本区别，即"祉"是"福气流过来停存下来的一种状态"（王圣云，2011b）。

福祉是人类共同追求的目标，但由于文化背景或语境差异，东方和西方对福祉的理解有所不同，也有相近之处。西方语境中的福祉是主观感知的健康和幸福的生活状态。在东方文化背景下，福和祉是有区别的，"祉"是"福气"流过来停存下来的一种状态。与西方对福祉的主观感知理解相比，东方对福祉的认知侧重于对良好生活状态的客观解析，侧重于对长寿、富足、健康、平安等人生价值的考量。但东方和西方都认为福祉反映的是一种良好的生活状态，或一种良好的、满足的生活存在状态，福祉概念的核心是良好的生活状态，这是不同文化背景、不同语义环境下对福祉概念内涵的一个共识。

（二）福祉由多维度的"伞状"要素构成

福祉是一个反映人的良好生活状态的概念，而生活状态由构成性多元组成，包括收入、健康等很多方面，因此福祉也是一个多维度的概念，包括很多组分。Gasper 和陆丽娜（2005）认为，把福祉当作一把伞的概念描述要比当作单一主题的概念描述更为准确，因为福祉能反映人的良好生活状态的广泛性和多样性；他们还认为，人的感觉、思想，甚至死亡，乃至更多的内容共同构成了生活存在，所以福祉具有多维内涵。多维度的伞状概念是对福祉维度的正确理解，因为任何单一指标或一维含义对福祉的表述都是片面的，都是对福祉多维度概念的不完善表述，因而也是不准确的定义。例如，将福祉视为快乐、幸福感、满足感就是关于福祉的一元论观点，这些福祉一元论潜在的不足是不能反映良好生活状态的多元内容，缺少对良好生活状态的多维关注。

从福祉测评方法来看，可行能力方法（Sen，1993）、中间需要方法（Doyal and Gough，1991）、核心能力方法（纳斯鲍姆，2016）都强调福祉的多维度评估。福祉是一个多维度的概念，很多福祉分析方法，尤其是多亚尔和高夫的中间需要理论和森的可行能力方法都已识别出很多重要的福祉维度，列出了福祉组分清单内容。例如，福祉包括知识、友谊、自我表现、归属、身体健全和健康、经济安全、自由、爱、财富、休闲等，囊括了反映生活状态好坏的方方面面。Gasper 和陆丽娜（2005）指出，福祉作为多维度的"伞状"概念，其维度首先具有自明性，即福祉维度具有直接明了的福祉含义；其次，具有不可通约性，即多个维度原则上不能相互重叠和包含，不能相互替代；最后，具有不可减性，即每一个福祉维度都不可或缺。此外，研究福祉不能把生活的意义和生活的目的分割，完整意义上的生活状态是生活存在、生活意义和生活目的等的统一。

（三）福祉有主观和客观两种分析视角

一般认为福祉包括主观福祉和客观福祉两类，前者如生活满意度或幸福感，后者如经济福祉、社会福祉或人类福祉。从福祉方法论和认识论来看，有客观测度的福祉，也有主观感知的福祉，还有自我报告的福祉；因此，福祉不仅有主观和客观两种维度，也有主观和客观两种认识方式和测量方法（Mazumdar，2003）。若根据福祉本体的主观、客观属性，福祉可分为主观福祉和客观福祉。根据福祉测度方法的主观、客观特征，福祉可分为自我报告的福祉和外部测度的福祉。Veenhoven（2002）首先按照主观和客观组合的方式，从福祉内容和评价标准两方面构建了福祉的基本分析框架，即"主观福祉-客观方法""主观福祉-主观方法""客观福祉-客观方法""客观福祉-主观方法"四种福祉分析框架。

在此基础上，Gasper 和陆丽娜（2005）从福祉本体和测评方法两方面，按照主观和客观组合的方式对福祉的四种类型进行了具体阐释：第一类福祉，即外部测度的客观福祉，主要指外部的、非主观感知的福祉类型，是可行能力或中间需求满足等客观清单理论的研究传统，如构建经济福祉指数和 HDI 等对福祉进行测度和评价；第二类福祉，即外部测度的主观福祉，主要指经外部测量得到的主观感知福祉，如神经科学和生理学通过快乐测量仪或脑电波等仪器对主观快乐、疼痛等瞬时感知进行的外部测度[1]；第三类福祉，即自我报告的客观福祉，指运用调查问卷等自我报告方法对客观的生活水平和生活质量进行打分计算和测度[2]；第四类福祉，即自我报告的主观福祉，指自我报告的生活满意度和幸福感[3]。个人可以通过单一问题的问卷或多类问题的问卷来把握主观福祉。例如，美国密歇根大学调查研究中心和民意中心共同展开的幸福感调查问题为："从总体考虑，您怎样

---

① 主观福祉是个人的一种主观感知，与大脑神经中枢有关，具有生物医学的客观基础，可以进行客观测量。

② 自我报告法是最常用的主观福祉测量方法，但自我报告法可能会由于个人说谎等出现误差，因为认知因素对自我报告的个人福祉十分重要。通过物理学和神经生物学指标可以对其进行补充。

③ Gasper（2010）将客观福祉定义为一个人对生活状态的外在的非感知的福祉，将主观福祉定义为被评价的归属感、满意度和幸福感等个人感觉。

形容今天的一切——您是否会说自己很幸福、相当幸福或不很幸福？"福祉的分析视角具体见表2.7。

表 2.7　福祉的主观和客观分析视角

项目		福祉本体（主要标准）	
		客观的	主观的
测度方法（辅助标准）	客观的外部测度	外部的客观福祉	外部的主观福祉
	主观的自我报告	自我报告的客观福祉	自我报告的主观福祉

资料来源：Gasper（2010）

（四）福祉是流量和存量的统一

Mazumdar（2003）对福祉流量和存量的概念进行了区分，认为福祉存量类似于经济学的收入存量，福祉存量是过去一段时间商品和服务用于满足人的需要的产出或结果；商品和服务的生产与消费是福祉流量，福祉流量用于满足人的需要的产出和结果。

Kahn 和 Juster（2002）指出，福祉流量是由一些事件相互作用和活动引起的瞬间情感状态；福祉存量是一些关系在过去相互作用历史的反映，这些关系的相互作用产生了各个关系的满足程度，满足是一种福祉存量。福祉是过去经历的累积性产出和即时经历的瞬间反映的统一，即福祉是流量和存量的统一。

无独有偶，在中国文化中，"福"是一种流动不居的流量，而"祉"则为福气过来"居而不行"的一种存量，福祉是流量和存量的统一，这是从中国文化背景与训诂学角度对福祉的一种解读（王圣云，2016），这与西方学者从心理学视角理解的福祉流量和福祉存量大不相同。从福祉流量和福祉存量的比较分析可知，福祉不仅包含人的需要得到满足的福祉产出状态，而且贯穿于福祉要素投入的产出过程，同时也包含着福祉的决定因素。

（五）福祉概念适用于个体、社会和人类生活三类范畴

福祉是一个较为复杂的概念，主要是因为不同学科、不同领域、不同范畴都在使用这一概念。心理学重视快乐、满意度、幸福感等人的主观感受；经济学认为 GDP 的缺点主要在于没有考虑家务劳动的价值和收入不平等的福利后果，也不包括环境恶化对福祉的影响，重视对 GDP 作为经济福祉指标的不断修正，关注经济福祉指数（Osberg and Sharpe，2002），以及关注收入、财富、繁荣与生活满意度或幸福感的关系（奚恺元等，2008）；社会学常运用福祉指标进行生活质量（周长城，2003）、社会福利（杨缅昆，2009）和社会质量评价；人类发展领域常采用 HDI 衡量人类福祉。Veenhoven（2007）指出福祉通常应用于个体福祉和社会福祉两个层面，在个体层面，福祉和生活质量相近；在社会系统层面，

福祉指的是对社会和民众而言的一种好的生活状态。同样，Mazumdar（2003）也认为福祉存在个体和社会两种视角。

在社会福祉研究方面，欧洲社会质量指标体系是代表性研究之一，其在理论导向方面试图将欧洲建设成一个经济成功、社会公正、社会参与度很高的高质量社会，即营造一个团结、平等、民主、和谐的社会环境。欧洲社会质量指标体系建立的基础是社会质量理论，该理论认为社会质量反映的是人们在能够提升其福祉和潜能的环境下，参与社区社会经济活动的程度。

贝克等（2011）构建了包含社会经济保障、社会凝聚、社会包容、社会赋权四个要素的社会质量分析框架：①社会经济保障，即关注社会经济保障对提升社会质量的重要价值，主要体现在保障民众基本的生存安全、生活和自由及公正，帮助人们应对社会风险，以及增加民众的生活机会，扩大民众的选择能力，选取的指标涉及住房与环境、健康与保健、就业与教育、安全与公正等。②社会凝聚，侧重于反映一个社会的紧密度、信任感、归属感，旨在减少社会分化，通过增强社会凝聚力提升社会质量，选取的指标主要涉及社会关系、社会网络、社会认同等。③社会包容，强调发展机会均等，减少社会排斥和增进社会包容，认为高社会质量的社会是指社会成员无排斥地融入社会制度、无歧视地享受社会保障、无差别地分配社会福利，选取的指标涉及社会平等、劳动力市场及社会参与。④社会赋权，重点关注民众生活的积极性、主动性，以及充分地表达诉求和参与社会事务的能力。欧洲社会质量体系摒弃了纯经济增长观，倡导建立一个以民主、平等、包容、和谐为核心价值的新发展观，以谋求全体社会成员的共同福祉为宗旨，用社会质量新理念为社会政策的制定提供了新视角。

此外，福祉也是人类活动的中心，人类福祉是人类存在的好的或满意的状态，福祉也应用于人类发展领域。总之，福祉概念适用于个体存在、社会系统和人类生活三类范畴，但是其关注重点、选取指标及目标各不相同。

（六）福祉比满意度、幸福感的范畴更广

分析福祉的一个重要前提是分清福祉、幸福、主观福祉、生活满意度和生活质量等相似概念。若不注重这些彼此相关但意义不同的相似概念范畴的区别，政策制定者可能会被误导（葛拉罕，2013）。葛拉罕指出，这几个概念的核心都是良好的生活状态。但相较而言，生活满意度以衡量生活条件和生活感受为主，范围最小，且与收入的相关性较高，比幸福的含义狭窄一些；主观福祉包括人们自我报告的自身福祉的所有方面，包括生活满意度和幸福，包含的范围涉及健康、教育和工作等很多方面；生活质量有主观和客观两种解读方式，包含的范围比主观福祉和幸福大一些，但比福祉一词的范畴要小；福祉一词包含的范围最广，从个人福祉到经济福祉，从社会福祉到人类福祉，福祉一词都可以囊括（图2.6）。

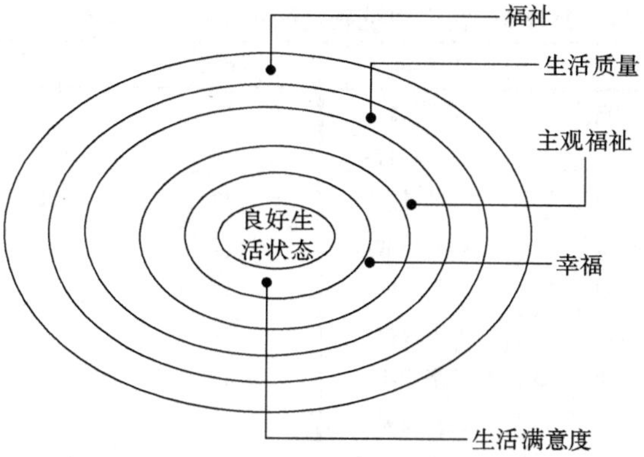

图 2.6　福祉概念范畴的圈层关系

四、福祉研究知识图谱

（一）国内关于福祉的研究进展

将"福祉""幸福感""人类福祉"作为关键词，选取 1990~2016 年的文献，绘制国内福祉相关研究的知识图谱（图 2.7），并提取关键词的频数（表 2.8）。

图 2.7　国内福祉研究的知识图谱

表 2.8 国内福祉研究的主要关键词频数

频数	年份	关键词	频数	年份	关键词
249	2002	幸福感	13	2010	收入
197	2002	主观幸福感	13	2007	养老保险
98	1992	人类发展指数	12	2015	生活水平
66	2005	影响因素	12	2010	生态系统服务
59	1999	人类发展	12	2009	气候变化
49	1997	人民福祉	11	2015	绿色发展
41	1998	经济增长	11	2014	工作绩效
40	2002	经济发展	11	2014	全面深化改革
38	2001	人类福祉	11	2011	城镇居民
36	1992	人类发展报告	11	2011	工作环境
27	2008	福祉	11	2010	农村居民
25	2008	生活质量	11	2004	总体幸福感
24	2010	职业幸福感	10	2014	心理健康
24	2008	生态文明	10	2011	社会管理
23	1995	两岸关系	10	2009	健康
22	2009	社会公平	10	2007	科学发展观
22	2009	工作幸福感	9	2015	共同富裕
21	2010	幸福	9	2015	满意度
20	2012	居民幸福感	9	2012	社会福利
19	2009	生态环境	9	2012	资源节约
17	2005	城市居民	9	2002	环境问题
16	2010	社会资本	9	1999	成人识字率
16	2007	收入分配	8	2015	结构方程模型
16	2007	政府工作报告	8	2013	外来务工人员
16	1999	和谐发展	8	2013	海峡两岸
15	2011	医疗保险	8	2011	经济发展方式
15	2009	生活满意度	8	2011	居民养老保险
15	2001	可持续发展	8	2003	不平衡
14	2013	员工幸福感	8	1998	持续发展战略
14	2012	幸福指数	7	2015	问卷调查
14	2012	新生代农民工	7	2014	空巢老人
14	2008	人类发展生态学	7	2014	实证研究
14	2007	GDP	7	2013	社会保障
14	2007	社会福祉	7	2013	心理幸福感
13	2014	老年人	7	2012	低碳发展
13	2013	农民工	7	2010	工作满意度

频数	年份	关键词	频数	年份	关键词
7	2010	新农保	4	2013	劳动关系
7	2008	住有所居	4	2013	效用
7	2007	农村建设	4	2011	用工荒
7	2006	地区差距	4	2011	婚姻幸福感
7	2005	生态系统	4	2011	收入差距
6	2015	农民	4	2010	中国残疾人
6	2012	社会幸福感	4	2010	国民福祉
6	2012	公共支出	4	2007	人类发展指数（HDI）
6	2011	城乡一体化	4	2003	千年发展目标
6	2007	劳动力转移	4	2001	人类福利
6	2007	失业人员	3	2016	公共服务
6	2004	社会公正	3	2015	流动人口
6	2003	HDI	3	2015	老龄化社会
6	2003	发展指标	3	2015	家庭幸福
5	2016	区域差异	3	2015	主观福祉
5	2015	农村老年人	3	2015	居家养老
5	2013	公平	3	2014	农村留守妇女
5	2013	政府绩效	3	2014	公平感
5	2011	幸福感指数	3	2014	民生福祉
5	2011	薪酬福利	3	2013	残疾人生活
5	2011	收入分配改革	3	2012	人际关系
5	2011	和谐社会	3	2012	生活幸福感
5	2011	收入分配	3	2011	城乡公共服务
5	2007	最低生活保障	3	2008	医疗保障体系
5	2005	下岗职工	3	2008	儿童死亡率
5	2005	主观生活质量	3	2001	人类发展观
4	2016	生态保护	3	1996	人文发展指数
4	2016	新型城镇化	2	2015	休闲满意度
4	2015	心理资本	2	2014	旅游幸福感
4	2015	老年人口	2	2009	不平等
4	2015	基础养老金	2	2009	新人类发展指数
4	2015	教育指数	2	2005	个人生活质量
4	2014	养老保险待遇	2	1996	不平等问题
4	2014	人口老龄化	1	2016	个体主观幸福感
4	2013	失地农民	1	2005	主观满意度
4	2013	帮扶救助	1	2005	中国人类发展指数
4	2013	城乡社会保障	1	2002	人类发展战略

国内的福祉研究可以概括为以下几个主要方向：一是生活幸福感、满意度及其影响因素研究；二是人类福祉与生态环境的关系研究；三是工作幸福感研究；四是经济增长、收入分配与福祉的关系研究。从关键词频数分布来看，根据频数在 20 以上的关键词分布可知，当前国内关于福祉的研究，主要关注幸福感、人类发展指数、人类福祉、生活质量、居民福祉感、工作幸福感等，尤其关注经济发展、社会公平与幸福感。

（二）国外关于福祉的研究进展

以"HDI""human well-being"为主题搜索，分别得到 1990~2016 年发表的相关文献 708 篇（图 2.8）和 1 224 篇（图 2.9）。

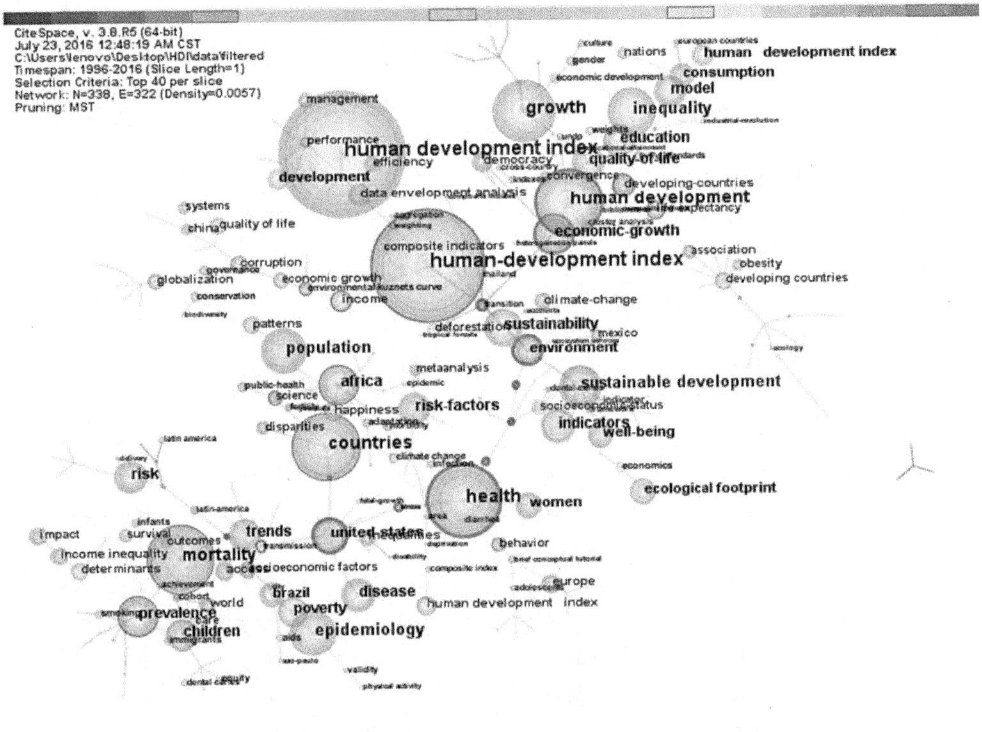

图 2.8　国外关于"HDI"研究的知识图谱

可以看出，已有的区域福祉研究主要集中在人类发展不平等、人类福祉与生态环境、人类福祉可持续发展，以及健康、死亡率、贫困等社会福祉方面。具体来看，人类发展不平等主要研究人类福祉空间差异及其演化；人类福祉与生态环境、人类福祉可持续发展方面主要研究生态足迹、生物多样性对人类福祉的影响，以及人类福祉产出的生态绩效、空气质量与生活质量等方面。由此可知，经

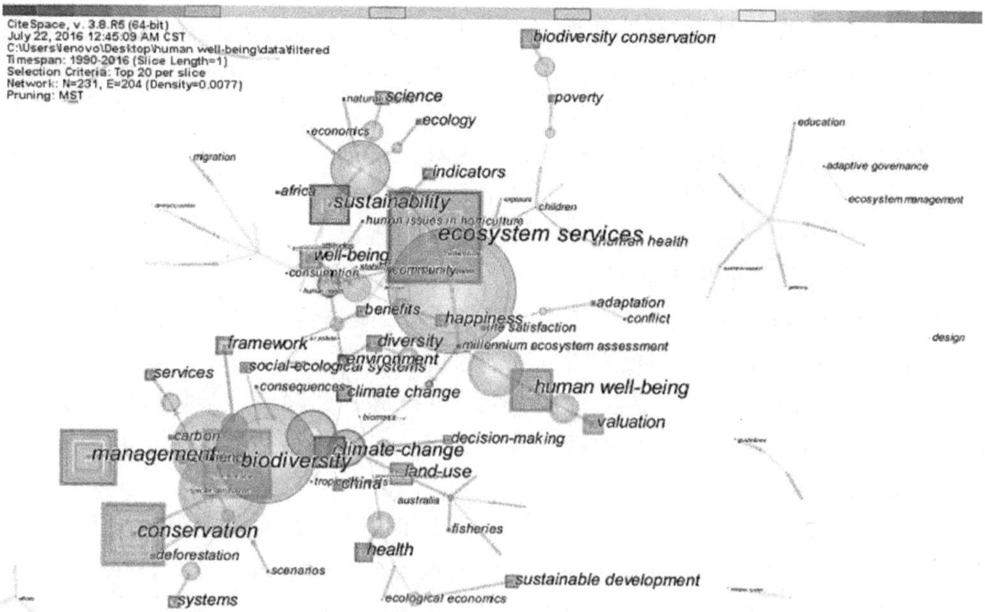

图 2.9 国外关于"human well-being"研究的知识图谱

济增长和人类福祉的关系、人类福祉与生态环境的关系或人类福祉的生态绩效，以及人类福祉的影响因素是当前关于福祉的区域研究热点。

五、国内外福祉相关研究评述

福祉是反映人的良好生活状态的一个概念（Gasper 和陆丽娜，2005）。福祉的概念界定往往决定福祉测评方法的选择，而且由于研究学科、测度目的和应用尺度不同，福祉测评方法也不同（Gasper，2010）。长期以来，人均国民收入或人均 GDP 是最流行的福祉衡量指标。后来，为了国家之间的可比较性，开始对GNP（即国民生产总值）进行调整，使用购买力平价（purchasing power parity，PPP）转化，按照 PPP 率进行国际比较。但是，收入仅仅是福祉的众多维度之一。非福利主义方法取代福利主义方法成为主流的福祉研究方法，其认为福祉不仅仅是由消费带来的效用，而且包含收入、健康、安全、环境等的多维度概念（Doyal and Gough，1991；Sen，1993），加权综合集成福祉指数因而成为最常用的福祉测评方法（Prescott-Allen，2002；Marchante et al.，2006）。

福祉测度的多维度社会指标方法逐渐兴起，主要有社会福利指数、经济福祉指数和HDI等。相较而言，满意度、幸福感是福祉的主观测度，偏重个体微观尺度，较难反映区域政策含义。测度国家或地区福祉水平的多维度福祉综合指数，如生活水平指数、社会福祉指数（Smith，1977）和人类福祉指数（United Nations Development Programme，1990）、经济福祉指数（Osberg and Sharpe，2002）等是福祉的客观测度，以客观清单指标为主，多应用于国家和区域宏观尺度。发达国家或地区重视非物质福祉，以主观福祉为主；而发展中国家或地区重视物质福祉，以客观福祉为主。

通过对国内外关于福祉的研究进行梳理，发现以下几点。

（1）已有很多研究对福祉和幸福、生活质量等概念辨析、界定不清，尤其是将福祉组分（components）及其决定因素（determinants）混淆，未区分福祉的状态指标（如预期寿命）和投入指标（如万人医生数）。

（2）不少研究在选取福祉指标时缺乏对自身研究领域、学科属性、研究目的和应用尺度的综合考量，导致在个人、经济、社会和区域层面上选取福祉指标和测评方法时的混淆。

（3）相较而言，当前经济学界在幸福感和生活满意度等主观福祉方面的研究成果较多，对社会和区域发展系统进行的福祉相关研究成果较少；且已有的社会和区域尺度的福祉研究成果对福祉的研究多局限于福祉的经济和社会维度，关注生态环境维度的研究较少。

（4）对于区域尺度的福祉研究而言，改变以GDP、收入、消费等经济指标为福祉替代变量的福利主义传统，根据人的需要理论和可行能力理论等构建非福利主义范式，纳入收入、健康、环境等维度来研究客观福祉，以及关注生活满意度和主观幸福感等主观福祉研究，是未来区域发展领域开展福祉研究的重要导向。

第二节　区域发展不平衡与区域均衡发展研究进展知识图谱

一、区域发展不平衡研究的知识图谱透视

（一）国外区域发展不平衡研究进展

将"regional difference""regional convergence""spatial inequality""regional disparity"作为关键词，选取1990~2016年的文献，绘制国外有关区域发展不平衡研究的知识图谱（图2.10和图2.11）。国外研究最多的首先是经济增长和不平等；其次是趋同趋异的经济模型（Alexiadis，2013）；再次是地区差异及其决定因素；最后是收入差异、贫困和空间不平等（表2.9）。

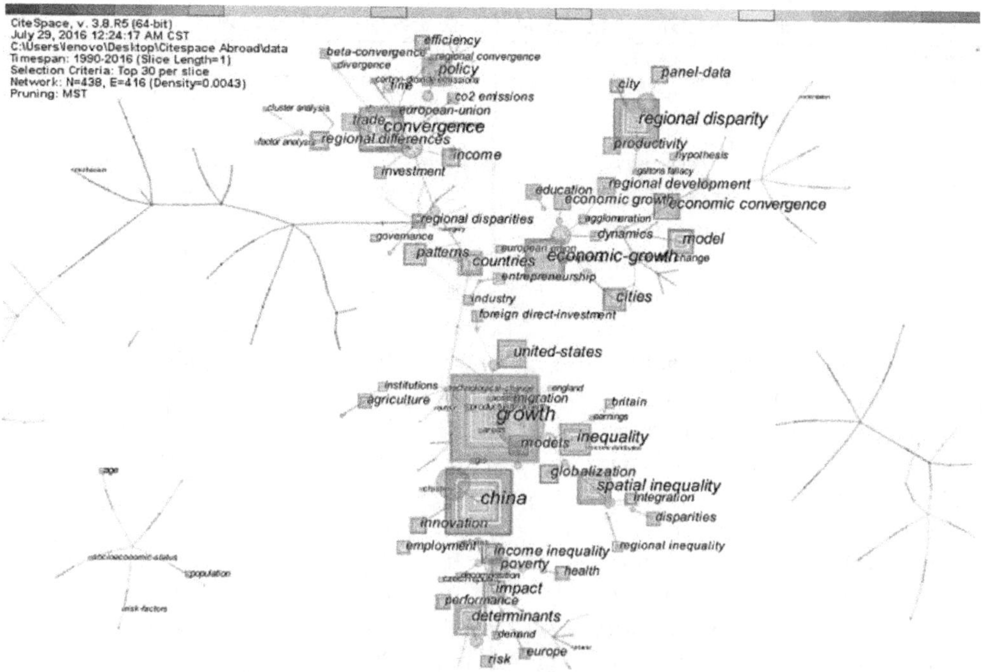

图 2.10 国外区域发展不平衡研究的知识图谱

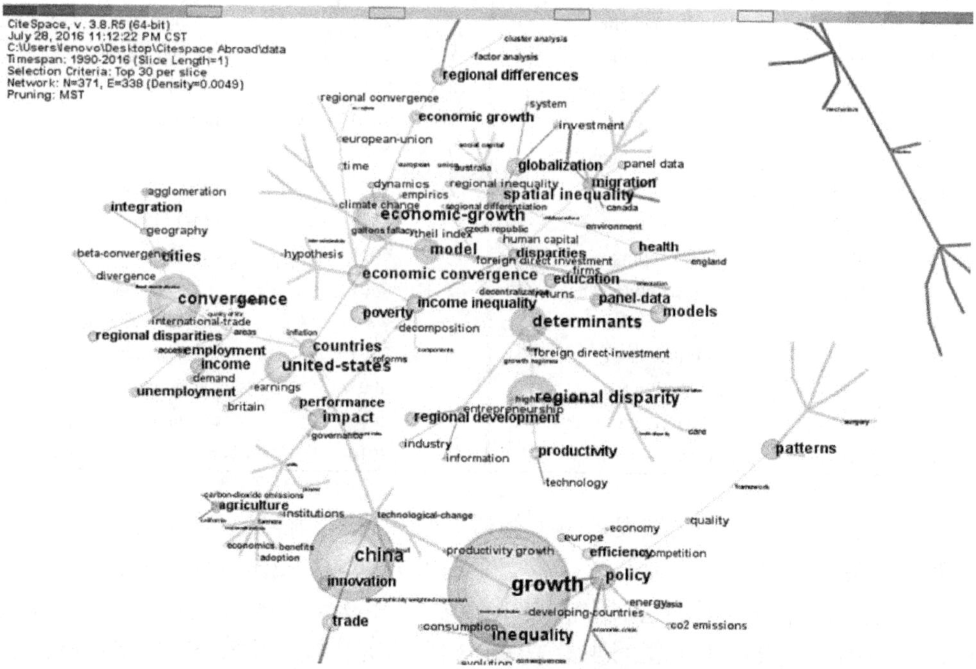

图 2.11 国外区域发展不平衡研究的知识图谱

表 2.9　国外关于区域发展不平衡研究的主要关键词频数

频数	年份	关键词	频数	年份	关键词
121	2003	growth	23	2010	innovation
90	1997	China	23	2010	panel-data
59	2004	convergence	22	2014	regional development
57	2006	regional disparity	22	2002	migration
54	2006	economic-growth	22	2008	education
45	2006	inequality	21	2009	health
42	2005	determinants	20	2009	disparities
39	2007	United-States	20	2008	efficiency
35	1998	policy	20	2011	performance
35	1995	model	18	2007	unemployment
35	2008	spatial inequality	18	2007	employment
33	2000	economic convergence	17	2013	integration
30	1998	impact	17	2007	regional disparities
29	2009	models	16	2015	city
26	2010	poverty	15	2010	panel data
26	2007	income inequality	14	2009	geography
26	2009	regional differences	14	2008	regional inequality
26	2007	globalization	13	2006	European-Union
25	2006	income	13	2009	consumption
25	2007	trade	12	2008	foreign direct-investment
12	2008	human capital	8	2012	energy
12	2009	agglomeration	8	2011	decomposition
12	2007	beta-convergence	8	2015	technology
11	2007	evolution	7	2009	factor analysis
11	2012	CO_2 emissions	7	2009	decentralization
11	2015	international-trade	7	2013	higher education
10	2007	equity	7	2009	environment
10	2009	economy	7	2011	regional differentiation
10	2006	regional convergence	7	2008	governance
10	2004	divergence	7	1997	technological-change
10	1999	climate change	6	2007	emissions
9	2011	theil index	5	2001	socioeconomic-status
9	1997	productivity growth	5	2009	cluster analysis
9	2010	developing-countries	5	2016	carbon-dioxide emissions

　　从内容来看，国外区域发展不平衡研究关注收入和消费、全球化和贸易、能源和气候变化、就业和失业、教育、健康和人力资本、技术变化、移民和制度等方面的空间不平等或地区差距。对中国、美国和欧盟的区域差异研究较多，其中，对中国区域发展不平衡问题最关注，相关研究主要集中在中国的经济转型、技术创新、消费、碳排放、对外贸易和政策等方面。

（二）国内区域发展不平衡研究进展

以"地区差距""区域差异""非均衡发展"作为关键词，选取 1990~2016年的文献，绘制国内区域发展不平衡研究的知识图谱（图 2.12），提取频数大于1 的关键词（表 2.10）。经过分析可知，国内区域发展不平衡的相关研究，从内容上主要可以概括为地区差距研究、地区经济增长收敛性研究、非均衡发展的影响因素研究、区域协调发展研究四个方面。

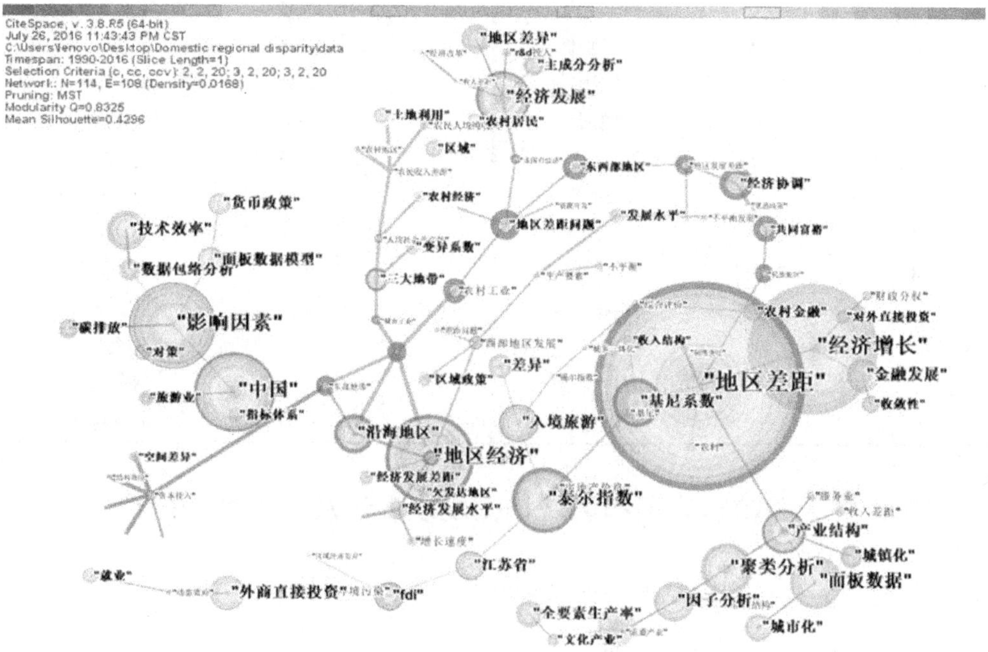

图 2.12　国内区域发展不平衡研究的知识图谱

表 2.10　国内区域发展不平衡研究的主要关键词频数

频数	年份	关键词	频数	年份	关键词
133	1996	地区差距	11	2011	Malmquist 指数
89	2005	经济增长	10	1993	非均衡发展
57	2003	影响因素	10	1997	变异系数
39	2002	泰尔指数	10	2006	Theil 指数
27	2006	基尼系数	10	1997	经济发展差距
20	2009	地区差异	10	2010	区域差距
18	2010	面板数据模型	9	1993	地区差距问题
12	2014	收敛性	9	2012	动态面板数据模型

频数	年份	关键词	频数	年份	关键词
9	1994	区域差异分析	3	2009	区域经济差异
8	1995	共同富裕	3	1998	收入差距
8	1994	空间差异	2	2016	Shapley 值分解
7	2014	收入差距	2	1994	区域发展差异
7	2013	财政分权	2	2004	不平等指数
6	2003	劳动力流动	2	2007	区域差异特征
6	1992	区域非均衡发展	2	1993	均衡发展
6	1995	不平衡	2	2004	二元经济结构
6	2008	区域协调	2	2001	区域非均衡性
5	2012	锡尔指数	1	1997	不平衡增长
5	1996	不平衡发展	1	2016	"S" 形曲线
5	2009	Theil 系数	1	2003	地区差距走势
4	2005	非均衡	1	2006	Cobb-Douglas 生产函数
4	2012	城乡一体化	1	2006	倒 U 假说
4	1993	极化效应	1	2002	加权变异系数
4	1993	地区发展差距	1	2004	农村扶贫
3	1995	东西差距	1	1999	不平衡规律
3	2004	要素流动	1	1993	城乡差别

二、关于区域非均衡和区域均衡发展理论及其测评的研究

(一)区域非均衡和均衡发展理论

区域非均衡发展和均衡发展的相关理论较多，以缪尔达尔（Myrda）的循环累积因果理论、赫希曼（Hirschman）的非均衡发展理论和威廉姆森（Williamson）的倒 U 形假说为代表。均衡发展理论中新古典经济理论最著名。

美国经济学家纳尔逊（Nelson）1956年提出了"低水平均衡陷阱"（low level equilibrium trap）理论，其主要观点是：不发达经济的主要表现是人均实际收入低下，很低的居民收入使储蓄和投资受到极大限制；如果以增加国民收入来提高储蓄和投资，通常会导致人口增长，从而将人均收入推回到低水平均衡状态。

区域累积因果理论认为区域非均衡发展主要是市场力量作用的结果，认为"回流效应"是区域非均衡发展的根源。循环累积因果理论，认为发达地区由于收入水平较高，在市场力量的作用下倾向于扩大而不是缩小地区差距。该理论指出，当一个区域的经济发展速度超过平均速度，其效率工资就会下降，即货币工资增长率与劳动生产增长率之比就会趋于下降，这个区域具有比发展速

度较慢的区域更多的累积性优势。因此，一旦区域之间发展速度出现差异，条件较好且发展较快的发达区域就会不断累积和提高竞争优势，这必然会导致储蓄率和市场发育度升高，从而产生投入高、产出高、收入高的结果。如此循环往复，发达地区的财富将不断积累，而不发达地区的资源要素因被发达地区不断吸引而流失，这使得落后地区的经济资源条件不断恶化，导致落后地区的经济不断衰退（沈玉芳，2009）。根据缪尔达尔的循环累积因果理论，区域间的差距是不断扩大的，会出现发达的地区越来越富裕、落后的地区越来越衰败的马太效应（孙红玲，2007）。

索罗（R. Solow）和斯旺（T. Swan）在生产要素自由流动与开放区域经济的假设下认为，随着区域经济增长，各国或一国国内不同区域间的差距会有所缩小，因此区域经济增长在地域空间上趋同，且呈收敛之势。不平衡增长是短期的，平衡增长是长期的。

赫希曼提出了涓滴效应（trickling down effect）和极化效应（polarized effect）的概念，认为在经济发展初期，极化效应占主导地位，这导致条件较好的发达地区和条件较差的欠发达地区的发展差距不断扩大；反之，发达地区对落后地区的投资增加和劳动力迁移带来的涓滴效应能缩小落后地区与发达地区的经济差距，促进落后地区发展。

1965 年美国著名经济学家威廉姆森提出了区域不平衡演化的倒 U 形模式，认为区域经济增长的不平衡度和区域经济发展水平之间存在倒 U 形关系。该模型认为，在经济发展水平较低时，尤其是在经济起步的初级阶段，区域不平衡态势将不断加剧，区域差异将逐渐扩大；当经济发展进入成熟阶段以后，由于全国统一市场的形成，发达地区的投资收益将出现递减，资本、劳动力等资源要素回流到欠发达地区，区域差距趋于缩小。

与上述非均衡发展理论不同，新古典主义经济理论认为通过市场机制的自发调节，可以使资本、劳动力等资源要素实现自由流动和合理配置，从而达到区域经济发展均衡。该理论认为，在市场机制作用下，区域差异会逐渐消除，最终可以实现区域平衡发展。综上，可知以下两点。

（1）在市场机制下，区域之间的发展差距是趋向均衡还是分异，不同学说和流派有着不同的解释。政府干预对促进区域均衡发展的作用，以及通过何种方式、采用什么方法实现区域发展的平衡，不同流派之间也有很大争议。但不可否认的是，区域经济发展不平衡，一方面是资本积累的必然产物；另一方面，当不平衡发展到一定程度时，会造成市场失灵和社会不稳定，进而影响到政治稳定。

（2）如何在保证市场机制充分发挥作用的前提下实现区域平衡发展，是政府应努力解决的一大难题。健全市场机制、促进完全竞争固然对区域均衡发展十分重要，但政府的干预调控作用也不容忽视。区域均衡只有在市场机制和政府干预的协同作用下才有可能实现。政府干预需要特别重视市场机制的作用规律，通过干预做好资本配置、经济发展和社会发展目标之间的权衡。

（二）我国区域发展不平衡测评研究

已有的区域发展不平衡实证研究主要集中于区域差异、地区差距和区域发展不平衡等方面，采取的研究方法主要有变异系数、加权变异系数、基尼系数、加权基尼系数、泰尔指数、收敛指数，以及基于加权变异系数、基尼系数和泰尔指数的分解法，但由于所选择的测评指标、测评方法及研究时段等的差异，研究结论仁者见仁、智者见智，难以达成共识。

目前应用最广泛的区域差异测评方法是统计指标法。统计指标法按统计指标类型可以分为绝对指标法和相对指标法。针对描述不平等的指标，绝对指标的人口相关性使绝对指标在度量区域差异时不能具备良好的性质。相对指标包括基尼系数、泰尔指数、加权变异系数等。其中，泰尔指数具有能够按不同人群或空间分解的性质，并且由于地域的可分性，泰尔指数可以进行二阶段嵌套空间分解；基尼系数具有因子分解性，可以将差异按成分来源进行因子分解，观察各因子对总体差异的贡献情况。这两种系数因其各自的可分性，适用的研究范围广，在测评区域差异方面得到广泛的应用。

此外，关于经济收敛性的研究也备受学界重视。为了对经济增长收敛性的实际情况进行考察，学者们提出了不同的经济收敛概念，以更广泛地解释经济收敛或发散的机制，常用的收敛概念有 σ 收敛、β 收敛和俱乐部收敛，具体含义见表2.11。

表 2.11　常用的经济收敛概念

收敛类型		含 义
σ 收敛		不同经济系统间人均收入的离差随时间的推移趋于下降
β 收敛	绝对 β 收敛	经济增长的初始条件决定经济增长的速度：拥有高经济水平的地区经济增长速度更慢，拥有低经济水平的地区经济增长更快，从而达到地区间趋同
	条件 β 收敛	承认经济体的异质性，认为拥有相同结构特征的经济体之间存在经济收敛现象
俱乐部收敛		是指经济增长的初始条件和结构特征等方面均相似的区域之间发生的相互收敛。俱乐部内部相互收敛，而俱乐部间没有收敛迹象

其中，β 收敛是更常用的描述经济收敛的研究方法，其从经济增长率与初始经济水平的关系出发，考察区域差距产生的原因。绝对 β 收敛认为各个经济体具有完全相同的经济特征基本假定，经济收敛或发散仅取决于经济水平的初始条件；而条件 β 收敛则放弃了这一假定，认为不同的经济体具有异质的经济特征，因此具有不同的增长路径和稳态，在外生变量保持不变的情况下，经济体离自身的稳态值越远则增长越快。

国内关于区域发展不平衡的研究文献很多，具有代表性的研究如下：魏后凯（1992）应用加权变异系数对 1952~1990 年我国地区经济差异进行分析；杨伟民（1992）采用变异系数和 σ 收敛方法对 1978~1989 年我国地区经济差距进行研究，发现 1978~1989 年全国整体经济差距呈缩小趋势；杨开忠（1994）对我国 1952~1990 年地区经济差异进行 σ 收敛分析，认为1978 年以后我国地区经济差距呈扩大趋势；胡鞍钢（1995）对我国地区差距进行研究，指出我国作为人口众多、地域辽阔的发展中国家，地区发展差异和不平衡性十分明显，这是我国的国情之一，1990 年我国在人类发展方面的地区差距很大；魏后凯（1996，1997）采用加权变异系数、泰尔指数对我国地区经济差距进行分析，并根据 Barro 等（1991）的分析方法，从人均 GDP、人均国民收入和城乡居民收入三个维度测度中国经济增长的绝对 β 收敛和条件 β 收敛，认为改革开放后各地区居民收入增长的不平衡格局加剧；覃成林（1998）采用人均 GDP 与全国平均值的离差和比率两个指标对中国地区经济差异进行分析；林毅夫等（1998）应用基尼系数对1978~1995 年我国经济省际差距进行测算，认为各省区市的经济发展差距趋向扩大；蔡昉和都阳（2000）采用 1978~1998 年的经济增长数据，对人均 GDP 增长率进行收敛分析，得出改革开放以来，中国在地区经济发展中不存在普遍的绝对 β 收敛，但存在东、中、西部地区三个趋同俱乐部的结论；范剑勇和朱国林（2002）对我国地区经济差距进行分解研究；金相郁（2007）采用变异系数和泰尔指数等对 1952~2000 年我国地区发展不平衡态势进行研究，认为 1990 年以后地区差距趋向扩大；覃成林（2004）也认为改革开放以来我国区域经济增长存在着明显的俱乐部趋同；董先安（2004）对 1985~2002 年我国地区差距进行条件收敛分析；王小鲁和樊纲（2004）对 1980~2001 年我国地区发展差距进行收敛分析，认为地区区域经济差距趋向扩大；徐建华等（2005）对我国区域经济差异进行时空分解和分析；徐康宁和韩剑（2005）对 1978~2003 年我国地区经济差距进行俱乐部收敛分析；许召元和李善同（2006）对 1978~2004 年我国地区经济差距进行收敛分析，认为 2000 年以来我国地区差距扩大趋势有所减缓；魏后凯（2008）对 1980~2006 年我国地区经济差距进行 σ 收敛分析，认为省际经济差距以 1990 年为拐点，先缩小后扩大；覃成林和张伟丽（2009）对 1978~2005 年我国地区经济增长态势进行俱乐部收敛分析，认为有明显的俱乐部趋同态势；潘文卿（2010）对 1978~2007 年我国地区经济差距进行收敛分析；孙久文和姚鹏（2014）对 1978~2012 年我国省际经济差异进行 σ 收敛分析，认为我国省际经济差距整体趋向缩小。

此外，一些研究认为人均 GDP 和人均收入都不是较好的表征发展的替代变量，所以出现了一些采用反映生活水平或福祉水平的人类福祉作为替代变量的指数的相关研究。胡鞍钢和张宁（2006）认为反映人类福祉的 HDI 指标比人均

GDP 等经济指标对区域非均衡性有更全面、更准确的反映；杨永恒等（2006）研究发现我国的人类福祉存在"一个中国、四个世界"的区域非均衡特征；覃成林（2008）基于福利经济学理论构建地区福利水平评估指标体系，对我国地区福祉时空差异进行探索；也有研究利用经济、社会、文化、环境等客观指标构建国民福祉评价模型，应用该模型对 1996~2009 年我国区域国民福祉的时空演进特征进行分析，以检视我国区域协调发展战略的政策效应（万树，2011）。

从指标选取来看，关于区域发展不平衡测评的研究主要基于三类指标：一是采用国民收入或 GDP 指标分析地区经济增长差距（周玉翠等，2002；张馨之和何江，2007）；二是采用人均收入或人均消费指标探究地区生活水平差距（许召元和李善同，2006）；三是采用 HDI 或幸福感等福祉指标探究地区间或城乡间的福祉差距（宋洪远和马永良，2004；杨永恒等，2006；王圣云，2009，2016；倪鹏飞等，2012）。

从研究方法来看，区域发展不平衡的测评研究主要有两个取向：一是采用加权变异系数、基尼系数、泰尔指数及其加权指数的空间分解和要素分解来衡量地区经济差距的格局演变和驱动要素；二是采用经济增长的收敛模型，如 σ 收敛、β 收敛、俱乐部收敛[①]等模型来分析我国地区经济增长的趋同或趋异态势。例如，蔡昉和都阳（2000）分析了我国区域经济增长的收敛性；董先安（2004）通过 β 收敛和 σ 收敛检验，对我国区域收入趋同进行测度；覃成林（2008）对我国区域经济增长的俱乐部收敛进行了检验和研究。

综合以上关于区域发展不平衡测评的研究在指标选取方面的差异和测评方法的不同，可以概括出以下区域发展不平衡的测评研究路径，见表 2.12。

表 2.12 区域发展不平衡的测评研究路径

研究路径		经济增长指标		生活水平指标		福祉指标	
		人均 GDP	GDP	人均收入	人均消费	HDI	幸福感
非均衡指数及分解	加权变异系数						
	泰尔指数						
	基尼系数						
	洛伦茨曲线						
收敛指数	σ 收敛						
	β 收敛						
	俱乐部收敛						

①σ 趋同是指各国或地区的人均收入水平差距随时间的推移而趋于缩小，一般用人均收入或产出的标准差来衡量；β 趋同是指贫穷国家或地区往往比富裕国家或地区具有更高的增长率；俱乐部趋同是指结构特征相似、初始收入水平相同的国家或地区的人均收入长时间相互趋同。

三、关于区域发展不平衡的影响因素研究

（一）区域发展不平衡的影响因素

从区域发展不平衡的影响因素的相关研究来看，关于区域差距的影响因素主要有产业因素、公共服务、政府政策、基础设施等，大量研究集中分析地区经济不平衡的影响因素。例如，王绍光和胡鞍钢（1999）根据我国的国情构建了我国区域发展不平衡的政治经济学分析框架，认为政治与经济同样决定着地区经济的发展，并从资源禀赋、经济结构、人类福利等方面对中国的地区差距进行评价；林毅夫等（1999）认为改革和发展的区域梯度性导致了我国地区间经济发展不平衡；范剑勇和朱国林（2002）、林毅夫和刘培林（2003）将区域差距主要归因于产业因素，包括产业结构、产业与现有要素禀赋的结构及工业比重；曹桂全（2004）认为发展极化、计划极化和市场极化促使地区差距扩大；沈坤荣和马俊（2002）对人力资本存量、市场化程度、对外开放程度、产业结构等对区域经济趋同的影响进行分析；陈钊和陆铭（2002）提出注重教育的均等化对促进区域均衡发展有着重要的意义；陈秀山和张启春（2003）、吕炜和王伟同（2008）从公共服务的角度阐述了财政转移对促进区域均衡发展的重要作用；王小鲁和樊纲（2004）认为，地区间在外商直接投资（foreign direct investment，FDI）、吸引外资政策、人力资本存量、市场化程度、城市化水平等方面存在的差距，以及劳动力流动导致了我国地区差距的扩大；杨永恒等（2006）认为政府的公共服务职能可以有效推动落后地区的经济发展，以缩小其与发达地区的经济差距。

政府政策、外商直接投资和出口、市场一体化、公共基础设施、教育水平、地理因素、劳动力流动和移民等是造成我国区域非均衡性加剧的主要因素。各省区市收入分配不均衡、物质与社会资本的差异，以及教育和健康水平方面的差距是导致我国省际贫困差异的主要原因（沙安文等，2006）。丁四保（2007）从地理环境治理成本的角度解释区域差距，认为在地理环境恶劣的地区，市场对资源的配置作用是失灵的，高开发成本阻碍着地方经济的发展。杨爱平（2007）则从地方财政权的区域分化视角对区域发展不平衡进行解释。许召元和李善同（2009）对劳动力流动和地区差距的关系进行研究，认为区域间的劳动力迁移是缩小还是扩大地区差距，主要取决于资本外部性和拥挤效应的相对大小及城乡居民技能差异。孙久文和夏文清（2011）认为区域发展总体战略的实施、产业结构的变化和基础设施的外部效应是缩小区域差距的主要原因。黄君洁（2011）对地区间公共支出差距对各地人类发展产生的影响进行分析，认为各类公共支出促进了我国 HDI 的提高。姜乾之和权衡（2015）探究了我国劳动力流动与地区经济

差距的关系，认为我国东、中、西部三大区域经济发展不平衡的主导因素，已逐步从地区产业发展的结构效应转变为非农产业的集聚效应。周玉龙和孙久文（2016）认为空间中性的区域发展政策会加剧区域差距，基于地区的政策则有益于降低区域差距。

（二）区域发展不平衡的预警研究

此外，我国在区域发展不平衡的预警研究方面已经积累了一些有价值的研究成果。黄朝永（1996）、高志刚（2002）通过区域差异变化与增长速度的联动分析，进行区域发展不平衡预警研究；覃成林（1997）提出区域经济差异承受力概念下的我国区域经济差异预警模型；白雪梅（1998）从后发展地区赶超视角，提出我国区域差距合理范围的预警模型；饶会林等（2005）基于双 S 曲线模型，探究区域不平衡发展的警戒点。

（三）城乡发展不平衡的影响因素

还有一些研究关注城乡差距的影响因素。程开明和李金昌（2007）对1978~2004 年我国城市偏向、城市化与城乡收入差距的相互作用关系进行研究，认为城市化与城市偏向是造成我国城乡收入差距扩大的原因。唐礼智等（2008）对 1987~2006 年我国金融与城乡收入差距的关系进行实证分析。安虎森和徐杨（2011）对我国城市高房价和户籍制度与城乡收入差距的关系进行阐释。马晓冬等（2014）分析了江苏省城乡公共服务发展差距及其障碍因素。张文等（2015）分析江西城乡收入差距的影响因素，认为提高第一、第三产业劳动生产率，加大对农村的政策扶持，能够显著缩小江西城乡收入差距。李玉恒等（2016）分析制度变迁因素对中国城乡差距的影响，认为政府财政支农制度、乡镇非农产业发展制度均有助于缩小我国城乡发展差距。

四、关于区域发展空间均衡的研究

（一）对区域发展空间均衡的认识

当前学界普遍认为，区域发展空间均衡不是平衡区域间的经济发展，而是创造条件扭转区域福祉失衡的趋势，逐步实现区域间人均福祉水平的大体均衡（陈钊和陆铭，2008；世界银行，2009）。陈雯等（陈雯，2008；陈雯等，2010）认为，区域空间均衡不是经济社会活动在空间上的均匀分布，而是空间上收入增长与生态保护的均衡，不是数量均衡而是状态均衡，其意味着人口、经济、资源与环境协调的一种空间上的"帕累托效率"状态。樊杰（2007）认为，区域发展的空间均衡是指表示任何区域综合发展状态的人均水平值大体趋于相等。需要说明的是，国家在"十一五"时期提出的主体功能区战略即以区域发展的空间均衡理论为重要支撑（杨伟民等，2012）。

如何扭转区域福祉空间失衡加剧的趋势，已成为当前空间均衡研究的焦点和前沿。国内经济地理学更注重人地关系协调和可持续发展理论的指导，侧重于从空间组织与规划管治视角探究区域发展的空间均衡模式（陆大道，1995b；陈雯，2008；樊杰，2007；樊杰等，2013；哈斯巴根，2013；邓文英和邓玲，2015）；区域经济学受新古典经济学趋同假说的影响，侧重分析要素流动和财政转移支付的区域均衡效应（陈秀山和张启春，2003；孙红玲，2007；陈钊和陆铭，2009；世界银行，2009；田发，2011；张启春等，2016）。一些研究构建了区域福祉或财政均衡调控模型，如严剑峰（2003）提出横向财政区域均衡调控模型；孙红玲（2007）提出标准人假设下的区域财政均等调控模型；王圣云（2017）从供需匹配视角提出了我国省区市福祉均衡调配模型。

国外经济地理学关于区域发展空间均衡的研究以《2009 年世界发展报告：重塑世界经济地理》为代表，认为生产集聚和福祉的空间均衡可以并行不悖，其通过实证研究探索区域福祉空间趋同规律，发现虽然发展中国家的收入和物质福利的不平衡加大了，但教育和健康方面的福利水平趋同；发达国家收入和福利水平的不平衡先是拉大，接着缓慢趋同；在发展中国家，生活水平的地区不平衡随着发展的深入"先上升后下降"（世界银行，2009）。但王圣云（2016）的研究发现中国人类福祉的不平衡却并不符合这一规律。Noorbakhsh（2002）构建了区域人类福祉均衡发展的政策调控模型。

尽管已有研究开始关注区域间的人均生活水平趋同，但未对区域福祉进行定量测评，未能深入分析区域福祉空间均衡的影响因素和作用程度，这使得在区域福祉水平逐步提升和福祉结构协调互补的基础上，达到人均福祉空间趋同的区域福祉空间均衡调控缺乏科学依据。

（二）区域发展空间均衡的研究评述

关于区域发展空间均衡的理解和界定，学界持有的观点各不相同，见表2.13。

表 2.13　区域发展空间均衡的代表性观点及侧重点

学者	年份	学科视角	主要观点及侧重点
樊杰	2007	经济地理学	空间均衡是空间内各地区标识任何区域综合发展状态的人均水平值的均衡；空间均衡是"生态–生产–生活"三生空间均衡
陈雯	2008	经济学和经济地理学	空间均衡是空间供给能力与空间开发需求的均衡；空间均衡是资源环境的可承载力与人口、经济活动的容量相协调、相均衡
孙红玲	2007	区域经济学	考虑"标准人"的设定，空间均衡是政府间财力空间均衡分配

学者	年份	学科视角	主要观点及侧重点
刘传明和曾菊新	2009	经济地理学	从土地的供给和人类活动对土地的需求角度来解释空间均衡
杨伟民等	2012	经济学和经济地理学	空间均衡是空间内各地区人民生活水平大体相当；人口分布与经济布局相均衡；人口和经济的分布与资源环境承载能力相协调
金凤君等	2015	经济地理学	自然福利与人文福利均衡
王圣云	2016	福祉地理学	空间均衡是指各地区通过提高福祉产出绩效和加强福祉均衡因素调控，促进福祉结构均衡、福祉空间均衡、福祉城乡均衡、福祉供需均衡，从而使人均综合福祉水平的地区差距趋向缩小、逐步趋同的过程
张玉泽等	2016	经济地理学	空间需求强度与实际空间供给能力之间的均衡
李广东和方创琳	2016	经济地理学	"生态-生产-生活"三生空间均衡

樊杰（2007）较早提出空间均衡的概念框架。他创新性地指出，区域发展的空间均衡是指标识任何区域综合发展状态（包括经济发展、社会发展、生态环境等状态）的人均水平值趋于大体相等，其空间均衡概念可表示如下：

$$D_i = \frac{\sum D_{im}}{P_i} = \frac{\sum D_{jm}}{P_j} = D_j$$

其中，D_i、D_j 为 i 地区和 j 地区的综合发展状态的人均水平值；P_i、P_j 为 i 地区和 j 地区的人口总量；$\sum D_{im}$、$\sum D_{jm}$ 为 i 地区和 j 地区综合态总量水平。

影响区域发展状态的各种要素在区域间自由流动和合理配置是实现区域发展空间均衡的必备条件。同时，功能区地域功能的变化也可以改变区域发展空间均衡的演变进程（樊杰，2007）。

陈雯（2008）基于经济学的理论和方法，从经济学的供需分析和地理学的人地关系视角，系统构建了区域空间均衡的理论和方法体系。陈雯等（2010）采用开发强度和空间供给能力来判断和评价江苏省县级区域的空间失衡状态，并分析了导致空间失衡的制度原因。陈雯（2008）认为空间均衡是指资源环境的可承载力与人口、经济活动的容量相协调、相均衡，即经济社会活动分布与空间区位供给能力相协调。空间失衡并非表现为地区间收入差距扩大，而是表现为空间开发状态与其区位供给能力不相匹配，主要表现为开发过度或开发不足，即空间开发状态超出该区位的供给能力或空间开发状态远不及该区位的供给能力。其强调空间开发的状态需求与空间的环境承载力相适宜，即每个地区承载能力不同，其可开发的限度是不一样的，空间均衡的表征如下：

$$\frac{C_i}{E_i} = \frac{C_j}{E_j} = c$$

其中，C_i、C_j为 i 地区和 j 地区的空间开发状态；E_i、E_j 为 i 地区和 j 地区的环境承载力；c 为空间开发效率。

孙红玲等（孙红玲和刘长庚，2005；孙红玲，2009）则认为中国经济区的横向划分有助于促进区域经济协调发展，并结合以省级为主的财政承包制与分税制和中央集权财政再分配制度，提出在"均衡三角"各自的区域内分别实行省政府间财力均衡分配。劳动人口流入地得到其创造的 GDP 和税收，流出地却要负担其家属的公共服务的现实问题，即劳动人口与赡养人口在空间上的分离，造成地区间公共服务水平差距过大的问题，孙红玲提出分配时应考虑"标准人"的设定，通过计算一个地区的"标准人"来确定该地区公共服务人口的基数，这对实现基本公共服务均等化有重要的参考意义。

刘传明和曾菊新（2009）从空间供需结构的视角分析主体功能区的科学基础，认为空间稀缺性和空间需求多样性共同作用的空间供需矛盾是空间结构失衡的主要原因。随着社会经济的发展，人们空间需求的结构在不断变化，但由于空间稀缺性问题的存在，空间供给并不一定随空间需求同向变动，因此可能引起空间供需矛盾，进而引起空间结构的变动，而空间结构的变动将推动新一轮的社会经济发展。人类活动的空间需求可分为四种，即城镇空间需求、乡村空间需求、生态空间需求和交通空间需求，空间总需求是这四种空间需求的总和。但自然的空间稀缺性是一种绝对意义的稀缺，因此通过技术进步、空间扩展、优化空间组合及政府管制来应对空间稀缺性就显得尤为重要（刘传明，2008）。刘传明强调从土地的供给和人类活动对土地的需求角度来解释空间均衡，认为空间供给与空间需求在经济发展的过程中应当保持均衡。其研究范式可以概括为

$$S = d_1 + d_2 + \cdots + d_n$$

其中，S 为国土空间总供给；d_n 为各种类型的空间需求。这里存在的一个问题是经济活动的复杂性表现为空间需求是交互重叠、不可分的，这使得在实际应用这一理论时，存在很大的操作难度，并且很难对实际空间需求进行精确的估算。

杨伟民等（2012）认为空间均衡是指在一定空间单元内，以满足人的需要、提高人的生活水平为目的，以资源环境承载能力为基础，实现人口、经济、资源环境三者之间的空间均衡；将空间均衡细化为三个方面，即空间内各地区人民生活水平大体相当、人口分布与经济布局大体均衡、人口和经济的分布与资源环境承载能力相协调。他认为国土空间开发应着重调整和优化空间结构、提高空间利用效率。空间开发战略是缩小人与人的差距，而区域发展战略是缩小不同国土间的 GDP 差距。其研究范式可以概括为

$$l_i = l_j$$

$$\frac{P_i}{G_i} = \frac{P_j}{G_j}$$

$$\frac{P_i + G_i}{E_i} = \frac{P_j + G_j}{E_j}$$

其中，l_i 和 l_j 为 i 地区和 j 地区的生活水平；P_i、P_j 为 i 地区和 j 地区的人口总量；G_i、G_j 为 i 地区和 j 地区的经济总量；E_i、E_j 为 i 地区和 j 地区的环境承载力。这其实是三个均衡的过程，分别是人均生活水平的空间均衡、人口与经济布局的空间均衡、人口和经济与环境承载力的空间均衡。

金凤君等（2015）从功效空间组织视角，提出了空间福利概念，提出要实现自然福利与人文福利的均衡。

王圣云（2016）主要从福祉地理学视角分析空间均衡，认为空间均衡发展旨在缩小地区间福祉水平或生活水平的差距，即随着经济不断发展，区域间居民生活水平或福祉水平趋于均等化。同时，还包括通过福祉组分互补的结构协调的含义，即经济维度的福祉不平衡程度，往往可由非经济维度的福祉均衡抵消，最终实现区域间经济与非经济维度综合计算的人均福祉均衡（王圣云，2017）。

张玉泽等（2016）构建供需要素视角下空间均衡状态评价的指标体系，并采用定量的综合评价方法研究山东省市级区域发展所需的空间需求强度与实际空间供给能力的均衡问题。李广东和方创琳（2016）构建城市"生态-生产-生活"空间功能分类体系，再结合生物物理过程测算和价值转换方法对浙江省杭州市余杭区塘栖镇的三生空间进行功能定量识别与分析，认为该区域存在三生空间的整体毗邻性较低、空间功能的互补和融合性较差的问题。

综上可知，经济地理学视角的空间均衡研究受人地关系理论的影响，多侧重于探究区域资源环境承载力与人口、经济活动间的均衡，寻求人地关系协调视角下的人均综合发展水平均等；区域经济学视角的空间均衡研究则侧重于政府间公共财力和基本公共服务的均衡调配及区域均衡调控政策；福祉地理学则认为区域间的经济均衡不可能实现，要通过提高福祉产出效率和改变福祉组分互补方式，依靠政府和市场两种机制，逐步实现区域间的福祉空间均衡。整体来看，当前区域发展空间均衡研究在理论方面多是给出概念框架，一些研究已经进行了一些关于供需匹配或空间均衡程度的实证研究，但并没有对区域发展空间均衡形成过程的驱动因素和驱动机制进行深入的实证研究，对均衡模型也没有展开研究（樊杰等，2016）。

第三节　鄱阳湖区区域差异与福祉研究进展

鄱阳湖区区域差异与福祉方面的研究较少。对关于鄱阳湖区的福祉研究进行文献检索，发现熊彩云等（2011）从生态系统的服务功能的角度探讨了鄱阳湖湿地生态系统对人类福祉产生的影响。可以看出，对鄱阳湖区福祉的研究较少，较多文献探讨鄱阳湖区资源环境与经济协调发展或耦合程度及其区域差异。何宜庆和翁异静（2012）研究发现，鄱阳湖区六个辖区市的资源环境与经济发展的协调度和协调发展度都存在明显的区域差异，城市间缺乏良性互动。

关于鄱阳湖区的地区差距研究如下：熊小刚和翁贞林（2008）的研究表明"鄱阳湖经济圈"的县域发展不平衡，县域经济的发展需借助中心城市的带动；甘荣俊等（2008）认为鄱阳湖地区经济差异在1990~2006年是逐渐扩大的；钟业喜和陆玉麒（2010，2011）认为鄱阳湖区区域相对差距持续扩大，出现两极分化、东西分化，以及滨湖区域发展水平低且内部差异较大的特点，人口与经济重心均位于湖区的西南方向；洪熊和曾菊新（2012）利用泰尔指数对鄱阳湖流域经济差异进行空间分解，认为鄱阳湖流域区域相对差异逐年扩大；肖池伟等（2016）的研究表明，江西省人口向地势较为平坦的北部区域集聚明显，经济集中度呈北高南低的态势，其与人口、经济和地形起伏度存在较强的负相关性。

洪熊和曾菊新（2012）认为鄱阳湖流域县域经济发展水平与交通通达性关系显著，低水平发展区基本位于江西省交通落后地区。李志涛等（2010）认为鄱阳湖区水环境质量与经济发展处于"冲突"阶段，原因是流域内产业结构不合理。刘耀彬等（2012a）创新性地提出湖泊影响周围城市经济的理论模型，认为受鄱阳湖影响，鄱阳湖区城市分布密度和交通网络密度均随距湖距离的增大呈现出先逐渐增大后逐渐减小的倒U形规律。已有研究认为鄱阳湖区区域发展失衡的影响因素主要是产业因素、交通因素、湖泊因素和自然资源等。可以看出，目前学界对鄱阳湖区区域差异的研究较少，但普遍认为鄱阳湖区区域差距趋于扩大。

第四节　相关研究评述

通过对国内外关于区域发展不平衡及区域发展空间均衡等研究进行梳理，可以发现以下几点。

（1）从指标选取来看，区域发展空间均衡和不平衡问题一直是经济地理学、区域经济学的研究核心和当前热点，但至今仍在测度区域发展不平衡的指标选取等方面存在争议。从根本上说，福祉指标是测度区域不均衡最重要的指标。区域非均衡发展理论是区域发展不均衡的重要理论基础，强调只有在政府干预和市场力量的共同作用下才可能缩小区域差距，但研究视角偏向宏观层面，缺乏对人的发展的关注。HDI是福祉指标中使用最广泛且具有可比性的指标，属于非经济的福祉评价方法；其优点在于除关注经济维度外，还重视人的发展，该指标包含对健康、教育维度的考量。然而，当前学界在测度区域发展不均衡的指标选取方面尚未达成共识。

（2）基于福祉视角的区域发展空间均衡或不均衡的研究成果较少。多数研究将人均 GDP 或人均收入等经济指标作为发展或福祉的替代变量。用其进行区域发展不均衡测评，不能反映区域发展多维度不均衡的特征和态势，而且不能揭示福祉的区域非均衡格局。这既在一定程度上限制了从福祉视角展开区域发展不均衡研究的理论探索深度，又容易对鄱阳湖区在全面建成小康社会背景下从决策方面践行区域协调发展战略和推进基本公共服务均等化调控造成误判。

（3）从指标维度来看，随着发展的内容逐渐从关注经济因素转向关注多维因素，发展目标从重视经济增长转向关注民生福祉，区域差距的研究内容也从经济差距转向福祉差距。统计指标法和收敛性方法常用来测度区域经济差距，同理可以使用这些研究方法描述区域福祉差距的大小及福祉差距的发展趋势。已有的区域发展不均衡研究过多停留在经济维度的地区差距考量，忽视了对健康、教育等非经济维度的多维度福祉区域不均衡的综合衡量。事实上，促进对健康、教育等非经济指标的区域均衡调控，对于鄱阳湖区全面建成小康社会、促进社会公平和加强民生福祉建设有重要意义。

（4）已有研究多采用客观指标衡量区域发展及其空间差异，对湖区居民福祉的主观研究成果尚不多见。鄱阳湖区居民主观福祉具有特殊性，需要专门进行研究。将主观和客观福祉结合起来研究，能更综合地透视湖区发展水平，也能更真实地揭示湖区发展成果的差距，以此检验湖区的共享发展水平。

（5）从研究内容来看，已有的关于区域福祉非均衡发展的研究，侧重于人类福祉时空演变，这属于格局层面的分析。有必要对影响湖区福祉不平衡的主要因素及其作用机制进行深入分析，加强和深化关于促进湖区福祉均衡发展的机制研究。目前，空间均衡的概念尚存在一定的争议，已对空间均衡的模式进行了一定的研究，但对实现空间均衡的驱动因素、动力机制尚未进行深入研究，同时空间均衡模型构建方面的研究和实证研究尚不足。

（6）尽管学界已经开始改变以往仅从经济视角缩小区域发展差距的传统观点，认为区域均衡发展旨在缩小地区间生活水平或福祉水平的差距。但经济地理学、区域经济学在研究时往往选用人均GDP或人均收入等福祉的粗糙替代变量，研究结论仍侧重于区域经济趋同规律，未能重视区域空间均衡与趋同的差别，即多认为空间趋同是区域间平均生活水平或福祉水平等指标在"数量"差距上的缩小，忽视了空间均衡不仅包括趋同，还包括福祉组分结构协调，尤其是生态环境维度福祉的重要性。

（7）从鄱阳湖区相关研究来看，鄱阳湖区的空间区域划分存在一定的争议，研究内容也很少涉及福祉，相关研究更未对鄱阳湖区的福祉空间分异进行探索。因此，从福祉角度分析鄱阳湖区的区域差距能更好地揭示鄱阳湖区的福祉差距，基于福祉均衡视角探究湖区发展的空间均衡调控机制尤为重要。

总之，基于福祉地理学，选用福祉指标，进行鄱阳湖区福祉不均衡的格局演变、态势研判、影响机制及调控对策等研究，是促进鄱阳湖区区域协调发展、民生发展、共享发展、公平发展，以及实现鄱阳湖区基本公共服务均等化调控和建成小康社会的重要基础。

第三章 福祉地理学：研究脉络与理论架构

根据从福利地理学向福祉地理学的学科拓展，以及从福利地理学到福祉地理学在本体论、认识论、方法论和伦理性等方面的转向及特征，重建福祉地理学研究新范式，既可为理解、认识和研究福祉地理学提供一个更广泛、更综合的理论研究架构，又可为研究鄱阳湖区福祉不均衡及其空间均衡问题提供学科基础和理论架构。

第一节 福祉地理学的研究脉络

一、福利地理学的兴起及其"福利地理方法"

20 世纪 70 年代，社会学理论被广泛应用于人文地理学研究中，多元化哲学思潮的盛行使人文地理学开始重视社会公正和生活质量。激进主义地理学的出现，进一步批评了数量革命以来地理学对社会问题缺少关注，使其转向关注空间与社会公正问题（克拉瓦尔，2007）。20 世纪 70 年代以后，犯罪地理学和医学保健地理学的蓬勃发展，使人文地理学的研究开始重视人民生活等问题。Nath（1973）认为福利地理学研究各种区域政策对社会福利的可能影响，指出福利地理学是人文地理学的组成部分，福利是福利地理学的关注焦点。Smith（1973）认为福利是一系列影响因子的产物，他对美国福利水平空间差异进行定量描述、解释和评价，为福利水平偏低的居民区提出改善对策。Coates 等（1977）认为，福利地理学研究区域间的生活质量和福利的空间非均衡性（诺克斯和平奇，2005）。Helburn（1982）指出，福利地理学研究地球表面一定区域的生活，即在一个给定社会和地区中福利的必需条件等问题。Smith（1973，1977）、Knox

和 Cottam（1981）相继提出"社会福利地理学"，这标志着"福利"开始成为人文地理学关注的焦点，福利作为一种重要的人文要素，成为人文地理学的研究对象，福利地理学开始出现。但地理学研究福利或生活质量不是研究个体的生活，而是着眼于地区、地方或区域的福利及其影响因素。整体来看，福利和生活质量等都是福利地理学用来描述各个区域人们生活状态和生活水平的术语（Smith，1977）。福利地理学关注福祉的空间属性，也关注福利空间差异，福利空间差异不是静止的，而是一个动态的形成演化过程。此外，福利地理学关注区域发展中的社会不平等，强调将社会平等和福利平等等价值判断拟合到人类活动的空间布局中（约翰斯顿，2004），福利地理学的政策意义在于为福利低的地区提出改善良方。

需要指出的是，Smith（1977）试图用"福利地理方法"的框架统一和重构人文地理学研究体系，他着眼于宏观的福利范畴，强调要用"福利地理方法"研究各地区的居民生活与福利水平，以及政策决策对改善居民生活和福利水平的作用。地理学界的"福利地理方法"特指 Smith 提出的"何人在何处获得何物"，其核心是谁得到了什么、在哪里得到，以及如何得到。其中，"谁（who）"是指人口、阶层、种族、民族等变量；"什么（what）"是指人们所享用（或忍受）的各种好处（或坏处），包括收入、商品、服务、生活水平指标、营养指标和各种福祉指标；"哪里（where）"反映的是福祉空间及空间差异；"怎么样（how）"是指福利空间分布和空间差异过程[①]（李旭旦，1985）。Smith 提出的"福利地理方法"是福利地理学的核心框架，他期望围绕福利统一主题，整合人文地理学众分支学科并推动福利地理学发展，毫无疑问，其福利地理学框架是福利主义和实证主义主导的产物。

Smith 提出的福利分析方法沿着"何人在何处获得何物"的三维向度，将人文地理学众分支学科归纳为"生产与交换、人民、政治力量、社会价值和具体研究方法"五个核心部分，提供了重构人文地理学研究框架的宏伟思路（图 3.1），企图打破人文地理学众分支学科的分割状况，试图将人文地理学各研究领域围绕福利主题综合起来。这种以福利为统一主题统领人文地理学的统一范式，既反映了人文地理学研究事项的复杂多样，也反映了统一人文地理学研究框架的潜在价值。但具体来看，Smith（1977）提出的福利地理方法只是"何人如何在何处得到何物"的简单框架，实质上仅仅是对物品和福利空间分布，以及对人类福利所依赖的生产、交换、分配和消费的关注，是基于福利地理方法对福利地理学研究框架的描述和解释。

---

① 我国著名的人文地理学家李旭旦曾把 Smith 的"福利地理方法"概括为"何人在何处获得何物"。

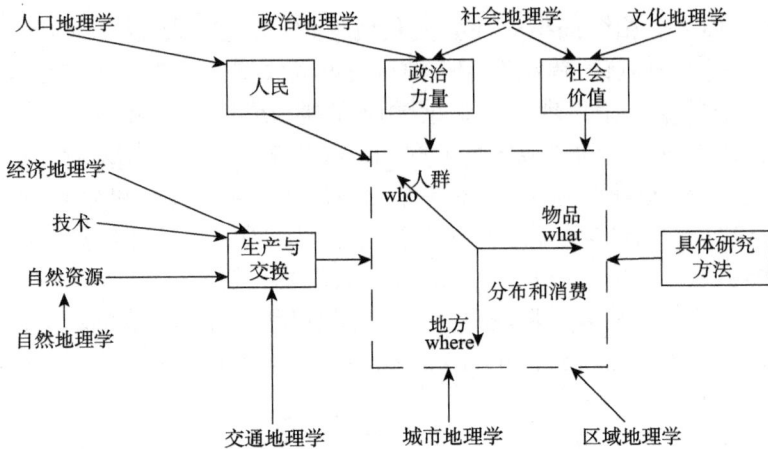

图 3.1　福利地理方法研究框架重构思路

资料来源：Smith（1977）

二、从福利地理学到福祉地理学的方法论转向

这里提到的方法论是涉及哲学层面的宏观方法论，包括本体论、认识论、方法论、伦理性四个方面，从福利地理学到福祉地理学的方法论转向主要体现在以下四个方面。

（一）转向福祉研究的非福利主义方法

由福利向福祉的概念内涵拓展（Barun et al.，2002），促使福祉研究方法从福利主义向非福利主义转向，这是福祉研究方法论的重大转变，也是福祉地理学方法论的重要发展。20 世纪 80 年代中期以后，随着"以人为本"发展思想的兴起，发展目标从"物本主义"逐步转向"人本主义"，森的可行能力理论日益成为福祉研究的主流理论，该理论认为发展即扩大人们选择能力和范围的过程。这使得福祉地理学从关注收入水平等"物"的向度开始转向关注可行能力、良好生活状态等"人"的向度，其本体论从重视收入和福利等物质福祉转向重视人的发展能力、生活质量、生活状态，需求理论和可行能力理论等非福利主义理论逐渐成为福祉研究的重要基础[①]。

福利主义方法认为个体是福祉的最好评判者，常以收入和消费来度量福祉，与完美的效用和福祉指数相差甚远。事实上，福利主义方法通常以收入和消费来度量福祉，但消费和收入很少能较好地解释公共物品和非市场商品等的福祉作

---

① 福祉反映的是良好的生活状态，比福利的内涵更广泛。福利是指人们追求幸福而获得的利益。

用。非福利主义认为消费和收入难以很好地解释安全、自由、和平、健康等福祉不可缺少的重要因素，福祉不是单维度的收入或消费所能解释的效用，而是一个包含收入和消费及健康、安全、能力等的多维度概念。近年来涌现出很多非福利主义方法，如基本需求方法和可行能力方法，大大丰富了福祉研究的方法论。

（二）转向福祉的主观、客观综合视角

随着福祉研究方法从福利主义向非福利主义的转向，福祉地理学不再只关注客观的生活状态，而是开始更关注人主观的生活状态。根据福祉特性和福祉组分，福祉可分为物质福祉和非物质福祉；根据福祉的主观、客观特性，福祉可分为主观福祉和客观福祉；根据福祉的测度方法，福祉可分为自我报告福祉和外部测度福祉。Veenhoven（2004）根据福祉基本内容和评价标准，构建了福祉的基本图式；Gasper（2010）按照福祉基本内容和测度方法界定了四种福祉类型。福祉地理学从研究客观视角的福祉向研究主观视角的幸福感、满意度、安全感等转变，并越来越重视个体主观的、非物质的福祉研究。但总体上来看，福祉的主观、客观综合研究是整体趋势。

（三）转向实证主义、人文主义与结构主义融合

福利地理学对"从何地得到什么"的关注是实证主义研究方法的体现；福祉包含人的价值、意义和幸福生活等，福祉地理学研究的是有感情、有感知的人，因此实证主义不足以囊括福祉丰富的多元内涵，实证主义和人文主义必须结合起来。实证主义的福祉地理学研究侧重于福祉空间模式、规律与机制的研究，而结构主义的福祉地理学研究则侧重于对福祉组分及其决定因素的深层结构分析。人文主义方法在理解人对地方的归属感、认同感、幸福感等方面，具有实证主义和结构主义都无法超越的优势，主要通过能感知、能思想的人对福祉的感知和想象进行。实证主义的福祉地理学研究侧重于福祉空间模式与机制的研究，旨在探求其空间规律；而结构主义的福祉地理学研究往往对福祉组成要素和决定因素进行分析。但是，人文主义方法的不足在于过于偏重对人与福祉、人与地方的关系的理解，难以深入分析福祉组分和决定因素，而这却正是结构主义和实证主义方法的长处。由此可知，实证主义、人文主义和结构主义三种研究途径或方法的融合是福祉地理学研究方法论的总体趋势（王圣云，2011b）。

（四）转向关注人的生活状态、人际关系和公平公正等幸福伦理含义

从福利地理学到福祉地理学的伦理性转向，体现在从福利地理学重视社会"公平""公正"转向福祉地理学重视"良好生活状态"和生活质量。人作为有生命意义的生命体，彼此之间的伦理对个人的福祉具有重要意义。以往福祉地理

学较重视福祉与环境之间的关系，近年来开始重视人与人之间的伦理关系、幸福意义及空间和地方的福祉文化含义。Fleuret 和 Atkinson（2007）探究了不同地方文化背景下的福祉概念和福祉的空间含义；Panelli 和 Tipa（2007）应用人文主义方法分析了福祉的文化和环境之间的关联。

从福利地理学到福祉地理学的演变和方法论的多维转向特征，见表 3.1（王圣云，2011b）。

表 3.1　从福利地理学到福祉地理学的方法论转向

学科研究范式	福利地理学	福祉地理学		
	实证主义	实证主义	结构主义	人文主义
本体论	福利水平	真实的福祉或"好生活"状态	从福祉或"好生活"的多种结构揭示福祉结构	福祉或"好生活"只是因人们感知而存在的东西
认识论	通过客观认识发现福利空间规律	通过客观、中立的视角探究福祉的空间规律	认为"好生活"状态并不能揭示其影响机制	福祉是在个人创造的意识世界中的主观获取
方法论	对福利或生活水平进行定量评价	对福祉、生活质量或"好生活"状态进行定量评价	通过对福祉组分与决定因素的结构分解，揭示福祉	研究福祉相关个人世界，与实证主义相反，强调主观性
伦理性	福利状况是客观的	福祉或"好生活状态"是客观、中立的	福祉产出效率、福祉公平和福祉产出的可持续性	关注福祉、幸福、公正、生活方式和生活意义

第二节　福祉地理学的理论框架

福祉地理学的哲学基础，受到不同研究思潮和研究途径的深刻影响。除本体论、认识论和方法论外，伦理性也是福祉地理学不容忽视的重要的哲学基础之一。福祉地理学受到实证主义、人文主义和结构主义等不同流派的不同程度的影响，其中受实证主义影响最甚。福祉地理学是一门在实证主义传统上发展起来的学科，Smith 提出的福利地理学分析范式曾是福祉地理学研究的重要理论基石。但由于发展观演变、福利向福祉的概念转向、福祉概念的复杂性、地理哲学思潮多元化及研究手段多样化等因素，尤其是在人文主义等众多思潮和研究途径的影响下，以Smith 为代表的人文地理学家建立的实证主义主导的福利地理学框架已难以满足多种研究流派和研究方法的需要，这使得福利向福祉拓展、福利地理学向福祉地理学发展，在本体论、认识论、方法论和伦理性等方面都出现了从福利地理学到福祉地理学的研究范式嬗变，从而形成了福祉地理学的理论框架和方法论体系。

福祉地理学研究的本体论主要关注福祉地理学及其研究对象，本体论的转向导致了认识论和方法论的变化。从福利地理学到福祉地理学的本体论转向主要有两个：一是主体概念的转向，即从福利向福祉的转向；二是学科转向，即从福利地理学向福祉地理学的转向。认识论即看待福祉的基本视角或基本图式。因此，以福祉为核心，以福祉本体论、认识论、方法论和伦理性所构成的体系为"主轴"，以空间和时间维度为"辅轴"，构建福祉地理学新框架，简称为 WOST-EEM（福祉、本体论、空间、时间、认识论、伦理性和方法论的英文单词 well-being，ontology，space，time，epistemology，ethics，methodology 的首字母）框架（图 3.2）（王圣云，2011b）。

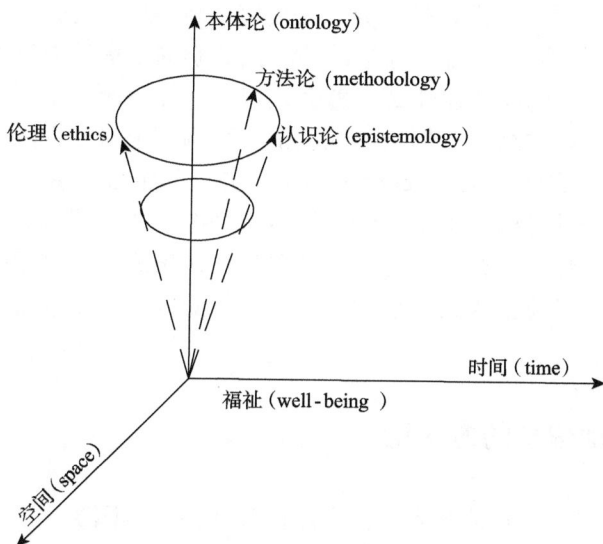

图 3.2　福祉地理学 WOSTEEM 新框架

一、福祉地理学的本体论

福祉是福祉地理学的基础概念。福祉本体论关注"福祉或良好生活的状态是什么样的？"等问题，包括福祉组成要素和福祉决定因素两个方面。福祉作为一个综合反映人的良好生活状态的多元"伞状"概念，不仅包括经济方面的收入要素，还包括非经济方面的健康、安全、认同等要素。福祉决定因素包括影响福祉的经济发展水平、收入分配、城市化水平、产业结构、生活环境、生活条件等因素。由此可见，福祉组成要素与决定要素是有区别的，前者反映的是福祉本身；后者反映的是影响福祉的投入和手段。

福祉地理学的本体论主要体现在综合性和差异性两个方面。福祉地理学的综合性方面主要是研究福祉与环境、地方、空间的关系，探究反映人的良好生活状态的福祉与影响福祉状态的环境、空间或地方的关系，属于人地关系研究传统。

差异性方面主要研究区域间的福祉差异，综合比较和分析区域间的福祉差异，深入揭示和解释福祉空间差异的影响因素，属于区域差异研究传统。福祉地理学研究的综合性在其差异性中得到体现，即福祉与影响福祉状态的环境、空间或地方的关系存在空间差异。

二、福祉地理学的认识论

在地理学研究中，认识论是十分重要的基本问题[①]。认识方式不同，对福祉的界定和理解就不相同。福祉地理学的认识论关心的是福祉或良好生活状态的性质、类型，以及"我们能认识什么，怎么认识？"等问题。主观福祉和客观福祉就是不同福祉认识论的结果，福祉认识论也会影响福祉研究方法，因而有主观福祉和客观福祉两种测评方法。Veenhoven（2002）从主观、客观福祉和福祉的主观、客观方法两个维度构建了福祉研究的四个基本图式，即客观测度的客观福祉（地域社会福祉指数）、客观测度的主观福祉（快乐测量仪测度的快乐）、主观测度的客观福祉（自我报告的生活质量）和主观测度的主观福祉（自我报告的满意度或幸福感）。

三、福祉地理学的方法论

与认识论紧密联系的是本体论，本体论和认识论共同决定方法论。福祉地理学的方法论即福祉或良好生活状态的研究范式和研究手段。福祉地理学新框架的研究方法论主要体现在以下三个方面：其一，福利主义方法和非福利主义方法的统一和继承。其二，客观测度的福祉和主观测度的福祉的分类和结合。从主观、客观视角来看，福祉可分为主观福祉和客观福祉；根据福祉测度方法，福祉可分为客观测度的福祉和主观测度的福祉。其三，实证主义方法、人文主义方法和结构主义方法的融合。

（一）实证主义方法

实证主义方法强调观察者的中立态度，注重客观性，主要通过收集、分析与社会现象相关的客观数据确定一些规律，进而预测和解释人类行为（马润潮，1999）。福利地理学兴起于 20 世纪 70 年代，深受地理学界数量革命的影响，视福祉为客体，通过对一定地域的社会福利进行度量，重点分析生活水平的空间分布、空间特征和空间模式等福祉空间问题。福祉地理学的实证主义研究主要对福

---

① 白光润指出，地理学的发展关键在于自身认识路线的调整。

祉或"良好生活状态"进行定量评价，其认为"良好生活状态"是客观、中立的一种存在，通过实证分析可以探究福祉的空间规律。

（二）人文主义方法

人文主义的福祉地理学研究通常认为仅仅用数学模型来表达和解释福祉是不真实的，人文主义的福祉地理学研究不是为了增进对福祉空间分布的描述和解释，而是为了增进人们对福祉空间的深入认识和理解。人文主义福祉地理学认为福祉状况会因个人的文化背景、经历体验及主观因素而异，对福祉的诠释基于人的思想、感觉与经验，重视人追求福祉的意义、价值和目的。此外，人文主义福祉地理学研究也关注人的生存生活与环境的关系，以及人与人在特定空间内相互关系的福祉意义。与实证主义方法研究福祉关心收入或消费等物质性的经济指标不同，人文主义关注的是人的主观感知，如归属感、认同感、满意度或幸福感，认为这是理解"良好生活状态"的重要途径。显然，人文主义福祉地理学研究福祉更重视个人世界，强调主观性而非强调规律性，主要对主观福祉或福祉的主观理解进行研究。总之，人文主义的福祉地理学研究认为福祉或"好生活"难以离开人们的感觉而存在。其认识论在于研究福祉相关的个人世界，其伦理性主要体现在关注幸福、生活意义和福祉公正等。

（三）结构主义方法

结构主义方法侧重于深入剖析研究对象的结构关系和作用机制。从结构主义来看，福祉是由众多因素构成的多维概念，只有对福祉进行因素解析，才能更好地理解和解释福祉。在福祉地理学研究中，结构主义方法主要涉及对福祉组分结构和福祉决定因素结构的研究，对福祉决定因素的深层结构分析可以更好地揭示福祉组成的表层结构。结构主义方法通常认为"好生活"状态并不能揭示福祉的影响机制，只有通过对福祉组分及决定因素的结构分解，才能了解福祉的组成和决定因素。结构主义方法不是将福祉作为"良好生活状态"整体看待，而是对福祉组分和决定因素进行结构分解以获取对福祉的深层解读。

（四）研究方法的融合

福利地理学及"福利地理方法"对"从何地得到什么"的关注是实证主义方法的体现。但是，福祉包含人的价值、意义和幸福生活等伦理价值，福祉地理学研究的人是有感情、有感知的鲜活的人，单一实证主义或结构主义方法不足以囊括福祉的多元内涵。人文主义方法在理解人对地方的归属感、认同感、满意度、幸福感等方面，具有实证主义和结构主义无法超越的优势。人文主义的福祉地理学研究主要通过能感受、能认知、能思想的人对其生活状况的感知和想象进行；而实证主义的福祉地理学研究侧重于福祉空间模式、规律与机制等研究；结构主义方法往往对福祉组成要素和福祉决定因素进行分析。人文主义的不足在于偏重对人与生活、人与地方关系的主观理解，在深入分析福祉组分和决定因素等方面力所不逮，但这却正是结构主义和实证主义方法的长处。实证主义、人文主义和结构主义三种方法的不断融合是福祉地理学研究方法的总体发展趋势。福祉地理学研究方法及其融合趋势，以及福祉地理学的研究范式，见图3.3和表3.2（王圣云，2011a）。

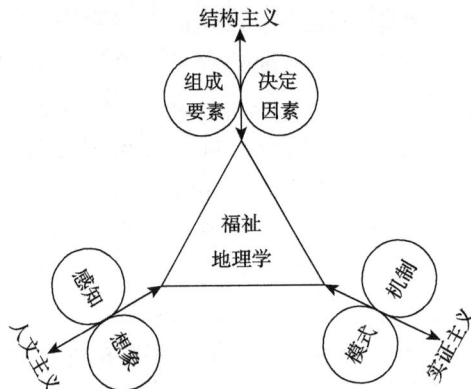

图 3.3　福祉地理学研究方法及其融合趋势

表 3.2　福祉地理学的研究模式

研究范式	实证主义	人文主义	结构主义	备注
本体论	真实的福祉状态或"好生活"状态	福祉或"好生活"只是人们感觉存在的东西	福祉或"好生活"存在的多种结构可以揭示福祉结构	福祉和"好生活"的状态是怎么样的
认识论	从客观、中立的角度发现福祉的空间规律	福祉是在个人创造的意识世界中的主观获取	认为"好生活"状态并不能揭示其影响机制	对福祉和"好生活"状态的性质、类型等命题怎么认识
方法论	对福祉或"好生活"状态进行定量评价	研究福祉相关的个人世界，与实证主义方法相反，强调主观性	通过对福祉组分与决定因素的结构分解揭示福祉	分析福祉和"好生活"状态等问题的研究程序和手段
伦理性	"良好生活状态"是客观、中立的	关注福祉、幸福、公正、生活方式和生活意义	福祉产出效率、福祉公平和福祉产出的可持续性	关于福祉和"好生活"的伦理关系及其空间意义；空间的伦理和福祉意义
研究的适宜范畴	福祉空间差异、空间模式和机制等研究	人的感知、想象和情感基础上的主观福祉研究或对福祉的人文主义解读	对福祉组分结构和影响因素及机制的解析	均有适宜研究的范畴，但有融合趋势

四、福祉地理学的伦理性

伦理性也是福祉地理学研究中不容忽视的。生活伦理的根本目标是探寻生活的意义，生活的本意在于创造幸福生活，生活本身的意义和质量才是生活的目的。什么样的生活才是"好生活"，这必然涉及伦理价值问题。总体而言，伦理性体现在以人为本、重视公平、追求高质量的幸福生活的以下几个核心方面：①关注福祉就是关注人的需求满足和全面发展，这是以人为本发展观和价值观的体现；②能力、选择和自由，以及有价值的生活本身都反映了福祉的伦理性，能够做出选择本身就是有价值生活的一部分；③聚焦于人的主观感受和情感体现了伦理性，其不只是关注功能性活动和生活具体内容，也关注人的需求和生活的意义；④公平和平等具有伦理含义，所以福祉公平具有伦理意义。

同时，不同的研究者具有不同的伦理观，因而研究者对"好生活"的理解有伦理取向的不同。有的学者重视经济发展变量（如收入指标），并将其作为福祉的替代指标；有的学者可能更重视一些人口发展变量（如健康指标）和社会发展变量（如平等指标），并将其作为福祉的替代指标。需要说明的是，福祉是一个包含诸多伦理价值含义的概念，如环境友好、社会公平、民主、幸福等价值问题都是福祉地理学需要考虑的伦理维度。此外，不需要指出的是，科学研究只能提供客观的分析，即中性的或价值中立的分析，撇开伦理性的科学是盲目的，而没有科学的伦理性则容易变得空洞。在福祉地理学研究中，科学和伦理都十分重要，应将其结合起来。

五、福祉地理学的时空维度

任何学科的研究对象都是自身性质与时空存在形式的统一，因为一切客观实在都同时存在于空间和时间中。福祉并不是脱离时空而存在的，福祉地理学是福祉、空间和时间的三维统一，即福祉地理学是在时空尺度下研究福祉。

在福利地理学基础上演变发展而来的福祉地理学主要研究不同时空尺度下的福祉与环境、福祉与空间、福祉与地方的主客观关系，以及福祉空间不均衡演变过程、影响因素及均衡调控模式和机制（王圣云，2011a）。

在福祉地理学中，福祉的空间维度有两层含义，一是福祉的空间分布，即分析地区间福祉水平的空间差异，研究福祉的空间分布规律和原因；二是福祉与空间（或地方）的关系，即探究福祉的空间性，如空间对福祉的重要意义及安全感、地方归属感和认同感等问题，以求对福祉进行地方尺度的理解。

时间维度是福祉地理学研究的另一个基本维度，将时间维度引入福祉地理学使福祉地理学研究从静态走向动态，其通过探究福祉的动态变化过程和演化规律，揭示福祉水平的变化规律和演化模式。另外，时间维度也意味着通过对个人休闲时间的观察可以度量个人福祉。

构建一个融合方法论、伦理性和时空维度的福祉地理学 WOSTEEM 新框架，为多种研究流派理解、认识福祉地理学和发展人文地理学提供了一个更广泛、更综合的共同理论研究架构。但目前国内关于福祉地理学的研究成果较少且较分散，随着我国对民生福祉问题的日益关注，以及发展观的深入演进，福祉问题必将得到学界和政府的重视，一些与民生福祉有关的福祉地理学相关议题必然会得到越来越多的地理学者的关注。

六、福祉地理学的研究议题与重点领域

（一）区位选择与福祉地理

从福祉角度来审视经济地理学，一些经济地理学的概念可能需重新定义。若从福祉角度来看，城市是一种机遇和满足的嵌合体。于是，一个人的福祉从部分意义来说在于其住在哪里。笔者认为，不同地区在生活和工作条件方面的不平等，将影响个体的工作选择和搬迁择居，个体向福祉高的地方移动，地方区位对个体的福祉有很大影响。那么，个体的区位决策往往关系和影响着其福祉。在这方面，Wilbanks 和 Narine（1980）认为经济地理学旨在谋求更多福祉的区位决策，从福祉视角来看，经济地理学就是以物质福祉和利益改善为目标，进行福祉与区位、自然环境、政治经济系统、历史基础、人口密度等关联分析的一门学科。由于不同区位对应不同福祉水平，所以福祉存在地区差异，从而形成了多尺度的福祉空间模式。Smith（1981）在《工业区位：经济地理分析》一书中用一章专门讨论工业区位对福利的影响问题。他认为，工业区位对福利的影响既有有利的一面，也有不利的一面。有利影响如就业扩大、收入上升和财富增加；不利影响如环境污染等。此外，他还研究了工业区位对社会福利空间的影响规律。他认为，若从区域分布来考虑福利，假定 s 为一特定地域（城市或居民区）人民的生活水平，n 为地域数，则社会福利函数可以表示为

$$W = f(s_1, s_2, \cdots, s_n)$$

社会福利函数可以由产生的好处和坏处的具体数量、个人或群体的福利分布及其空间分布结果来确定，这分别和福利地理方法中"what"、"who"和"where"对应（李小建，1999）。

（二）生态环境与福祉耦合

在现实生活中，福祉与生态系统相互影响。人类福祉与生态环境相互联系，人类总是希冀生活在良好舒适的环境之中。通常，人地关系范式下的福祉地理学研究侧重于从人类基本需求满足的视角，研究福祉与生态环境间的关联。在一定程度上可以说，增进个人福祉需要在动态变化的生活环境中，实现个人认为有价值的活动和达到个人认为有价值的生存能力。在社会层次上，这可能会导致牺牲环境与提高福祉之间的某些冲突。此时，人们可能就会进行个人福祉与生态福祉的权衡。

联合国 2002 年制定的千年生态系统评估项目概念框架，将人类福祉的主要组成要素和环境状况联系起来进行研究[①]。人类福祉依赖于生态系统，生态系统服务通过影响安全保障，维持高质量生活所需要的基本物质条件、健康及社会与文化关系等对人类福祉产生深远影响（千年生态系统评估项目概念框架工作组，2007）。Prescott-Allen（2001）认为人们对福祉或贫困的表达和体验与环境条件有关。Narayan 等（Narayan，1999；Narayan et al.，2000）研究了被调查的 23 个国家的贫困人口，通过让被调查者思考、分析和表述他们所认为的生活好与坏的标准，发现有足够生存保障的重要性、文化和精神动力及供养孩子的能力等许多有价值的内容。他们指出，好生活包含以下五种相互联系的重要因素：第一，维持高质量生活必需的物质条件，包括足够的生存保障、收入和资产，随时拥有充足的住房、家具、衣物及商品获取；第二，健康，包括身体强壮、心情良好和有益于健康的自然环境；第三，良好的社会关系，包括社会凝聚力、相互尊重、良好的两性关系和家庭关系、帮助别人和供养孩子的能力；第四，安全，包括资源的安全获取、人身和财产安全，以及生活于可预测、可控制的环境，免受自然灾害和人为灾害；第五，自由与选择，包括对发生事件的控制能力，以及能够从事个人认为有价值的活动和达到个人认为有价值的生存状态。这五方面相互作用，某一方面的改变会导致其他方面的变化，由此形成一个多维图式的具有多种正向和负向相互作用的关联网络。

贫困就是"对福祉的显著剥夺"，贫困和福祉是相反的两端。贫困因素会导致能力的丧失，福祉因素会增强选择与行动的自由。有些贫困人群的生存与生活极易遭受与生态系统有关的健康风险。发展过程是福祉水平的提高过程，发展能促使受剥夺人群从贫困（"低质量生活"状态）向福祉（"高质量生活"状况）转变（图 3.4）。

---

① 生态系统服务通过影响安全保障、维持高质量生活所必需的基本物质条件、健康，以及社会与文化关系等，对人类福祉产生深远影响。反过来，福祉组成要素又可和人类获得的自由与选择相互影响。

贫困 ————————————→ 福祉

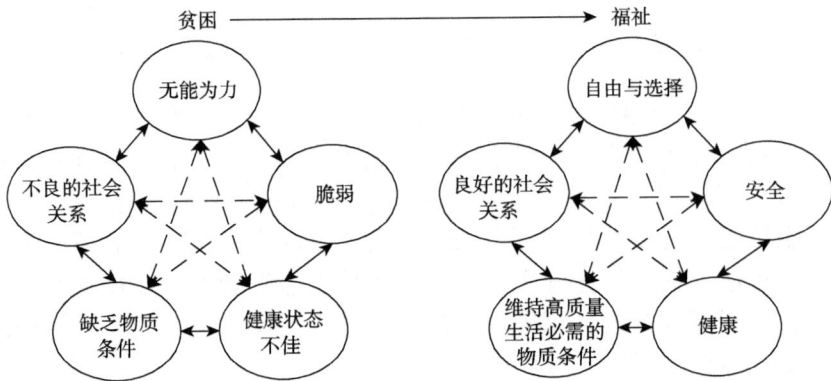

图 3.4　福祉与贫困的核心要素

资料来源：千年生态系统评估项目概念框架工作组（2007）

（三）居住环境与生活质量

居住环境对人的生活质量有重要影响，《黄帝宅经》开篇就论述了住宅的重要性："夫宅者，乃阴阳之枢纽，人伦之轨模。"因此，居住环境选择和人居环境改善被认为是提升人们生活质量的重要途径，在这方面，已经形成阳宅风水、人居环境、宜居城市等重要的研究方向。中国的风水学是"通过对最佳空间和时间的选择，使人与大地和谐相处，并获得最大效益、取得安宁与繁荣的艺术"（俞孔坚，1998）。陈传康（1996）认为风水学是讲究"裁成"的"空间组织学"；刘沛林（1996）认为风水是一门关于选择对人生发展有利的生产生活环境的学问。笔者认为，阳宅风水学主要是通过对人居环境时空格局的组织、优化、安排、调整和选择，以谋求人生福祉的一门学问。

无论是人居环境、宜居城市还是风水学研究，都是为了分析人类福祉与人居环境之间的相互关系。李雪铭等（2000）认为人居环境是与人类生存活动密切相关的地表空间，也是人类借以生存和发展的物质基础、生产资料和劳动对象；宁越敏和查志强（1999）认为，人居环境包括人居硬环境和人居软环境两大类；日本学者早川和男（2005）认为居住地是生存的基础，居住地对人类生存、生活具有重要作用。宜居城市理论以生活质量为基础，认为生活条件的改善会提高人的福祉水平。Veenhoven（2007）指出，生活质量是多要素的集合，并将生活质量分解为环境宜居性、生活能力、生活效用和对生活的感知四个要素，认为宜居城市研究应主要着眼于适宜的城市空间和生活条件的改善，以及促进生活质量外部条件的改善和生活机会的增加。

（四）健康空间与健康地理

健康地理研究无疑是福祉地理学研究的热点之一（Eyles，1987）。随着健康保健地理学的发展和人们对自身健康的日益关注，健康作为福祉的核心组成要素受到福祉地理学的重视（Moore，1994）。其主要研究健康空间和社会方面的相互关系，关注消费、服务可达性和生活水准等方面的空间不公正和社会不平等。此外，有研究指出，不同的健康感受与地点的建构有关（Fleuret and Atkinson，2007）。从疾病和健康空间分布研究扩展到将健康作为一种身心情感的存在状态进行研究，健康的内涵逐渐丰富，地理学家通常对弱势人群的健康和生活质量的空间不平等及其决定因素进行研究。还有学者认为健康内嵌于独特地区，对弱势人群所在地区与福祉的关系进行探究（Hall，2010）。例如，残疾人由于身体的障碍，自立能力和对生活的整体控制能力较差，获取"健康"困难使残疾人在以地点为基础的政策中往往被忽视。此外，还有学者研究了性别、健康与福祉的关系，如 Eckermann（2000）注意到女性与男性健康福祉的区别，从不同尺度、主观和客观两方面对女性的健康福祉进行研究；Eckersley 等（2001）则强调健康福祉与文化的关系，认为健康和福祉的社会决定因子不仅仅是社会经济因子，文化因子同样也能影响和调节不平等对健康的影响；Levine（1997）从"城市"和"人"相互联系的视角对城市中生活的人的健康福祉状况进行了类型分析。

（五）地方、文化与福祉

人文主义地理学的研究特点不仅在于人地关系或人与人之间的关系，更在于人对空间或地方的体验，从"人类—环境—文化"对其进行的人文主义解读（皮特，2007）。在人文主义地理学视点中，人被赋予特定的想象力和价值观（汤茂林，2007），"文化转向"使一些人文地理学者开始注意到福祉的人文特性。Panelli 和 Tipa（2009）认为文化和环境维度都应作为福祉要素，认识到"文化-环境"关系是福祉地方研究的关键所在，其需要综合社会文化和环境两个维度。此外，他们认为文化是理解福祉地理学的中心，福祉在不同的文化和生态系统中具有不同的特殊意义。Neff（2007）引入种族因素，采用多维对应分析方法对南非的主观福祉和贫困进行了分析和解释。他认为主观福祉可作为一个产出测度，不同种族对福祉概念的理解有所不同，福祉概念存在文化差异。即使是研究健康的福祉地理学者也认为文化是健康和福祉的重要决定因素。每个人生活的地方及其生活的社会文化和环境背景不同，因此会有不同的福祉体验。Eckersley 等（2001）从人文主义地理学视角研究福祉问题，强调地方特性和文化因素的重要性。

（六）可持续经济福祉评估

GDP 常被作为一个测量福祉的指标，但也受到很多质疑。很多研究沿着

GDP 扩展路径寻求对 GDP 增长的改进以反映福祉水平或真实发展水平。地理学受人地关系学说的影响，认为 GDP 没有包括环境恶化对福祉的影响（诺伊迈耶，2006）。Jackson 和 Stymne（1996）对瑞典 1950~1992 年可持续经济福祉指数进行研究；Matthews 等（2003）对英国威尔士 1990~2000 年可持续经济福祉进行考察；Marchante 等（2006）对西班牙 1980~2001 年福祉变化进行分析；Hamilton（2003）提出总财富和人均财富变化测度框架，并提出真实储蓄率测量的综合经验估计；Osberg 和 Sharpe（2002）从平均消费流、财富存量、公平性、经济安全等方面构建经济福祉指数，并对经济福祉进行评价；向书坚（2007）提出将真实储蓄率作为评判福祉水平可持续性的指标；王树同和赵振军（2005）对我国经济高速增长中的低经济福祉问题进行探究。

（七）社会福祉空间模式

伴随着经济发展中的矛盾冲突和经济地理空间格局中的不平等问题，尤其是社会指标运动的蓬勃发展，20 世纪 70 年代以来，人文地理研究开始不断关注贫困、饥饿、犯罪、种族歧视、社会服务等社会问题，地理学者运用地域社会指标方法评价、分析国家或地区的福祉空间变化趋势，认识、描绘生活质量的空间模式（约翰斯顿，2004）。

许学强等（1989）较早对广州市社会空间的因子生态进行分析，并将因子生态分析方法应用于城市地理学研究领域；郑静等（1995）对广州市社会空间的因子生态进行再分析；郭利平和陈忠暖（2001）以文山州为例对云南特困乡的因子生态进行分析。因子生态分析方法的成熟应用，推进了地域社会指标和福祉空间差异研究。但因子生态方法忽略了城市生活的一些重要方面，此后，生活质量和区域公正得到了进一步的发展。Smith 对坦帕的福祉空间模式和英国的收入及财富分布变化进行研究；Knox 和 Cottam（1981）构建生活水平综合指数，并分析价值观对生活质量的影响；Kulkarni（1990）对古吉拉特邦及其次级区域的社会福祉地理模式进行分析；Scottfrey 和 Song（1997）对我国城市的福祉及其影响因素进行研究；Ferriss（2002）应用因子分析方法得出影响生活质量的四个因子，即安全、控制、和谐和自主，并应用"收入-幸福"之间的关系，将美国 1996 年人口分为福祉、适应、不和谐和剥夺四类；Ezcurra 和 Rapún（2006）采用人均 GDP 指标计算"森指数"，分析欧盟区域福祉空间分布格局并识别福祉分布的影响因子。需要指出的是，生活水平的福祉地理学研究以都市为研究对象的居多，关于生活质量的区域不平等研究多面向工业化国家，其变量选取未必适用于发展中国家。

第四章　区域发展空间均衡的福祉空间理论透视

本章基于福祉地理学理论和人文地理学空间知识，建构性地提出福祉空间概念性框架，并通过对福祉空间系统和区域发展系统的关联分析，对区域发展空间均衡问题进行福祉空间视角的理论透视和分析。

第一节　福祉空间：一个概念性框架

一、福祉空间是综合空间

（一）客观福祉空间和主观福祉空间

地域是人类存在的基础，人生活在人地关系之中，不能脱离"地"而存在，一定范围的地域空间是人生活的地理空间基础，人们在地域空间中从事各种各样的生活活动。人的生活过程，即在地理空间上不断移动、不断塑造生活空间的过程。在生活过程中，福祉空间会通过不断变化着的生活状态表现出来。因此，福祉空间与人类的存在和生活紧密联系，也依存于人类存在和生活的地域空间。福祉空间反映生活在一定地域空间中的人们[①]获得或维持良好生活状态的能力空间的大小。

福祉空间除了具有上述客观属性外，还具有主观属性。福祉空间也会因个体的主观经验、社会地位、职业类型、性别、年龄、受教育程度和文化认同等不同而不同。不仅如此，人的爱、归属、认同等主观感知、情感也渗透在福祉空间

---

① 宏观福祉空间中的"人们"，相对于微观福祉空间中的"个体"而言，表示人口群体或群落。微观福祉空间中的"个体"是抽象的，但宏观福祉空间中的"人们"生活在一定地域空间中，相对而言是具体的。

中。福祉空间的主观属性体现在通过人与空间（或地方）的主观联系，人对空间（或地方）的情感、认知和想象，将人的感知、情感和认识融入其对空间（或地方）的回忆、想象等个人体验，通过这种主观体验将人们带入感知、想象、虚构或幻想的内在世界，从而产生人对空间（或地方）的认同感、归属感及人对空间（或地方）的向往、怀念、热爱等情感体验，使人与人之间的关系在人与空间（或地方）的体验关系中得以展开，个体的生活空间、情感空间和想象空间产生共鸣，进而使人感到处于一种"良好生活状态"。福祉空间开始联合浮现，也因此得以提升。

（二）微观福祉空间和宏观福祉空间

福祉空间，总体上可分为微观福祉空间和宏观福祉空间。其中，微观福祉空间是一种包含人的情感、认知和想象，体现人的能力和价值，以"良好生活状态"为中心的多元综合、多层复合的抽象空间；宏观福祉空间即区域福祉空间，是微观福祉空间在区域（或地域）上的投影。微观福祉空间是一种抽象空间，而宏观福祉空间则是一种地域空间。微观福祉空间是宏观福祉空间的理论基础，宏观福祉空间是微观福祉空间在地域空间上的抽象和综合表征（王圣云，2011b）。微观福祉空间是反映个体获得或维持良好生活状态的能力空间；宏观福祉空间则反映生活在一定地域空间中的人们获得或维持良好生活状态的能力空间的大小。

森的能力理论中的"功能性活动"是指一个人在生活中的活动，可以看作一系列相互关联的功能性活动的集合，即一个人处于什么样的状态和能够做什么（beings and doings）的集合。功能性活动的内涵丰富、范围广泛，既包括那些最基本的生存需求，如获得良好营养供给、身体健康、避免死于非命和早夭等，又包括更复杂的成就，如感觉到快乐、获得自尊、参加社会活动等。因为功能性活动是个体生活状态的具体构成要素，所以福祉评估也是对功能性活动的评估。生活活动的多样性决定了功能性活动范围的广泛性，福祉不是一个单一主题的概念，而是一个反映生活状态好坏的多元"伞状"概念（Gasper 和陆丽娜，2005）。

若将每一项功能性活动的范围用一个实数来表示的话，那么取得的实际成就可以用一个关于 n 项功能性活动的 n 维空间中的一个功能性活动向量来表示，可供选择的功能性活动向量集即为能力集（森，2006）。福祉向量的维度空间即福祉构成要素空间，这属于微观几何意义上的向量空间。可行能力是功能性活动向量集合的观点，反映了人们选择生活类型的自由。功能性活动域的"能力集"反映个体在可能的生活状态中做出选择的自由，福祉依赖于已实现的功能性活动。

福祉评估是一种聚焦于人的"存在"的评估，个人福祉可以从其生活质量来评判（森，2002）。福祉空间依赖于人的存在，和人的生活紧密联系，且以人的生活为基础，换言之，福祉空间的基础是人的生活空间①。一个人的生活状态评估主要通过对能力集的评价来实现（森，2006），多维度的福祉空间在地域上的投影即区域福祉空间，区域福祉空间对应的是大尺度的生活空间。

如图4.1所示，良好的生活状态对应福祉层面，用可选择的功能性活动集——能力集的向量空间维度来分析；抽象福祉空间对应微观福祉空间；区域福祉空间则对应宏观福祉空间。实证研究中的福祉空间通常是指区域福祉或区域福祉空间（王圣云，2009）。

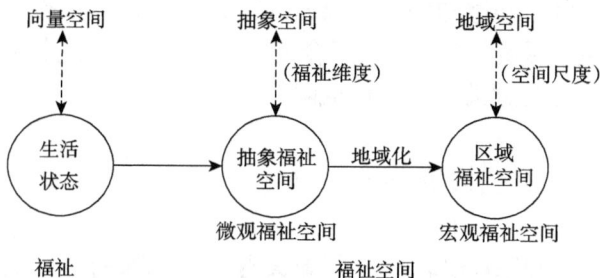

图 4.1 福祉空间理论架构与研究范式

总之，福祉空间的核心是良好的生活状态，是抽象福祉空间和具象福祉空间的统一；是微观福祉空间和宏观福祉空间的统一；是客观福祉空间和主观福祉空间的统一；是多元福祉空间及多层福祉空间的复合（王圣云，2009，2011b）。

二、福祉空间是第三空间

福祉空间的多层次结构如下：第一层次的福祉空间是区域福祉空间，包括福祉的区域分布和福祉分布的地域结构，是福祉在空间产出意义上的认识层次；第二层次的福祉空间是被个体经历和感知的空间，与日常生活相关联，包括人的感知和经历；第三层次的福祉空间是一个充满感情和意义的抽象空间，是一个与人的价值和能力相通的空间。

受索亚（Soya）的"第三空间"理论和中国"一分于二"哲学思想的启示，笔者认为福祉空间也是一种"第三空间"。索亚（2005）的第三空间理论认为，第一空间的认识论偏重于客观性和物质性；第二空间是构想的空间；第三空间源于二元论的物质空间和精神空间，但超越了物质空间和精神空间，是真实的又是

---

① 弗里德曼（2005）指出，生活空间扮演着生活剧场的角色，诠释着生活的欢乐。生活空间的发展可以满足独特的个人需求和社会共同需求。

想象的，是亦此亦彼的。

福祉空间既是物质空间又是精神空间，既是客观的外在空间又是主观的内在空间。福祉空间既是客观的又是主观的，既是物质的又是精神的，是亦此亦彼的。感知、情感、想象等精神活动隐含其中，福祉空间是包含物质空间和非物质空间的多元综合的抽象空间。福祉空间是多层复合的抽象空间[①]，多层福祉空间相互渗透、相互重叠，具有无限多样性，其是复合空间，准确地说是叠加空间，即一种福祉空间叠加在另一种福祉空间上。更重要的是，福祉空间是物质空间、精神空间和区域福祉空间复合的整体或综合统一体。福祉空间的三个认识层次，即区域福祉空间、经历和感知的空间及充满情感和意义的抽象空间不断合成、不断累积、不断"生三成异"[②]，形成复合的第三空间——福祉空间。福祉空间是第三空间的认识是建构意义上对福祉空间的一个定义。

三、福祉空间是能力空间

（一）福祉空间反映的是良好生活状态，体现人的选择自由和可行能力

福祉是对一个人生活状态好坏程度的抽象反映，福祉概念的中心是"良好生活状态"。"良好生活状态"有客观和主观两种认识视角。从主观视角来看，福祉主要是通过对空间（或地方）的主观体验而产生的"良好生活状态"；从客观视角来看，福祉主要是将生活作为多维度空间，对"良好生活状态"或功能性活动进行客观评价。

根据森的可行能力理论，能力与福祉的关系主要体现在以下两个方面：首先，功能性活动构成生活的具体内容，实现这些功能性活动的能力即个体选择各种可能的功能性活动组合的能力，这种选择可实现个体福祉的自由；然后，个人福祉依赖于可实现功能性活动的能力，能够做出选择本身就是有价值的生活的一部分（森，2006）。福祉空间依赖于个体对各种功能性活动进行组合和选择的能力，体现个体的能力和选择等的价值。

（二）福祉空间包含人的情感、认知和想象，体现以人为本和生活价值等伦理性

福祉的基础是人的生活和人的存在，福祉水平的高低程度取决于对生活状态

---

① 亨利·勒菲弗强调空间的多维性，认为有必要区分不同的空间概念，即空间实践、空间表现、再现空间，还认为生活、认知和感觉是相互关联的。

② "生三成异"是指福祉空间由第一空间和第二空间生成，但生成的福祉空间不是第一空间和第二空间的简单合成，而是由第一空间和第二空间不断合成、不断累积、不断形成的"第三空间"。

好坏与否的评判。人生活在一定的地域空间中，福祉空间体现在人对空间、人对家乡、人对地方的归属感和认同感，人对往事的甜美回忆及对未来的憧憬向往。因此，福祉空间通常借助人文主义地理学的基本方法将人的经历、意识和知识与空间联系起来。段义孚提出的"恋地情结"，即人对地方的热爱，"恋地"的本质是"恋自我"。当地方、场所被赋予人的情感、价值，人便与"地"浑然合一（皮特，2007）。段义孚认为人文主义地理学研究"人与自然的关系、人们的地理行为，以及人们对空间和地方的情感和思想"。人与地方之间的联系是人类很重要的一种需要，"扎根于地方就是拥有一个面向世界的牢固基点，就是把握一个人在事物秩序中属于自己的位置，就是对特定地方的精神上和心理上的深深依恋"（皮特，2007）。

福祉空间的伦理性主要体现为以人为本、公平和生活价值这三个核心含义，这三者具有伦理规范意义，即以人为本、重视公平、追求高质量的幸福生活。具体来看，关注福祉就是关注人的需求满足和全面发展，关注人的需求的满足是以人为本的体现。能力、选择和自由，以及有价值的生活本身都反映了福祉空间的伦理性。能够做出选择本身就是有价值生活的一部分。能力即个体能够对各种可能的功能性活动进行选择，有能力便意味着有可实现个体福祉的自由。福祉空间的伦理性还体现在关注个人的感知、情感及人的需求和生活意义，而不是只关注功能性活动和具体生活内容。区域福祉空间强调公平，强调人们在享受发展成果上的平等权利，即强调共同发展、共享发展。

第二节　区域发展系统与福祉空间系统的关联分析

一、需求与满足：区域发展系统与福祉空间系统关联的"潜在纽带"

区域发展通过满足人们的需求影响福祉空间。区域发展的目的是满足人的需求，人的需求的满足是提升福祉空间的前提。提升福祉空间能进一步提高各地区满足人的需求的能力，进而促进区域发展。人的需求是区域发展与福祉空间的"潜在纽带"，换言之，满足人的需求就是架起区域发展与福祉空间提升之间的"桥梁"。

从结构视角来看，应将区域发展、人的需求和福祉空间按要素分解，进一步分析三者之间的要素对应关系。若以最基本的经济和非经济维度来划分，区域发展可分为区域经济发展与区域非经济发展；人的需求可分为经济需求和非经济需求；福祉空间可分为经济福祉空间和非经济福祉空间。区域经济发展和人的经济需求、经济福祉空间相对应；区域非经济发展和人的非经济需求、非经济福祉空间相对应（图4.2）（王圣云，2009）。

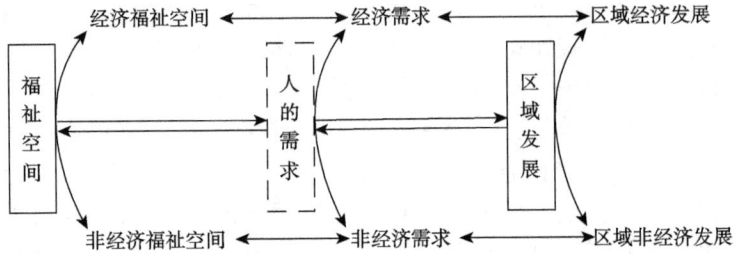

图 4.2 人的需求与福祉空间和区域发展的关联分析

二、手段和结果：区域发展系统与福祉空间系统关系的"一体两端"

凡是一切有利于"人"的发展的事物且与空间有联系的过程都属于区域发展（陆大道，1995b）。从区域发展的对象和目标来看，区域发展不仅是经济的发展，更重要的是"人"的发展。区域发展是提升福祉空间的主要手段，而福祉空间提升是区域发展的结果。但福祉空间能否得到提升，关键在于人的需求能否得到满足。若人们的生活需求得到满足，便会感到幸福，出现一种满足状态，福祉空间就会得到提升；反之，福祉空间便得不到提升。也可以说，福祉空间是对各地区人们能否享受区域发展成果的一种表征，是各地区的人们对区域发展成果的客观认识和主观体验。

人地关系、区域发展和福祉空间之间相互关联的主线是以人为本。人地关系强调人的作用，以人为本是人地关系的核心。人们生活需求的满足和可行能力的提高是促进区域发展的出发点、落脚点和人本取向。人地关系理论和区域发展理论是地理学研究的理论基础，需要指出的是，学界对人地关系和区域发展关系的研究成果较多，但关于区域发展的研究大多仍止步于经济、社会、环境等维度，忽视了人格系统。既然凡是一切有利于"人"的发展的事物且与空间有联系的过程都属于区域发展，那么人格系统就不能被置于区域发展系统之外。区域发展以人地关系为理论基础，人格系统是人地关系中"人"的核心体现，区域发展的最终目的是提高各地区的福祉空间。若将人格系统置于区域发展系统外，区域发展就失去了对民生福祉的考量，因此可以说只包含经济系统、社会系统和环境系统的区域发展范式是相对狭义的区域发展范式。区域发展系统应由经济系统、社会系统、环境系统和人格系统四大系统组成（图4.3）[①]。其中，人格系统主要是指

---

① 帕森斯和斯梅尔瑟（1989）认为人类福祉包括人格系统和社会系统两大系统。

人的发展，以及人们需求的满足和可行能力的提高等（王圣云，2011b）。

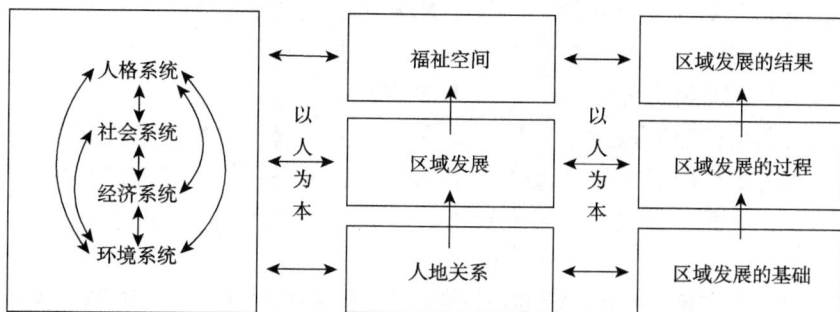

图 4.3　区域发展系统和福祉空间系统的关系

第三节　基于福祉空间的区域发展空间均衡理论分析

一、福祉空间：区域发展不均衡的评价基准

仅仅停留于在地区经济发展差异和差距等基础上研究区域发展不均衡是远远不够的。根据经济学效用的观点，虽然人均消费指标和人均收入指标比人均GDP 指标更能反映福祉水平，但都只是刻画福祉水平的近似的替代性指标，不能涵盖福祉的全部内涵，也不能较好地反映区域发展水平和人们最终能享受到的发展成果。

尽管收入是一种十分重要的获取福祉的手段，但经济变量或收入仅仅是衡量区域发展或福祉水平的一维向量空间。福祉是反映人的良好生活状态的多元综合概念，包含的范围较广，含有很多重要的非经济维度，也有主观福祉和客观福祉两种基本维度。因此，从根本意义上讲，经济变量的不平等不是最重要的，最重要的是福祉水平的不平等（万广华，2008）。

需要说明的是，福祉水平反映的是人们生活质量的水平，因此，仅仅停留在对福祉水平的简单描述或区域差异分析，不足以揭示福祉的主观和客观属性，也不能反映获得或维持良好生活状态的能力空间大小或能力大小。因而，笔者认为，福祉空间是区域发展不均衡的评价基准。

借助福祉空间概念可以整合福祉，理解客观和主观两种研究路径，同时将客观度量和主观感知结合起来，有助于对福祉和区域发展状况与差异的全面理解，进而增进人们对区域发展中实际享有的福祉的正确理解，即区域发展的结果不再以收入空间为依据，而是以福祉空间为依据。福祉空间的变化情况与区域发展的效果是同向的，但福祉空间不同于福祉水平。因为，福祉水平就其内涵而言，是衡量福祉高低程度的一个概念，一般较难体现福祉的维度含义，也难以将人们对地方和空间的主观感知和情感囊括进去；而福祉空间则既含有维度的概念，又含有空间的特点，能将人的感知、情感等囊括其中。

本书借助福祉空间概念将地理学研究的"空间透视"和"区域研究"两大范畴整合，将福祉空间和区域发展不均衡结合，进而将空间研究方法和传统区域研究方法结合，从而，推动对区域发展不均衡和空间均衡等问题的研究。

二、福祉空间均衡：区域发展空间均衡的核心要义和新视角

从区域经济学相关理论来看，自然禀赋的非均衡性、生产要素的不完全流动性和经济活动的不完全可分性是区域分异的三大理论基石（胡佛和杰莱塔尼，1992）。尽管新古典主义趋同假说认为市场机制通过生产要素自由流动会最终实现区域趋同，但是现实世界中新古典主义的趋同假说很难成立。

区域发展空间均衡，强调区域间的发展差距能稳定在合理适度的范围内并不断缩小。那么，选择什么指标来度量区域间的发展差距，或者说实现区域发展空间均衡究竟要均衡什么，对此当前学界尚未定论。

笔者认为，区域发展空间均衡不是强调区域间经济发展水平趋同，而是创造条件，扭转区域间福祉空间失衡的趋势，逐步实现区域间人均福祉空间的大体均衡。福祉衡量的是人的良好生活状态，所以区域福祉空间均衡的核心要义是在各地区人均生活水平及人的可行能力不断提高的基础上，使各地区人均福祉水平大致均等。这也就意味着，从区域发展来看，尽管区域间的经济发展不平衡，但只要通过区域社会系统、环境系统、人格系统的发展，实现区域间的福祉空间大致均衡，就可以说实现了区域福祉空间均衡。因此，实现区域福祉空间均衡目标，不是刻意平衡区域间的经济发展，而是在保持适度经济发展差距的前提下，积极创造条件扭转区域间福祉空间差距扩大的趋势，逐步实现区域间的人均福祉空间大体均等[①]，可以说，区域发展空间均衡即区域福祉空间均衡。

需要说明的是，区域福祉空间均衡的实现过程是逐步推进的，区域福祉空间均衡要实现的人均综合福祉水平大致均等是相对的。同时，这种均等也是适度的均等，是人均综合福祉适度的、大致的均等。此外，区域福祉空间均衡也是动态的，随着经济增长和福祉水平的不断提升，福祉水平的均等标准也是不断提升的。而且，随着人均综合福祉均等化水平不断提升，福祉的组分结构也会发生变

---

① 樊杰等（樊杰，2007；樊杰等，2013）认为区域发展空间均衡是指标识任何区域综合发展状态的人均水平值趋于大体相等。

化，因而其是一种动态均衡。

区域发展空间均衡不仅包括区域间平均生活水平或福祉水平等指标在"数量"上的差距缩小，还包括通过福祉组分互补的结构协调，即经济维度的福祉不平衡程度，往往可由非经济维度的福祉均衡抵消，最终实现区域间经济维度与非经济维度综合计算的人均综合福祉均衡。

如图 4.4 所示，若将综合福祉分解为经济福祉和非经济福祉，那么经济福祉水平低的地区的综合福祉可由较高的非经济福祉补充，而经济福祉水平高的地区的综合福祉则可能会被较低的非经济福祉抵消。通过福祉组分或要素的结构互补可以实现综合福祉均衡。图 4.4 中同一条线上的任何点，表示处于该福祉均衡水平的各地区综合福祉水平都相等，但不同线上的点的综合福祉水平不相同，不同线条表示不同地区的综合福祉水平。粗线表示综合福祉水平高的地区，细线表示综合福祉水平低的地区。粗线上圆点比细线上星点的综合福祉水平高20%，则粗线上任何点都比细线上任何点的综合福祉水平高 20%（王圣云，2017）。

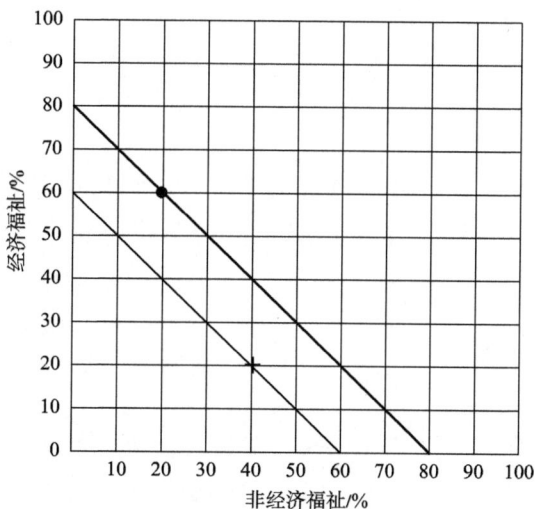

图 4.4　福祉结构均衡示意图

区域发展是多维目标下的发展过程，也是提高多维人均综合福祉水平的过程。因此，区域发展空间均衡就是多维人均综合福祉水平趋向均衡的过程。区域发展的空间均衡是指标识任何区域综合发展状态的人均福祉水平值趋于大体相等，经济福祉水平低的区域可以通过更好的非经济福祉状态提高其综合福祉水平。福祉结构均衡[①]是指在地区间人均综合福祉水平大致均等的目标和要求下，经济福祉水平低的区域可以通过较好的非经济社会福祉和生态福祉等状态来提高

---

① 这里的福祉结构均衡的实际含义是各地区可以通过不同的福祉结构配比形成均等的福祉水平。

其人均综合福祉水平。

　　当然，上述区域发展空间均衡思路侧重于客观的区域经济、社会、生态环境系统，对区域人格系统的关注不足，本书基于福祉视角，提出福祉空间均衡新视角，这是对区域发展空间均衡研究的有益补充。本书第八章、第九章是对居民生活满意度和主观幸福感的主观研究，这是对区域人格系统的一种反映，也是对以人为本的新发展理念的响应。

第五章 鄱阳湖区福祉定量测评、时空格局与结构演进

第一节 鄱阳湖区福祉定量测评与时空格局演变

一、基于 HDI 的客观福祉水平测度方法

HDI 是衡量地区福祉水平的权威指标，由健康指数（H_1）、教育指数（H_2）和收入指数（H_3）三个分项指数构成。本书采用联合国开发计划署公布的 2010 年以前的 HDI 计算方法，即 HDI 等于健康指数、教育指数和收入指数的简单平均值（图 5.1），计算公式如下：

$$\mathrm{HDI}=\frac{1}{3}\left(H_1+H_2+H_3\right)$$

其中，三个分项指数的计算方法如下：

$$H_i=\frac{x_i-\min x_i}{\max x_i-\min x_i}$$

其中，H_i 为第 i 个分项指数；x_i 为指标 x 的真实值；$\max x$ 和 $\min x$ 分别为指标的最大值与最小值。

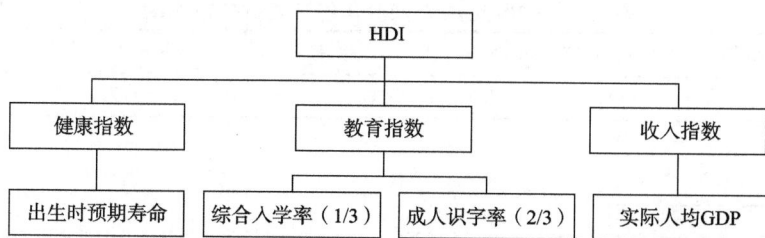

```
                    ┌─────────┐
                    │   HDI   │
                    └─────────┘
        ┌───────────────┼───────────────┐
  ┌──────────┐    ┌──────────┐    ┌──────────┐
  │ 健康指数  │    │ 教育指数  │    │ 收入指数  │
  └──────────┘    └──────────┘    └──────────┘
       │          ┌─────┴─────┐         │
┌────────────┐ ┌──────────┐ ┌──────────┐ ┌────────────┐
│出生时预期寿命│ │综合入学率 │ │成人识字率 │ │ 实际人均GDP │
│            │ │  (1/3)   │ │  (2/3)   │ │            │
└────────────┘ └──────────┘ └──────────┘ └────────────┘
```

图 5.1 HDI 构建框架

健康指数采用出生时预期寿命指标进行计算，出生时预期寿命由简略生命表估算，并使用寇尔死亡概率法[①]计算。教育指数由综合入学率（占 1/3 权重）和成人识字率（占 2/3 权重）加权计算得到。其中，综合入学率是指在校生总人数与学龄人口的比值；成人识字率是指 15 岁以上能读写人口占 15~64 岁总人口的比重。收入指数用实际人均 GDP 的美元平价购买力的对数表示[②]。在计算分项指数时，各指标最大值、最小值见表 5.1。

表 5.1　HDI 各指标的计算结果

指标	健康指数（H_1）	教育指数（H_2）		收入指数（H_3）
	出生时预期寿命/岁	综合入学率/%	成人识字率/%	实际人均 GDP/PPP$
最小值	25	0	0	lg（100）
最大值	85	100	100	lg（40 000）

二、鄱阳湖区与江西省福祉水平动态比较

用 HDI 测度 1990~2015 年江西省及 11 个设区市的福祉水平，分析江西省及各市整体的福祉演变情况。将 1990~2010 年鄱阳湖区的 HDI 与江西省及设区市进行对比分析，揭示鄱阳湖区福祉演进特征。

（1）江西省福祉水平明显提升，2015 年所有设区市均提升为高人类发展类型。

1990~2015 年江西省及 11 个设区市的福祉水平快速提高，各设区市 HDI 的累计增长率达到 40% 以上。增长较快的有鹰潭市、上饶市和新余市，累计增长率分别达到 59.4%、59.3% 和 57.3%。排名波动幅度较大的有 4 个设区市，其中鹰潭市、九江市的进步较快，而宜春市、抚州市的排名后退。

从 1990~2015 年江西省设区市的福祉分布演进情况来看，1990 年江西省所有设区市均为下中人类发展类型，到 2015 年全部提升为高人类发展类型。江西省及各设区市的 HDI 见表 5.2。

表 5.2　1990~2015 年部分年份江西省各市 HDI

地区	1990 年	排序	1995 年	排序	2000 年	排序	2005 年	排序	2010 年	排序	2015 年	排序	增幅	增长率/%
南昌市	0.600	1	0.674	1	0.730	1	0.806	1	0.840	2	0.877	2	0.277	46.2

---

① 寇尔死亡概率法考虑不同年龄的人口分布差异，所以推算的死亡概率更精准，但计算出的平均预期寿命总体偏高。具体算法参见李永胜（2002）。

② 美元平价换算系数来自国际货币基金组织统计数据（http://www.imf.org/external/index.htm）。

续表

地区	1990 年	排序	1995 年	排序	2000 年	排序	2005 年	排序	2010 年	排序	2015 年	排序	增幅	增长率/%
景德镇市	0.560	5	0.626	4	0.686	4	0.746	4	0.798	6	0.839	6	0.279	49.8
萍乡市	0.581	3	0.645	3	0.698	3	0.766	2	0.826	4	0.855	3	0.274	47.2
九江市	0.541	7	0.597	6	0.673	6	0.719	6	0.802	5	0.843	5	0.302	55.8
新余市	0.585	2	0.651	2	0.705	2	0.757	3	0.881	1	0.920	1	0.335	57.3
鹰潭市	0.535	8	0.587	8	0.674	5	0.734	5	0.827	3	0.853	4	0.318	59.4
赣州市	0.529	10	0.580	9	0.656	7	0.707	10	0.771	10	0.812	10	0.283	53.5
宜春市	0.565	4	0.606	5	0.642	11	0.711	8	0.761	11	0.824	7	0.259	45.8
上饶市	0.511	11	0.567	11	0.651	9	0.704	11	0.774	10	0.814	10	0.303	59.3
吉安市	0.535	9	0.578	10	0.653	8	0.710	9	0.773	9	0.812	11	0.277	51.8
抚州市	0.544	6	0.593	7	0.646	10	0.713	7	0.782	7	0.814	9	0.270	49.6
江西省	0.550	—	0.605	—	0.674	—	0.732	—	0.798	—	0.836	—	0.286	52.0
鄱阳湖区	0.536	—			0.652	—			0.765	—				

注：由于 1995 年人口统计资料中没有分地区、分年龄段的死亡人口数据，无法精确估算预期寿命指数；同时，1995 年的综合入学率数据也缺失，所以以上两个指标用 1990 年、2000 年相应数据的平均值近似替代。成人识字率则根据 1995 年人口抽查年鉴数据进行估算

（2）江西省 11 个设区市基本形成三级福祉梯队，可分为增长较快和增长较慢两类。

依据胡鞍钢和张宁（2006）提出的划分标准[①]对江西省及各设区市的 HDI 进行分类（表 5.3）。1990 年和 1995 年，上饶市、赣州市、吉安市、鹰潭市、九江市、抚州市的人类福祉低于江西省平均水平。2000 年和 2005 年，鹰潭市的福祉水平等于或略高于江西省平均水平，宜春市的福祉水平甚至下滑到江西省平均水平以下。2010 年和 2015 年，九江市的福祉水平上升到全省平均水平以上。江西省的 11 个设区市按照人类福祉排名可分为三个梯队：南昌市、新余市和萍乡市为第一梯队，这三市的福祉排序基本处在前三名；景德镇市、九江市、鹰潭市、宜春市、吉安市、抚州市为第二梯队，排名基本处于第四名到第九名，但其排名顺序变动较大；赣州市和上饶市为第三梯队，其福祉排名处于全省靠后位置（表 5.2）。

表 5.3　江西省 11 个设区市的 HDI 类型分布

HDI 类型	1990 年	1995 年	2000 年	2005 年	2010 年	2015 年
低人类发展	—	—	—	—	—	—

① 即 HDI < 0.50 为低人类发展，0.5 ≤ HDI < 0.65 下中人类发展，0.65 ≤ HDI < 0.80 为上中人类发展，HDI ≥ 0.8 为高人类发展。

续表

HDI 类型	1990 年	1995 年	2000 年	2005 年	2010 年	2015 年
下中人类发展	11	9	2	—	—	—
上中人类发展	—	2	9	10	6	—
高人类发展	—	—	—	1	5	11

　　具体来看，第一梯队的南昌市、新余市、萍乡市基本包揽福祉排名的前三位。南昌市作为省会城市，经济社会发展程度较高，1990~2005 年均保持全省第一的位置，但其排位在 2010 年被新余市反超。从分项指数来看，2010 年以后，新余市的人均 GDP 超过南昌市，成为江西省排名第一的设区市，其 2010 年、2015 年的人均 GDP 分别达到5.54 万元和8.14 万元。萍乡市的福祉排名在第三位左右小幅波动。处于第二梯队的设区市最多，其名次变动频繁，但大致可以分为增长较快型和增长较慢型两类。与 1990 年相比，2015 年第二梯队的设区市中福祉增长较快的有九江市、鹰潭市和吉安市，福祉增长较慢的有景德镇市、宜春市和抚州市，福祉增速是影响福祉排名的主要因素。赣州市和上饶市为第三梯队，其健康和教育指数与全省平均水平差距不大，造成福祉排名靠后的主要原因是收入指数排序落后。

　　（3）鄱阳湖区福祉水平稳步提高，但一直低于江西省的福祉水平。

　　1990 年、2000 年、2010 年鄱阳湖区的福祉水平整体上一直低于江西省的福祉水平，与江西省的 HDI 分别相差 0.014、0.022 和 0.033，鄱阳湖区与江西省福祉的绝对差距在缓慢扩大（图 5.2）。

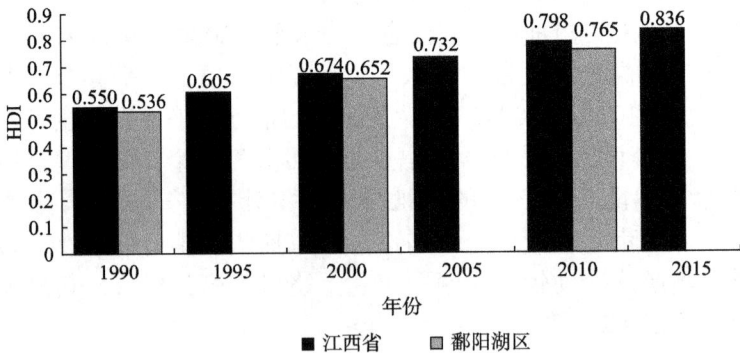

图 5.2　鄱阳湖区与江西省 HDI 比较

三、鄱阳湖区福祉演进及其县际比较

　　由于其他年份普查数据的限制，仅能计算出鄱阳湖区各县 1990 年、2000 年和 2010 年 HDI 及其分项指数。1990 年县级预期寿命统计数据缺乏各县分年龄段人口及各县分年龄段死亡人口数据，因此用 1990 年各县所属的设区市的预期寿命数据进行替代。1990 年、2000 年和 2010 年鄱阳湖区各县 HDI 及其分项指数的计算结果如下。

（一）鄱阳湖区各县区人类福祉分析

如表 5.4 所示，1990 年鄱阳湖区各县区 HDI 的平均值仅为 0.537，2000 年提高到 0.652，2010 年提高到 0.770。1990~2000 年、2000~2010 年鄱阳湖区各县区 HDI 的平均值分别增长 0.115 和 0.118。2010 年 HDI 超过 0.800（包括 0.800）的有樟树市、贵溪市、德安县、湖口县、安义县；1990~2010 年，湖口县、星子县、余江县、余干县的 HDI 平均增长率较高，超过了 2%。

表 5.4　鄱阳湖区各县区 HDI 及其平均增长率

县区	1990 年	2000 年	2010 年	1990~2010 年平均增长率/%
南昌县	0.552	0.693	0.797	1.85
新建区	0.559	0.664	0.769	1.61
安义县	0.580	0.681	0.818	1.73
进贤县	0.542	0.670	0.799	1.96
浮梁县	0.552	0.660	0.754	1.57
乐平市	0.514	0.660	0.750	1.91
九江县	0.526	0.632	0.754	1.82
武宁县	0.523	0.672	0.753	1.84
永修县	0.574	0.677	0.777	1.53
德安县	0.584	0.682	0.808	1.64
星子县	0.492	0.627	0.760	2.20
都昌县	0.499	0.590	0.711	1.79
湖口县	0.513	0.631	0.800	2.25
彭泽县	0.532	0.611	0.746	1.70
瑞昌市	0.535	0.640	0.766	1.81
余江县	0.506	0.634	0.770	2.12
贵溪市	0.544	0.683	0.805	1.98
新干县	0.544	0.667	0.778	1.80
丰城市	0.555	0.672	0.778	1.70
樟树市	0.587	0.675	0.815	1.65
高安市	0.554	0.662	0.771	1.67

续表

县区	1990 年	2000 年	2010 年	1990~2010 年平均增长率/%
东乡县	0.543	0.675	0.773	1.78
余干县	0.475	0.579	0.711	2.04
鄱阳县	0.492	0.618	0.726	1.96
万年县	0.541	0.653	0.760	1.71
平均值	0.537	0.652	0.770	1.82

注：平均增长率的计算使用复利计算法，即 $y_T / y_t = (1+a)^{(T-t)}$，其中 a 为平均增长率

（二）鄱阳湖区各县区收入福祉分析

经过后面的比较可知，收入指数在三个分项指数中数值最低，但增速最快。鄱阳湖区各县区收入指数的平均值由 1990 年的 0.293 增长为 2010 年的 0.641，提高了 0.348。收入指数排名靠前的有贵溪市、南昌县、樟树市、新建区、德安县等；收入指数排名靠后的有余干县、都昌县、鄱阳县等。鄱阳湖区各县收入指数的 1990~2000 年年均增长率的平均水平为 4.03%。收入指数增长较快的有余干县、进贤县、湖口县等；收入指数增长较慢的有德安县、永修县、浮梁县、高安市等。其中，尽管余干县的收入指数排名靠后，但其收入指数的增长速度快，达到 5.43%。进贤县的收入指数增速也超过了 5%。鄱阳湖区各县区收入指数及其平均增长率具体见表 5.5。

表 5.5　鄱阳湖区各县区收入指数及其平均增长率

县区	1990 年	2000 年	2010 年	1990~2010 年平均增长率/%
南昌县	0.317	0.534	0.758	4.46
新建区	0.309	0.490	0.717	4.30
安义县	0.319	0.467	0.677	3.83
进贤县	0.246	0.447	0.689	5.28
浮梁县	0.361	0.489	0.681	3.22
乐平市	0.277	0.489	0.652	4.37
九江县	0.273	0.387	0.630	4.27
武宁县	0.254	0.450	0.620	4.56
永修县	0.354	0.460	0.656	3.13
德安县	0.387	0.477	0.707	3.06
星子县	0.249	0.355	0.613	4.61
都昌县	0.221	0.265	0.472	3.87
湖口县	0.266	0.392	0.703	4.98
彭泽县	0.295	0.390	0.571	3.36
瑞昌市	0.267	0.406	0.629	4.38

续表

县区	1990 年	2000 年	2010 年	1990~2010 年平均增长率/%
余江县	0.258	0.387	0.603	4.34
贵溪市	0.329	0.538	0.777	4.39
新干县	0.309	0.462	0.655	3.83
丰城市	0.336	0.440	0.665	3.47
樟树市	0.372	0.450	0.730	3.43
高安市	0.326	0.432	0.624	3.30
东乡县	0.316	0.466	0.644	3.62
余干县	0.174	0.282	0.501	5.43
鄱阳县	0.217	0.309	0.460	3.83
万年县	0.309	0.431	0.613	3.47
平均值	0.293	0.423	0.641	4.03

注：平均增长率的计算使用复利计算法，即 $y_T / y_t = (1+a)^{(T-t)}$，其中 a 为平均增长率

（三）鄱阳湖区各县区健康福祉分析

从表 5.6 可以看出，1990 年，鄱阳湖区各县区健康指数的平均值为 0.688，2010 年提高到 0.832，平均增速为 0.96%。可以看出，鄱阳湖区健康指数在 1990~2010 年呈缓慢增长态势。其中，健康指数增长速度较快的有余江县、樟树市、永修县等；健康指数增长较慢的有新建区、进贤县、万年县、余干县等。健康指数排名靠前的有鄱阳县、安义县、樟树市等；排名靠后的有万年县、乐平市、余干县等。需要说明的是，万年县、乐平市和余干县三县地缘相接，且均位于鄱阳湖东南侧，1990~2010 年其预期寿命增长缓慢，与鄱阳湖区其他县区存在一些差距。特别是 2010 年万年县、乐平市和余干县的预期寿命较低，分别为 71.61 岁、71.67 岁和 71.79 岁。安义县和樟树市的预期寿命较高，分别为 77.96 岁和 77.59 岁，与鄱阳湖区的预期寿命差距较大。经过数据分析可知，鄱阳湖区预期寿命低的一些县区 60~64 岁人口死亡率比较高，这使得其预期寿命较低。

表 5.6　鄱阳湖区各县区健康指数及其平均增长率

县区	1990 年	2000 年	2010 年	1990~2010 年平均增长率/%
南昌县	0.745	0.748	0.861	0.73
新建区	0.745	0.738	0.802	0.37
安义县	0.745	0.747	0.883	0.85
进贤县	0.745	0.730	0.844	0.63
浮梁县	0.676	0.720	0.801	0.85
乐平市	0.676	0.693	0.778	0.71

续表

县区	1990 年	2000 年	2010 年	1990~2010 年平均增长率/%
九江县	0.676	0.743	0.821	0.98
武宁县	0.676	0.752	0.828	1.02
永修县	0.676	0.771	0.860	1.21
德安县	0.676	0.768	0.855	1.18
星子县	0.676	0.730	0.808	0.90
都昌县	0.676	0.724	0.821	0.98
湖口县	0.676	0.698	0.858	1.20
彭泽县	0.676	0.684	0.828	1.02
瑞昌市	0.676	0.718	0.849	1.15
余江县	0.664	0.716	0.863	1.32
贵溪市	0.664	0.707	0.808	0.99
新干县	0.682	0.728	0.850	1.11
丰城市	0.676	0.786	0.815	0.94
樟树市	0.676	0.747	0.876	1.30
高安市	0.676	0.749	0.855	1.18
东乡县	0.694	0.762	0.813	0.79
余干县	0.682	0.638	0.780	0.67
鄱阳县	0.682	0.800	0.863	1.18
万年县	0.682	0.696	0.777	0.65
平均值	0.688	0.732	0.832	0.96

注：平均增长率的计算使用复利计算法，即 $y_T / y_t = (1+a)^{(T-t)}$，其中 a 为平均增长率

（四）鄱阳湖区各县区教育福祉分析

如表 5.7 所示，1990 年、2000 年、2010 年鄱阳湖区各县教育指数的平均值分别为 0.629、0.797 和 0.836，1990~2000 年和 2000~2010 年鄱阳湖区各县教育指数的平均值分别增长 0.168 和 0.039。2010 年，鄱阳湖区教育指数排名靠前的有万年县、安义县、进贤县等；排名靠后的有南昌县、浮梁县、新建区等。1990~2010年鄱阳湖区各县区教育指数年平均增长率的平均值为 1.44%。其中，教育指数增长速度较快的有星子县、余干县、鄱阳县；增长速度较慢的有樟树市、永修县、瑞昌市等。尽管星子县的教育指数排名不是特别靠前，但增长速度快，1990~2010 年平均增长率达到 2.24%；樟树市虽然教育指数不低，但增长速度在

鄱阳湖区各县区中较慢，仅为 0.82%。

表 5.7 鄱阳湖区各县区教育指数及其平均增长率

县区	1990 年	2000 年	2010 年	1990~2010 年平均增长率/%
南昌县	0.595	0.796	0.770	1.30
新建区	0.623	0.765	0.789	1.19
安义县	0.675	0.829	0.894	1.41
进贤县	0.637	0.833	0.865	1.54
浮梁县	0.619	0.769	0.779	1.16
乐平市	0.590	0.799	0.820	1.66
九江县	0.628	0.766	0.810	1.28
武宁县	0.640	0.814	0.812	1.20
永修县	0.690	0.800	0.814	0.83
德安县	0.688	0.800	0.862	1.13
星子县	0.552	0.797	0.859	2.24
都昌县	0.601	0.781	0.839	1.68
湖口县	0.598	0.803	0.837	1.70
彭泽县	0.624	0.760	0.839	1.49
瑞昌市	0.663	0.796	0.820	1.07
余江县	0.596	0.800	0.844	1.75
贵溪市	0.640	0.805	0.830	1.31
新干县	0.641	0.811	0.829	1.29
丰城市	0.654	0.790	0.853	1.34
樟树市	0.712	0.829	0.838	0.82
高安市	0.660	0.803	0.833	1.17
东乡县	0.620	0.796	0.862	1.66
余干县	0.568	0.818	0.854	2.06
鄱阳县	0.576	0.744	0.854	1.99
万年县	0.631	0.833	0.889	1.73
平均值	0.629	0.797	0.836	1.44

注：平均增长率的计算使用复利计算法，即 $y_T / y_t = (1+a)^{(T-t)}$，其中 a 为平均增长率

四、鄱阳湖区福祉类型与格局演进

由表 5.8 可知，鄱阳湖区的 HDI 在 1990~2010 年有很大提高，从下中人类发

展水平逐步提高到上中人类发展水平，整体上实现了人类发展水平的大提升。鄱阳湖区福祉空间格局的具体演变特征如表 5.8 所示。

表 5.8　鄱阳湖区各县区 HDI 类型演进

HDI 类型	1990 年	2000 年	2010 年
高人类发展（HDI≥0.8）			安义县、樟树市、德安县、贵溪市、湖口县
上中人类发展（0.65≤HDI＜0.8）		南昌县、贵溪市、德安县、安义县、永修县、樟树市、东乡县、武宁县、丰城市、进贤县、新干县、新建区、高安市、乐平市、浮梁县、万年县	进贤县、南昌县、新干县、丰城市、永修县、东乡县、高安市、余江县、新建区、瑞昌市、星子县、万年县、九江县、浮梁县、武宁县、乐平市、彭泽县、鄱阳县、余干县、都昌县
下中人类发展（0.5≤HDI＜0.65）	樟树市、德安县、安义县、永修县、新建区、丰城市、高安市、南昌县、浮梁县、贵溪市、新干县、东乡县、进贤县、万年县、瑞昌市、彭泽县、九江县、武宁县、乐平市、湖口县、余江县	瑞昌市、余江县、九江县、湖口县、星子县、鄱阳县、彭泽县、都昌县、余干县	
低人类发展（HDI＜0.50）	都昌县、星子县、鄱阳县、余干县		

注：划分标准与胡鞍钢和张宁（2006）相同

第一，鄱阳湖各县区人类发展进程大幅推进，人类福祉水平显著提高。1990 年鄱阳湖区各县区均为下中人类发展类型或低人类发展类型；2000 年鄱阳湖区各县区均跃升为中人类发展类型；2010 年鄱阳湖区各县区均为上中人类发展类型或高人类发展类型。

1990 年，鄱阳湖区大部分县区为下中人类发展类型，樟树市、德安县和安义县 HDI 在鄱阳湖区内排名前三。低人类发展类型主要集中在滨湖区东侧区域，如都昌县、星子县、鄱阳县和余干县。

2000 年，鄱阳湖区县区人类发展水平的分布更均匀，所有县区均为上中、下中人类发展类型。大部分县区都在原有人类发展类型上跃升一级。其中，9 个县区处于下中人类发展类型。

2010 年，安义县、樟树市、德安县和贵溪市均跃升为高人类发展类型，鄱阳湖区其他 21 个县区均属于上中人类发展类型。滨湖区属于高人类发展类型的县区多位于鄱阳湖西北侧，而环湖外围区高人类发展类型的县区的数量更多。

第二，1990~2010 年环湖外围区各县的人类发展水平整体高于滨湖区，鄱阳湖区各县区间的人类发展差距呈缩小趋势。

如表 5.9 所示，环湖外围区比滨湖区的人类发展水平更高，环湖外围区的 HDI 增长比滨湖区更快。

表 5.9 滨湖区与环湖外围区 HDI 特征统计

统计指标	滨湖区			环湖外围区		
	1990 年	2000 年	2010 年	1990 年	2000 年	2010 年
均值	0.528	0.643	0.766	0.542	0.659	0.773
最小值	0.475	0.579	0.711	0.506	0.611	0.746
	（余干县）	（余干县）	（都昌县）	（余江县）	（彭泽县）	（彭泽县）
最大值	0.584	0.693	0.808	0.587	0.683	0.818
	（德安县）	（南昌县）	（德安县）	（樟树市）	（贵溪市）	（安义县）
加权变异系数	0.073	0.062	0.049	0.040	0.031	0.030

加权变异系数是描述数据离散情况的指标。根据计算的 HDI 的加权变异系数（表 5.10）可以看出，鄱阳湖区的福祉差距在缩小，鄱阳湖区各县区的人类发展水平有趋同趋势，其 HDI 的加权变异系数从 1990 年的 0.055 下降到 2010 年的 0.038。其中，滨湖区的人类发展差距较大，呈现先缓慢缩小后快速缩小的态势，2010 年滨湖区 HDI 的加权变异系数是 1990 年的 67%。环湖外围区呈现人类福祉差距先快速缩小后缓慢缩小的态势，其加权变异系数在从 1990 年的 0.040 稳定下降到 2000 年的 0.031 后，2010 年几乎没有下降，2010 年的加权变异系数是 1990 年的 75%。

表 5.10 鄱阳湖区 HDI 特征统计

统计指标	1990 年	2000 年	2010 年
均值	0.537	0.652	0.770
最小值	0.475（余干县）	0.579（余干县）	0.711（都昌县）
最大值	0.587（樟树市）	0.693（南昌县）	0.818（安义县）
加权变异系数	0.055	0.046	0.038

第二节 鄱阳湖区福祉结构演进及均衡趋势

一、鄱阳湖区福祉结构的演进轨迹

三轴图是描述产业结构变化的一种图形分析方法（吴碧英，1994）。绘制三轴图，要先在平面上确定坐标原点，由原点引出三条两两夹角为 120° 的射线，把平面分为六个象限，分别将射线标记为 X_1 轴、X_2 轴、X_3 轴，三条轴的刻度单位分别为三次产业占 GDP 的百分比。将第 i 年三次产业结构的百分比数值对应标在 X_i 轴上，连接 X_i 轴上的三点可得到该年的产业结构三角形，根据其重心位置可以判断三次产业结构特征，进而根据产业结构三角形的重心变化判断产业结构的动态演变趋势。

衡量客观福祉的 HDI 由健康指数、教育指数和收入指数三个分项指数通过平均值计算得到，与产业结构有一定的相似之处。所以，借鉴产业结构演进的三轴图方法，绘制鄱阳湖区福祉结构三角形的重心轨迹演变趋势图，进而分析 1990~2010 年鄱阳湖各县区福祉结构变化情况。

由表 5.11 和图 5.3~图 5.5 可知以下三点。

表 5.11 基于三轴图的鄱阳湖区福祉结构变化及其分布情况

象限分布	县区名称		
	1990 年	2000 年	2010 年
I	—	—	—
II	—	—	—
III	南昌县、新建区、安义县、进贤县、浮梁县、乐平市、九江县、武宁县、星子县、都昌县、湖口县、彭泽县、瑞昌市、余江县、贵溪市、新干县、丰城市、高安市、东乡县、余干县、鄱阳县、万年县	鄱阳县	南昌县、新建区、浮梁县、九江县、武宁县、永修县、湖口县、瑞昌市、余江县、新干县、樟树市、高安市、鄱阳县
IV	永修县、德安县、樟树市	南昌县、新建区、安义县、进贤县、浮梁县、乐平市、九江县、武宁县、永修县、德安县、星子县、都昌县、湖口县、彭泽县、瑞昌市、余江县、贵溪市、新干县、丰城市、樟树市、高安市、东乡县、余干县、万年县	安义县、进贤县、乐平市、德安县、星子县、都昌县、彭泽县、贵溪市、丰城市、东乡县、余干县、万年县
V	—	—	—
VI	—	—	—

注：象限III表示健康指数＞教育指数＞收入指数；象限IV表示教育指数＞健康指数＞收入指数

（1）1990 年鄱阳湖区福祉结构：健康指数＞教育指数＞收入指数。

1990 年，鄱阳湖区绝大多数县区的福祉结构三角形重心起始位置距离原点较远且位于象限III，即健康指数＞教育指数＞收入指数，这表明其福祉结构以健康福祉为主。德安县、永修县和樟树市的福祉结构三角形重心起始位置位于象限

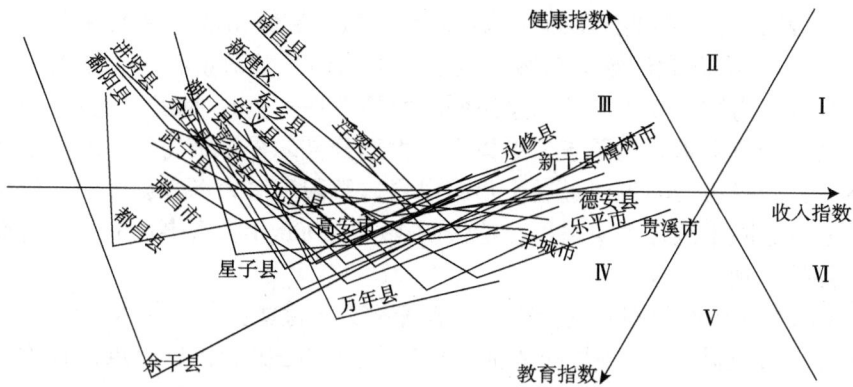

图 5.3　1990~2010 年鄱阳湖区各县区福祉结构重心演进轨迹

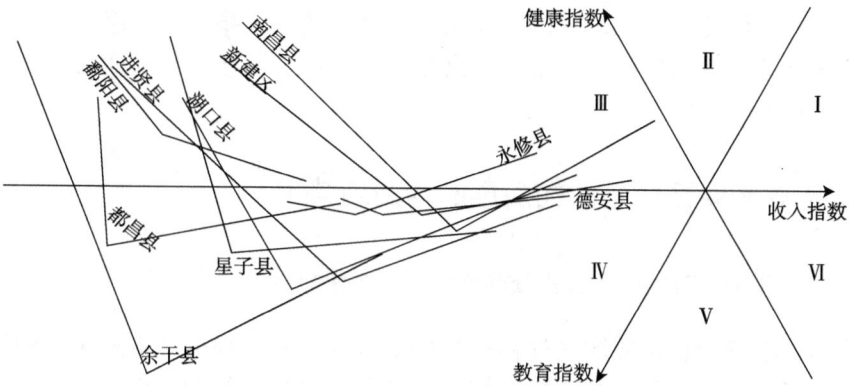

图 5.4　1990~2010 年滨湖区各县区福祉结构重心演进轨迹

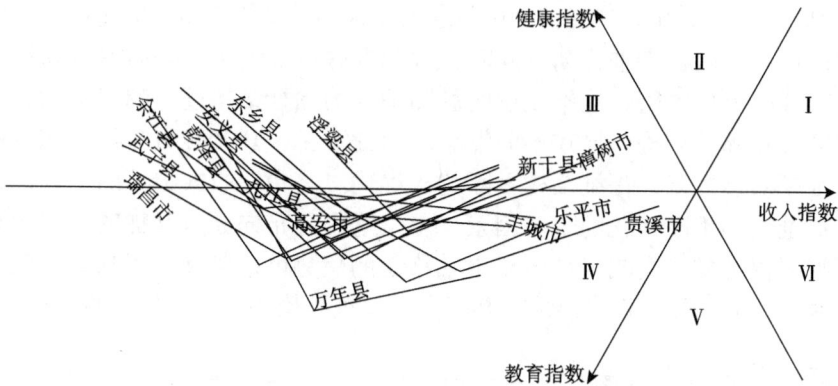

图 5.5　1990~2010 年环湖外围区各县区福祉结构重心演进轨迹

Ⅳ。象限Ⅲ和象限Ⅳ均位于收入指数的负半轴，表明 1990 年鄱阳湖区福祉结构的短板是收入福祉所占份额较低，但其健康福祉和教育福祉所占份额较高。

（2）2000 年鄱阳湖区福祉结构：教育指数 > 健康指数 > 收入指数。

2000 年，鄱阳湖区绝大多数县区的福祉结构三角形重心位于象限Ⅳ，即教育指数 > 健康指数 > 收入指数，这说明教育指数在三个分项指数中占比最高，只有鄱阳县位于象限Ⅲ。在图 5.3 中体现为大部分县的福祉结构三角形重心连线指向右下方，即经过 20 世纪最后十年的发展，鄱阳湖区大部分县区的福祉结构三角形重心从象限Ⅲ跃迁到象限Ⅳ，这说明 1990~2000 年教育事业的发展对提升鄱阳湖区福祉起到了重要作用。

（3）2010 年鄱阳湖区福祉结构：教育指数 ≈ 健康指数 > 收入指数。

2010 年，鄱阳湖区各县的福祉结构三角形重心更加接近原点，且均匀分布在象限Ⅲ和象限Ⅳ，这说明在收入指数显著提升的同时，健康福祉和教育福祉所占份额趋向均衡。需要指出的是，直到 2010 年鄱阳湖区的福祉结构三角形重心仍位于收入指数的负半轴，这说明尚无哪个县区的收入指数份额超过 33.3%；其中，较接近结构均衡的有贵溪市、南昌县和新建区，其收入指数所占份额分别为 32.2%、31.7%和 31.1%。

二、鄱阳湖区福祉结构演进的均衡趋势

（一）鄱阳湖区福祉结构演进的整体均衡趋势

使用三轴图分析鄱阳湖区的福祉结构演进模式时，福祉结构三角形的重心分布距离原点越近，说明福祉结构越均衡，各分项对总福祉的贡献趋于均等，换言之，原点处福祉的三个分项指数均等，此时，是福祉结构最均衡的状态。

从图 5.6 可以看出，1990~2010 年鄱阳湖区福祉结构三角形的重心大致沿着收入指数的负半轴向正半轴移动。同时，鄱阳湖区福祉结构重心向原点渐近靠拢，并且点簇分布更加紧密，这不仅说明鄱阳湖区的福祉结构逐渐趋向均衡，还说明鄱阳湖区县际福祉结构差异在不断缩小。由此可见，1990~2010 年，随着鄱阳湖区福祉水平明显提高，福祉结构不断趋于优化。其中，收入福祉的大幅提升是鄱阳湖区福祉结构不断优化的主要因素，也是重心分布向原点靠拢的主要驱动力。同时，根据福祉重心向收入指数正半轴移动的趋势可以判断，当教育福祉和健康福祉发展到一定阶段，收入福祉对鄱阳湖区福祉结构均衡的作用开始凸显。

（二）滨湖区与环湖外围区的福祉结构演进趋势比较

对比分析滨湖区和环湖外围区的福祉结构变化情况可以发现，滨湖区和环湖外围区的福祉结构三角形重心分布情况整体上与鄱阳湖区相似，1990 年鄱阳湖区大部分县区均集中在象限Ⅲ，2000 年大部分县区均集中在象限Ⅳ，2010 年则

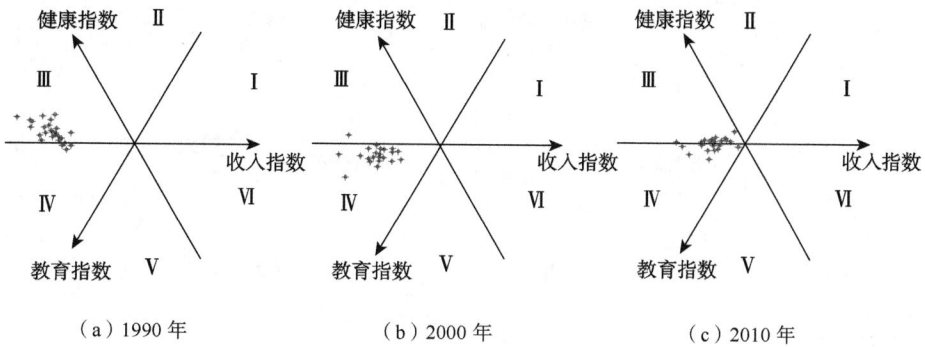

（a）1990 年   （b）2000 年   （c）2010 年

图 5.6　鄱阳湖区福祉结构三角形的重心迁移

相对均匀地分布在象限Ⅲ和象限Ⅳ。

1. 滨湖区福祉结构变化分析

如图 5.7 所示，1990~2010 年滨湖区的福祉结构整体趋向均衡，重心分布向原点附近移动。可以发现，滨湖区的福祉结构重心点簇距离原点总体较远且分布分散，这说明滨湖区福祉结构的县际差异较大。2010 年，进贤县、湖口县、星子县的福祉结构更优，而鄱阳县、都昌县、余干县的福祉结构仍处于较不均衡的状态。

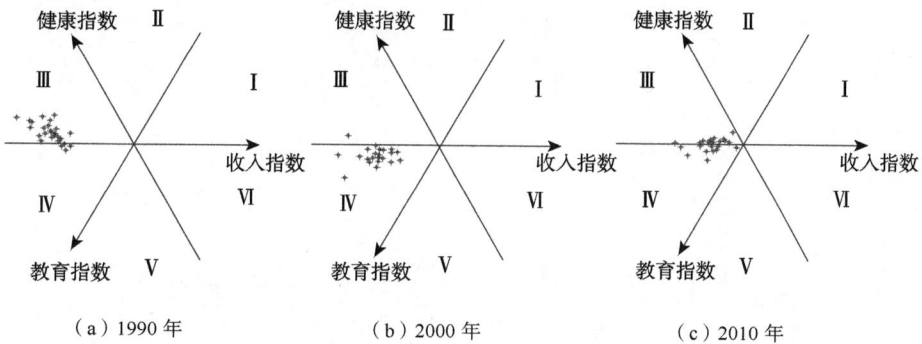

（a）1990 年   （b）2000 年   （c）2010 年

图 5.7　滨湖区福祉结构重心迁移

2. 环湖外围区福祉结构变化分析

如图 5.8 所示，1990~2010 年环湖外围区的福祉结构趋向均衡，重心分布向原点靠近的趋势明显。与滨湖区相比，环湖外围区的福祉结构重心点簇整体上距离原点更近，分布更集中紧凑，这说明环湖外围区比滨湖区的福祉结构更均衡且其县际福祉结构差异较小。2010 年，贵溪市、乐平市、浮梁县、樟树市的福祉结构更优，其重心距离原点更近。

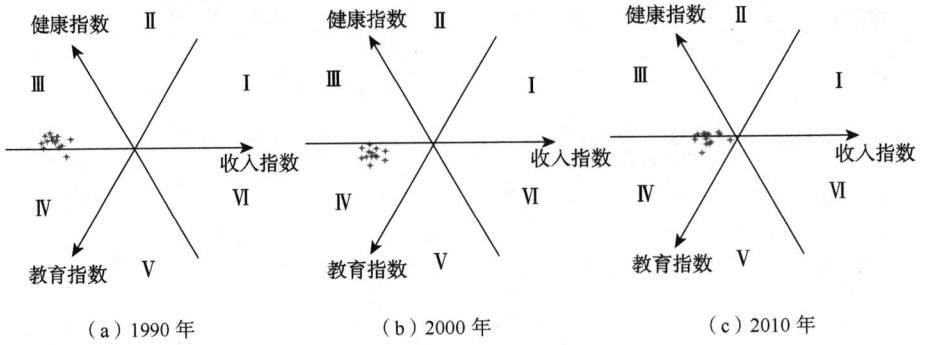

（a）1990 年　　　　　（b）2000 年　　　　　（c）2010 年

图 5.8　环湖外围区福祉结构重心迁移

第六章　鄱阳湖区福祉空间不均衡分析：空间分解与要素解析

第一节　基于泰尔指数与基尼系数的鄱阳湖区福祉空间不均衡分析

一、基于泰尔指数的鄱阳湖区福祉空间不均衡分析

泰尔指数是常用的区域差异测评指标之一，因具有空间可分解性，在研究中得到广泛的应用。HDI 的泰尔指数（即 $\text{Theil}_{(\text{HDI})}$）的计算公式如下：

$$\text{Theil}_{(\text{HDI})} = \sum_{i=1}^{n} \left(y_j/Y \right) \lg \frac{\left(y_j/Y \right)}{\left(x_j/X \right)}$$

其中，y_j 和 x_j 分别为第 j 个县的 HDI 总量[①]和人口总量；Y 和 X 分别为鄱阳湖区的 HDI 总量和人口总量。同理，可以计算人均 GDP 的泰尔指数。

应用泰尔指数对鄱阳湖区、滨湖区和环湖外围区的人均 GDP 与 HDI 进行比较分析，可知以下几点。

（1）从 $\text{Theil}_{(\text{GDP})}$ 的计算结果来看，鄱阳湖区的经济差距相对较大，且 1990~2010 年呈逐渐扩大趋势。$\text{Theil}_{(\text{GDP})}$ 从 1990 年的 0.020 20 上升至 2000 年的 0.036 44，而后再缓慢上升至 2010 年的 0.049 42。所以说，随着经济的发展，鄱阳湖区的经济差距不断扩大。

（2）从滨湖区和环湖外围区的 $\text{Theil}_{(\text{GDP})}$ 来看，滨湖区内部和环湖外围区内

---

① 这里将 HDI 总量定义为 HDI 与总人口的乘积。HDI 反映人类发展水平，正如人均 GDP 表示经济发展水平。若参照经济总量等于人均 GDP 和总人口的乘积，可将 HDI 总量定义为 HDI 与总人口的乘积，以反映不同人口规模、不同人类发展水平条件下人类发展的总福利（胡鞍钢，2012）。

部的经济差距在 1990~2010 年同样呈逐渐扩大趋势。有所不同的是，滨湖区内部的经济差距先快速扩大，后缓慢扩大；环湖外围区内部的经济差距先缓慢扩大，后快速扩大。相较而言，滨湖区的经济差距更大，其相同年份的泰尔指数均高于环湖外围区，环湖外围区的经济差距相对较小。

（3）从 $Theil_{(HDI)}$ 的计算结果来看，鄱阳湖区的福祉差距比经济差距小很多，2010 年的 $Theil_{(HDI)}$ 相较 1990 年下降了 46.4%，1990~2010 年鄱阳湖区的福祉差距趋于缩小。滨湖区的 $Theil_{(HDI)}$ 趋于缩小；环湖外围区的 $Theil_{(HDI)}$ 先缩小后扩大。由此可知，环湖外围区的福祉差距比滨湖区更小（表 6.1 和图 6.1）。

表 6.1　鄱阳湖区、滨湖区及环湖外围区人均 GDP 与 HDI 的泰尔指数比较

年份	鄱阳湖区		滨湖区		环湖外围区	
	$Theil_{(GDP)}$	$Theil_{(HDI)}$	$Theil_{(GDP)}$	$Theil_{(HDI)}$	$Theil_{(GDP)}$	$Theil_{(HDI)}$
1990	0.020 20	0.000 69	0.027 71	0.000 95	0.008 75	0.000 31
2000	0.036 44	0.000 54	0.069 49	0.000 89	0.011 20	0.000 17
2010	0.049 42	0.000 37	0.084 86	0.000 51	0.022 11	0.000 19

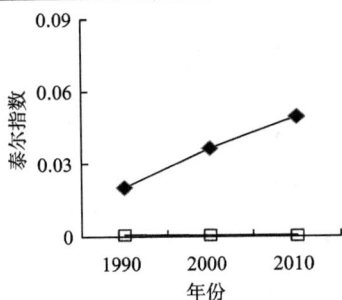

（a）鄱阳湖区

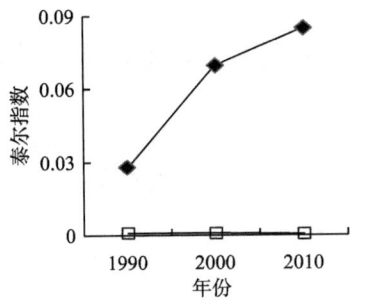

（b）滨湖区

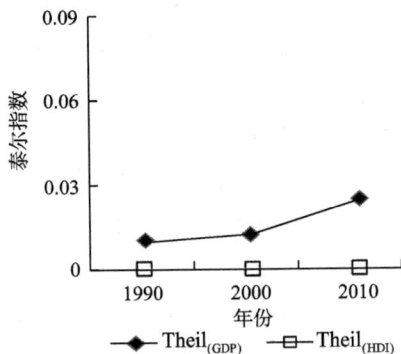

（c）环湖外围区

图 6.1　基于泰尔指数的经济差距与福祉差距演变趋势比较

（4）比较经济差距与福祉差距可知，鄱阳湖区的福祉差距远小于经济差距。鄱阳湖区各县区间的福祉均衡比经济均衡更易实现，即应更加重视并设法缩小鄱阳湖区各县区间的福祉差距，从而促进鄱阳湖区福祉均衡发展。

二、基于基尼系数的鄱阳湖区福祉空间不均衡分析

基尼系数也是常用于测量区域间差异的统计指标之一，其是洛伦茨曲线下方的面积与收入均等线下方的面积的比值。计算基尼系数有多种方法，本书采用矩阵法计算基尼系数（万广华，2008）。矩阵法计算基尼系数要用到三个矩阵。其中，有两个向量矩阵，一个是行向量 P，包括人口比例，将各省 HDI 由小到大排列就可以得到 P 矩阵；另一个是列向量 I，包括HDI比例，这里的HDI比例类似于 GDP 占比，就是县区 HDI 总量占整体 HDI 总量的比重。第三个矩阵 Q 是一个方阵，它的上方是+1，下方是-1，对角是 0。将 P、Q、I 相乘，就可得到基尼系数。

按照基尼系数的矩阵计算方法，分别计算鄱阳湖区、滨湖区与环湖外围区人均 GDP 的基尼系数与 HDI 的基尼系数，分别用 $\text{Gini}_{(\text{GDP})}$ 和 $\text{Gini}_{(\text{HDI})}$ 进行表示（表 6.2 和图 6.2）。

表 6.2　鄱阳湖区、滨湖区及环湖外围区人均 GDP 与 HDI 的基尼系数比较

年份	鄱阳湖区		滨湖区		环湖外围区	
	$\text{Gini}_{(\text{GDP})}$	$\text{Gini}_{(\text{HDI})}$	$\text{Gini}_{(\text{GDP})}$	$\text{Gini}_{(\text{HDI})}$	$\text{Gini}_{(\text{GDP})}$	$\text{Gini}_{(\text{HDI})}$
1990	0.171	0.031	0.198	0.037	0.113	0.019
2000	0.224	0.027	0.314	0.036	0.124	0.015
2010	0.264	0.023	0.337	0.027	0.176	0.017

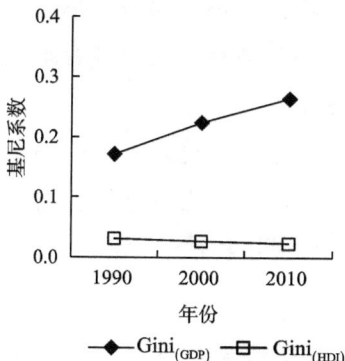

（a）鄱阳湖区

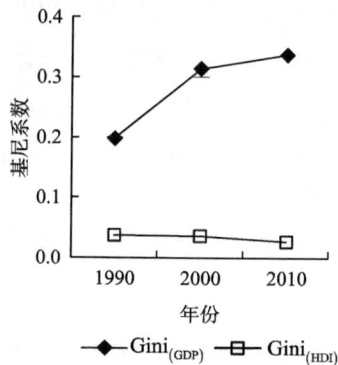

（b）滨湖区

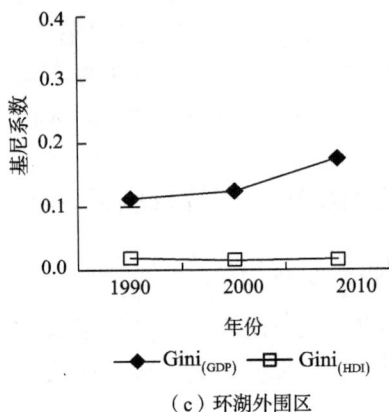

（c）环湖外围区

图 6.2　基于基尼系数的经济差距与福祉差距演变趋势比较

从 $Gini_{(GDP)}$ 的计算结果也发现鄱阳湖区的区域经济差距较大，1990~2010 年经济差距呈逐渐扩大趋势。$Gini_{(GDP)}$ 从 1990 年的 0.171 快速上升至 2000 年的 0.224，其后再缓慢上升到 2010 年的 0.264，即随着经济的发展，鄱阳湖区的经济差距一直处于上升趋势。

从滨湖区和环湖外围区的 $Gini_{(GDP)}$ 来看，1990~2010 年经济差距同样呈逐渐扩大趋势。滨湖区内部的经济差距先快速扩大，后缓慢扩大；而环湖外围区内部的经济差距先缓慢扩大，后快速扩大。相较而言，滨湖区的县际经济差距比环湖外围区大，需要指出的是，滨湖区 2000 年[①]和 2010 年的 $Gini_{(GDP)}$ 都大于 0.3，县际经济差距较大，而环湖外围区则相对较小。

从 $Gini_{(HDI)}$ 的计算结果来看，鄱阳湖区的福祉差距较小，2010 年其 $Gini_{(HDI)}$ 比 1990 年下降了 25.8%，1990~2010 年鄱阳湖区的福祉差距呈逐渐缩小趋势。滨湖区的 $Gini_{(HDI)}$ 演变趋势与鄱阳湖区相同，呈先缓慢缩小后快速缩小的态势；而环湖外围区 $Gini_{(HDI)}$ 演变态势与鄱阳湖区存在一定的差异，其福祉差距先缩小后扩大呈 "U" 形。环湖外围区的福祉差距比滨湖区小。

可以看出，鄱阳湖区的 $Gini_{(HDI)}$ 比 $Gini_{(GDP)}$ 小很多，这表示鄱阳湖区的福祉差距比经济差距小很多。由此推测，鄱阳湖区县际福祉均衡比经济均衡更易实现，应更加关注县区间的福祉差距，设法缩小县区间的福祉差距，从而促进鄱阳

---

① 2000 年滨湖区的基尼系数较高，可能与 1998 年九江特大洪水对滨湖区影响的滞后性有关。受洪水影响大的九江县、德安县、星子县、都昌县、湖口县、彭泽县、余干县和鄱阳县在 2000 年的人均 GDP 低于 1997 年（发生洪水前）的水平，1998 年后在其他县区保持经济快速增长的同时，鄱阳湖区这 8 个县的人均 GDP 下降拉大了鄱阳湖区内的经济差距。由于这 8 个县中有 6 个县在滨湖区范围内，因此特别是拉大了滨湖区的经济发展差距。

湖区均衡发展。

第二节 基于收敛模型的鄱阳湖区福祉空间趋同分析

新古典经济增长理论提出的经济收敛假说，背后的主要机制是资本边际收益递减，即在完全竞争、不存在经济外部性、要素边际收益递减且要素可以完全替代的经济中，随着要素投入的不断增加，经济增长最终会达到一个稳定的均衡状态。学界应用收敛模型分析地区间是否趋同等问题。例如，我国著名区域经济学者魏后凯采用人均 GDP、人均国民收入和居民人均收入等指标对我国经济的收敛性进行分析，结果表明我国经济增长整体上趋于不断收敛，但是在不同时期收敛速度存在较大差异（魏后凯，1997）。

经济发展是欠发达地区政府和公众关注的焦点，人均 GDP 是衡量区域发展水平的主要指标。多数区域发展不均衡研究将收入变量作为衡量指标。随着经济发展和社会进步，越来越多的学者认识到经济发展只是实现区域发展目标的手段，福祉才是区域发展的核心目标，并指出应把发展的社会指标纳入福祉考量，这使设计一个综合的福祉指数成为新的尝试方向。1990 年联合国开发计划署发布的《1990 年人类发展报告》提出了 HDI，该指数首次综合了人均 GDP、预期寿命、成人识字率和综合入学率，是在人均 GDP 单一指标基础上对福祉衡量的一大改进（Gasper 和陆丽娜，2005）。

学界进一步对健康和教育福祉收敛进行检验。Sab 和 Smith（2001）指出各国教育指数存在强绝对收敛和条件收敛。Mayer-Foulkes（2003）认为各国预期寿命指标存在弱俱乐部收敛。Noorbakhsh（2002）从边际收益递减视角，解释收敛性分析对 HDI 的教育指数和健康指数的适用性，他认为 HDI 的教育指数只考虑了教育数量而未考虑教育质量，教育指数的上限值使得各国之间的教育趋同成为可能。对于健康指数而言，预期寿命低的地区健康投资回报更高，因为死亡率更高的地区，改善健康水平所需的投资更少。当收敛性分析拓展到健康指数和教育指数后，越来越多的研究开始检验人类福祉不均衡演变过程。国外学者 Decancq 等（2009）使用 HDI 指标分析福祉收敛性。Konya 和 Guisan（2008）分析各国福祉水平的趋同过程，认为过去三十年世界各国的福祉水平趋于缓慢收敛。

综上可知，关于福祉不均衡或福祉收敛性的研究越来越受到重视，但国内关于区域福祉收敛性的相关研究成果较少。目前一些关于福祉收敛性的少量研究大多集中在国家层面，基于县域尺度的收敛性分析偏少。因此，本节以县域为研究尺度，对鄱阳湖区的福祉收敛性进行探究。

一、基于 σ 收敛的鄱阳湖区福祉空间趋同分析

福祉的 σ 收敛是指各县级福祉的差距随时间的推移而趋于减小。区域差距的衡量方法一般有加权变异系数、基尼系数、泰尔指数，这三者都能测度区域间的差距。为了分析 1990~2010 年鄱阳湖区各县区福祉增长的收敛性，本节计算了福祉及其分项指标的加权变异系数、基尼系数、泰尔指数，计算公式参考刘慧（2006），分别如下：

$$CV = \frac{\sqrt{\sum_{i=1}^{n}(y_i - u)^2 \cdot p_i}}{u}$$

$$G = \frac{\left[\sum_{i=1}^{n}\sum_{j=1}^{n}|y_i - y_j|p_i \cdot p_j\right]}{u}$$

$$T = \sum_{i=1}^{n}\left(\frac{y_i}{Y}\right) \cdot \lg\left[\left(\frac{y_i}{Y}\right)\middle/\left(\frac{x_i}{X}\right)\right]$$

其中，CV 为加权变异系数；G 为基尼系数；T 为泰尔指数；Y_i 为第 i 个区域所研究变量[①]的总量；Y 为所有区域所研究变量的总量；X_i 为第 i 个区域的人口总量；X 为所有区域的人口总量；y_i 为第 i 个县区所研究变量的总量；x_i 为第 i 个县区的人口总量；u 为所研究变量的平均值；p_i 和 p_j 分别为第 i 个区域人口数和第 j 个区域人口数占总人口的比重。

加权变异系数、基尼系数和泰尔指数的值越大，说明鄱阳湖区福祉或其分项指标的差距越大。同时，为了更好地反映鄱阳湖区福祉收敛动态过程，本节通过衡量福祉不均衡的相对程度来分析福祉指标的 σ 收敛。计算所得加权变异系数的百分比变化，称为 σ 收敛速率（O'Leary，2001），其为负值时，表示 σ 意义上的收敛模式，为正值时表示 σ 意义上的发散模式。

此外，与加权变异系数和基尼系数不同，泰尔指数在不均衡度量方面具有可分解性，它可分解为组间差距和组内差距。按照归属市标准[②]来划分鄱阳湖区，将福祉及其分项指数的泰尔指数分解为区域内不均衡和区域间不均衡。计算公式如下：

$$I_{(\text{inter})} = \sum_{i=1}^{m}(Y_i / Y)\lg\left[(Y_i / Y)/(X_i / X)\right]$$

---

① 所研究变量指 HDI 及分项指数，以及人均 GDP 等。
② 归属市标准是指按市辖行政归属对鄱阳湖区各县区进行分组。

$$I_{(\text{intra})} = \sum_{i=1}^{n}(y_i / Y_i)\lg\left[(y_i / Y_i) / (x_i / X)\right]$$

应用加权变异系数、基尼系数和泰尔指数分析 1990~2010 年鄱阳湖区福祉及其分项的空间不均衡性。

1990~2010 年，鄱阳湖区福祉总体呈收敛趋势，但福祉在各维度呈现不同的收敛状态（图 6.3~图 6.7）[①]。1990~2010 年鄱阳湖区识字率的空间差距演变趋势总体下降，归一化后的加权变异系数下降到23.1%，基尼系数下降到25.77%，泰尔指数下降到 7.04%。综合入学率的空间差距总体扩大，其中，1990~2000 年综合入学率的地区差距缩小，2000~2010 年一直保持快速增加趋势。由此可知，HDI 的教育指数呈 σ 收敛，这种收敛主要来源于识字率空间不均衡的减小。HDI 中的健康指标用平均预期寿命进行代替，经过分析可知鄱阳湖区平均预期寿命的差距总体呈缩小趋势。教育指标和健康指标的收敛结果和基本公共服务均等化目标一致。

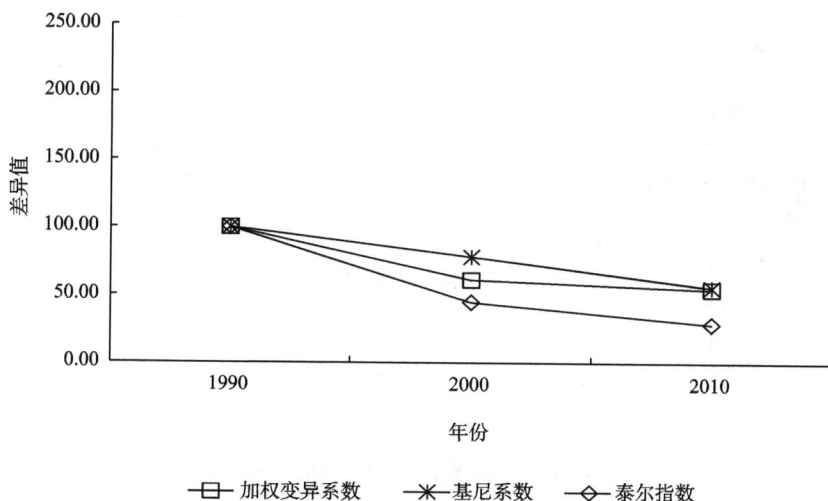

图 6.3 鄱阳湖区 HDI 的不均衡演变
资料来源：根据《江西统计年鉴》和江西省人口普查资料测算

此外，收入不平衡也一直是备受关注的问题。以基尼系数为例，鄱阳湖区各县区的收入差距总体呈扩大趋势，基尼系数逐年增加。整体来看，鄱阳湖区各县区HDI的加权变异系数下降了76.9%，基尼系数下降了74.23%，泰尔指数下降了93.29%，鄱阳湖区各县区福祉差距呈缩小趋势。HDI 的不均衡演变分为两个阶

[①] 为便于比较，以 1990 年为基期，对各年份加权变异系数、基尼系数、泰尔指数分别进行归一化处理后，将其与基期指标值之比扩大 100 倍。

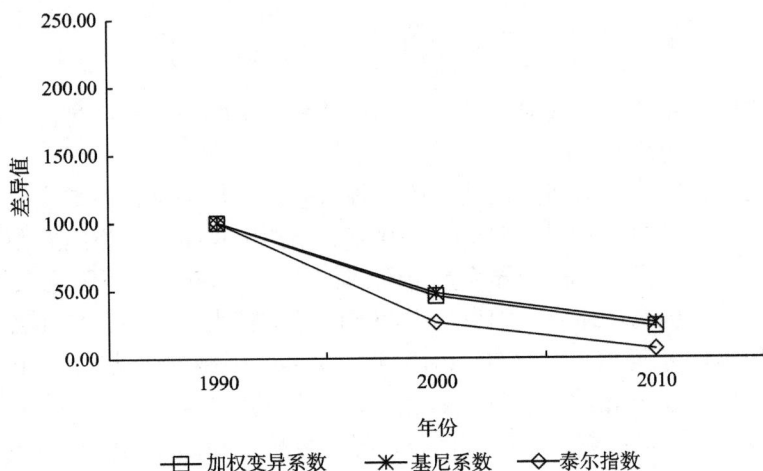

图 6.4　鄱阳湖区识字率的不均衡演变

资料来源：根据《江西统计年鉴》和江西省人口普查资料测算

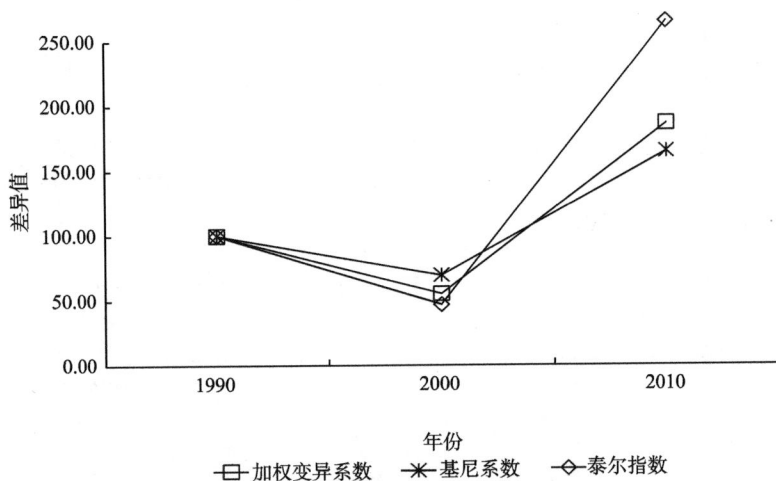

图 6.5　鄱阳湖区综合入学率的不均衡演变

资料来源：根据《江西统计年鉴》和江西省人口普查资料测算

段：1990~2000 年，HDI 的不均衡程度在不断下降，虽然综合入学率和人均 GDP 的差距在扩大，但是被识字率和平均预期寿命差距的大幅下降抵消；1990~2000 年，鄱阳湖区各县区 HDI 的差距主要来源于综合入学率、识字率和平均预期寿命差距的大幅下降，人均 GDP 的差距带来的影响被抵消；2000~2010 年，鄱阳湖区各县区 HDI 的差距主要来源于识字率和平均预期寿命差距的缩小，而综合入学率和人均 GDP 差距的扩大导致各县区 HDI 差距缩小的速度减慢。

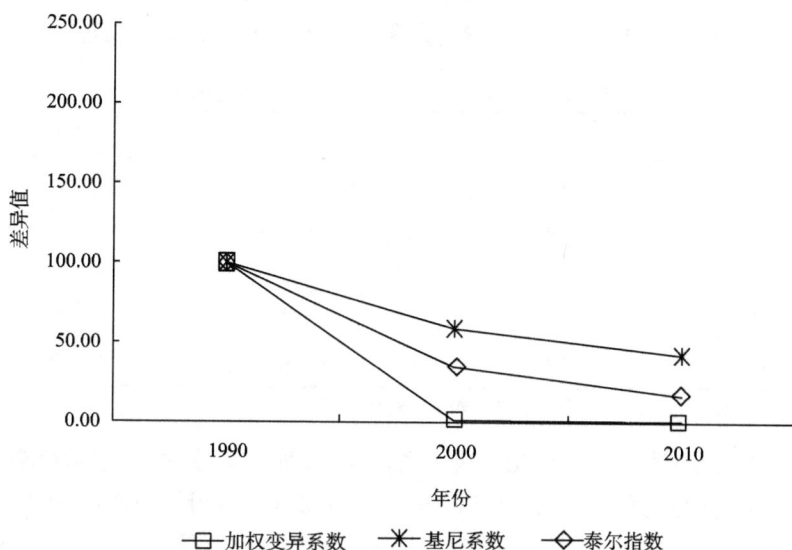

图 6.6　鄱阳湖区平均预期寿命的不均衡演变

资料来源：根据《江西统计年鉴》和江西省人口普查资料测算

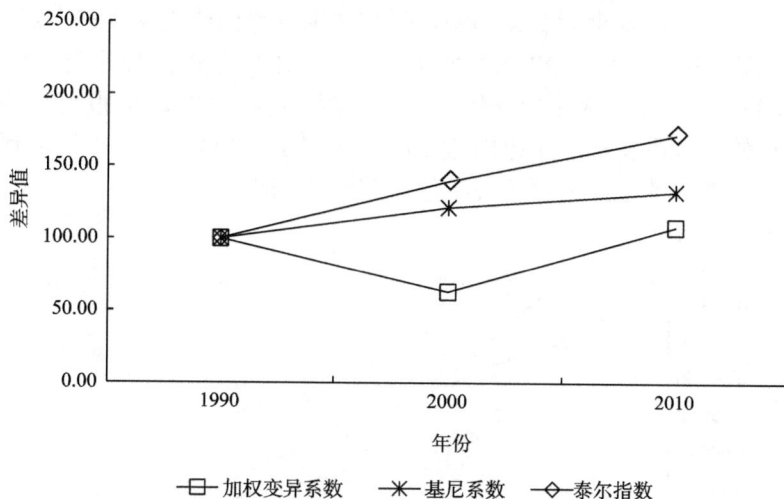

图 6.7　鄱阳湖区人均 GDP 的不均衡演变

资料来源：根据《江西统计年鉴》和江西省人口普查资料测算

表 6.3 为测算的福祉及其分项指标的 σ 收敛速率，反映的是福祉及其各分项指数的动态收敛过程。平均预期寿命指标的不均衡经历了最大的下降，它的 σ 收敛速率达到 0.991 85，收敛速度快于识字率指标。鄱阳湖区人均 GDP 差距呈迅速扩大趋势，其发散速度达到 0.080 92。需要指出的是，鄱阳湖区综合入学率在 1990~2000 年快速收敛，收敛速度达到 0.446 73，在 2000~2010 年一直呈发散状

态；而总体来看从 1990~2010 年，鄱阳湖区综合入学率呈发散状态。

表 6.3 福祉及其分项指标的 σ 收敛速率

指标	1990~2000 年	2000~2010 年	1990~2010 年
HDI	− 0.388 52	− 0.109 23	− 0.455 31
识字率	− 0.542 41	− 0.495 18	− 0.769 00
综合入学率	− 0.446 73	2.368 21	0.863 54
平均预期寿命	− 0.987 99	− 0.321 60	− 0.991 85
人均 GDP	− 0.370 02	0.715 79	0.080 92

资料来源：根据《江西统计年鉴》和江西省人口普查资料测算

图 6.8~图 6.12 表示 1990~2010 年鄱阳湖区福祉及其分项指标的区域间差距和区域内差距的演变过程。就识字率而言，1990~2010 年组间差距和组内差距稳步下降。其中，1990~2000 年识字率差距的缩小主要来源于组间差距的缩小；2000~2010 年，主要是组内差距的缩小造成了识字率差距的缩小。综合入学率的组间差距和组内差距都呈先下降后扩大趋势，总体来说，鄱阳湖区各县区综合入学率差距主要受组内差距的变化影响。平均预期寿命的收敛主要来自组内差距。20 世纪 90 年代初，人均 GDP 的发散主要来源于组内差距；20 世纪 90 年代末鄱阳湖区人均 GDP 差距扩大主要来源于组间差距。综合来看，20 世纪 90 年代初鄱阳湖区福祉的收敛主要来源于组内差距的快速缩小；20 世纪 90 年代末到 2010 年鄱阳湖区福祉的收敛主要来源于福祉组间差距的缩小。

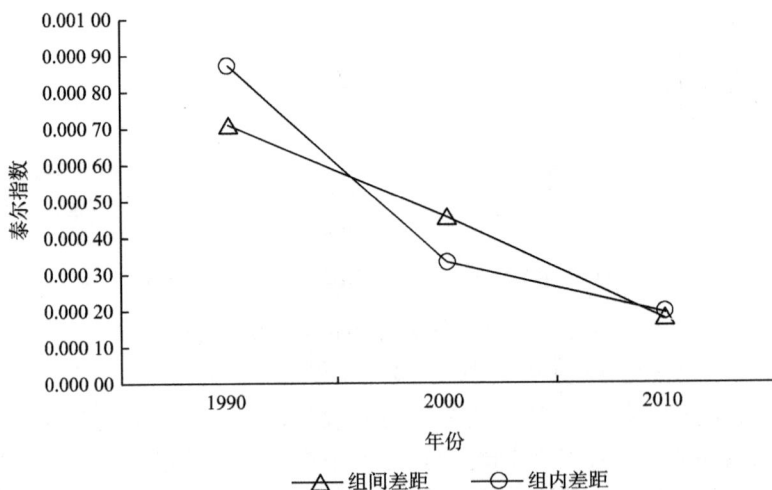

图 6.8 HDI 的组内和组间差距演变
资料来源：根据《江西统计年鉴》和江西省人口普查资料测算

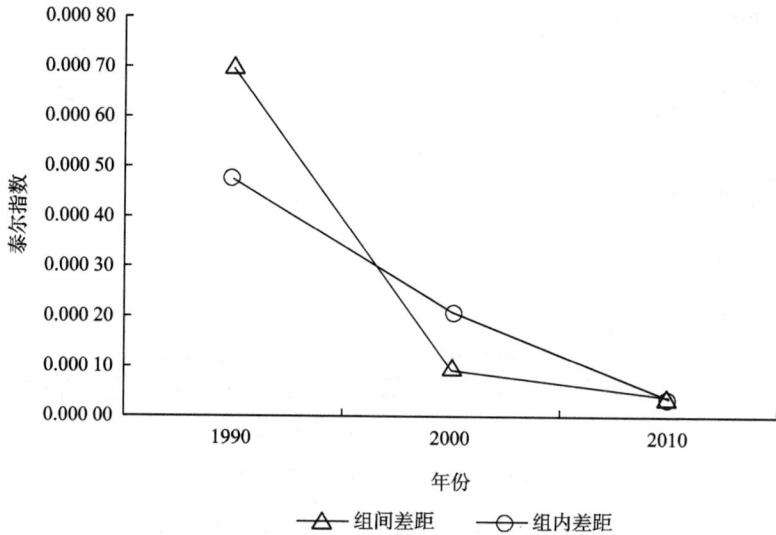

图 6.9　识字率的组内和组间差距演变
资料来源：根据《江西统计年鉴》和江西省人口普查资料测算

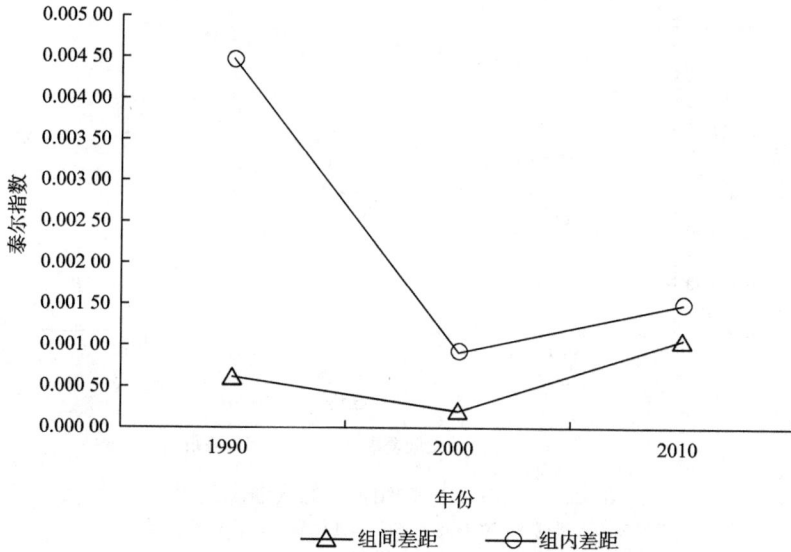

图 6.10　综合入学率的组内和组间差距演变
资料来源：根据《江西统计年鉴》和江西省人口普查资料测算

σ 收敛性分析结果表明，鄱阳湖区较发达县区和较落后县区的福祉水平差距在缩小，但经济差距却呈现不断扩大的趋势。其中，识字率的差距不断缩小；综合入学率的差距总体呈缩小趋势；平均预期寿命的不均衡程度有所下降。通过泰尔指数分解可知，鄱阳湖区的福祉差距主要是组间差距。

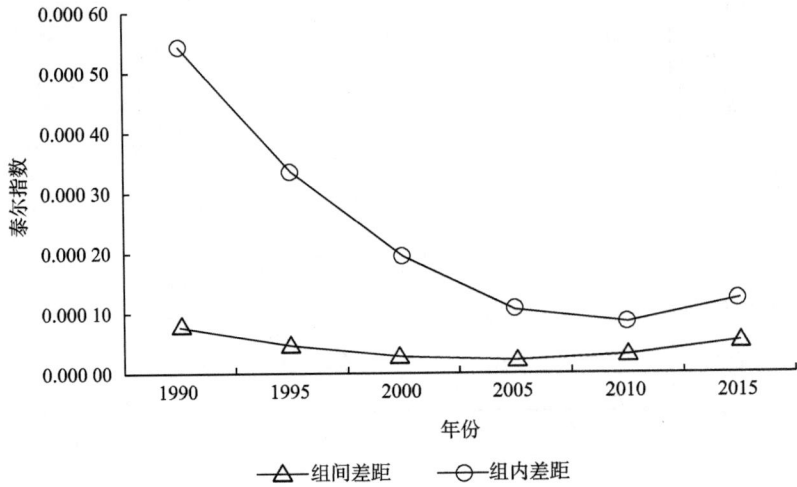

图 6.11　平均预期寿命的组内和组间差距演变
资料来源：根据《江西统计年鉴》和江西省人口普查资料测算

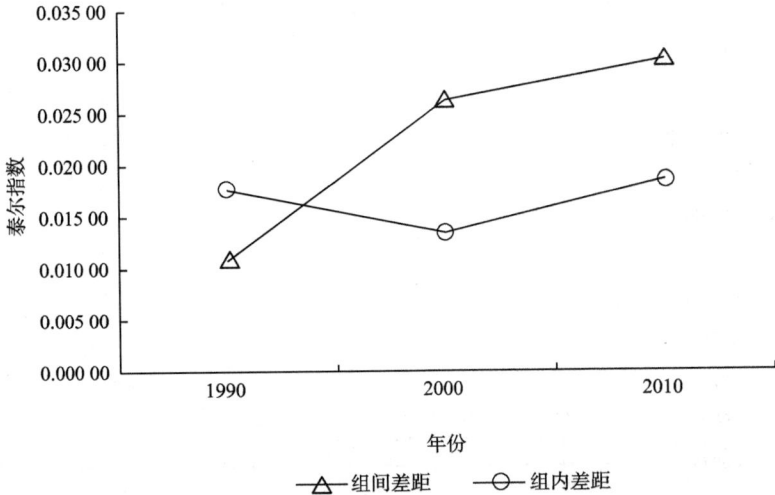

图 6.12　人均 GDP 的组内和组间差距演变
资料来源：根据《江西统计年鉴》和江西省人口普查资料测算

二、基于 β 收敛的鄱阳湖区福祉空间趋同分析

通过人均 GDP、HDI 及其平均增长率的散点图可以对经济增长速度、福祉增长速度与原先经济水平、福祉水平之间的关系进行经验判断。

图 6.13（a）为鄱阳湖区 1990 年、2000 年 ln（GDP）与 1990~2000 年、

2000~2010 年人均 GDP 平均增长率[①]的散点图；图 6.13（b）为鄱阳湖区 HDI 与 HDI 平均增长率的散点图。从图 6.13 可以看出，1990 年人均 GDP 高的地区人均 GDP 的平均增长率也较高，而人均 GDP 低的地区平均增长率也较低；1990~2010 年鄱阳湖区的经济增长趋异。而福祉与其平均增长率在 1990~2010 年呈反向关系，即初始福祉较低的地区具有更高的福祉增长速度，而初始福祉较高的地区的福祉增长速度较缓慢。总的来说，1990~2010 年福祉水平整体上逐渐趋于收敛。

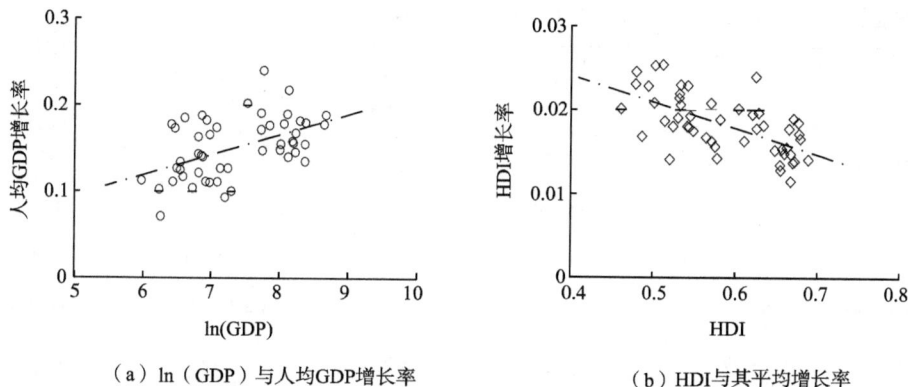

（a）ln（GDP）与人均GDP增长率　　　　（b）HDI与其平均增长率

图 6.13　鄱阳湖区 ln（GDP）、HDI 与其平均增长率散点图

进一步运用经济增长 β 收敛方法，对 1990~2010 年鄱阳湖区人均 GDP、HDI、平均预期寿命、识字率和综合入学率的收敛性进行实证分析。β 绝对收敛是指增长率的差异仅取决于收入水平不同这一前提条件。β 收敛的回归方程如下：

$$\frac{1}{T-t}\ln\left(\frac{y_{iT}}{y_{it}}\right) = B - \frac{1-e^{-\beta(T-t)}}{T-t} \bullet \ln\left(y_{it}\right) + \mu_{it}$$

其中，i 为经济单元；t 和 T 分别为期初与期末时间；$T-t$ 为观察时间长度；y_{it} 和 y_{iT} 分别为期初和期末的人均 GDP；μ_{it} 为误差值；B 为常数。β 收敛系数表示落后地区的经济指标逐渐接近富裕地区水平的速度。β 值若大于 0，表示该地区经济增长趋于收敛；β 值若小于 0，表示该地区经济增长趋于发散。

Islam（1995）指出面板数据的优势在于其允许经济体间存在不同的生产函数，即允许不可观测的个体效应，其观测结果优于截面数据。许召元和李善同（2006）、徐现祥和李郇（2004）分别运用 1990~2004 年省际面板数据和 1989~1999 年 216 个城市的面板数据研究经济收敛性。

使用鄱阳湖区 1990~2010 年的县域面板数据对人均 GDP、HDI、平均预期寿

---

① 计算平均增长率使用复利计算法，即 $y_T / y_t = \left(1+a\right)^{(T-t)}$，其中 a 为平均增长率。

命、识字率和综合入学率进行收敛性分析，在进行回归时，等式的左边为被解释变量，该数据可以直接计算得出，同时令 $\theta = \left(1 - e^{-\beta(T-t)}\right)/(T-t)$（$\theta$ 为回归方程中解释变量的系数），可得 $\beta = -\ln\left[1 - \theta(T-t)\right]/(T-t)$，所以说，$\beta$ 收敛速度可以通过 θ 值求出，回归结果见表 6.4。

表 6.4　绝对 β 收敛分析

变量	HDI	识字率（pool）	综合入学率	平均预期寿命	人均 GDP（pool）
β	−0.019 （−5.51）***	−0.108 7 （3.11）**	−0.155 （2.34）**	-1.16×10^{-6} （5.67）***	0.021 （4.02）**
常数项	0.008 （4.43）***	0.106 5 （3.01）**	0.150 4 （3.24）**	0.009 （4.37）***	−0.018 （−0.46）
样本数 $N\times T$	50	125	125	125	50
R^2	0.39	0.862 5	0.746 4	0.055 2	0.30
F 检验	0.44	0.56	2.34	638.56	0.54
β 收敛速度	0.017 3	0.023	0.033 7	2.32×10^{-7}	−0.023 8
收敛结果	收敛	收敛	收敛	收敛	发散

*、**、***分别表示在 5%、1%、0.1%的水平上显著

注：模型区间是 1990~2000 年、2000~2010 年，采用的是面板数据；pool 表示在没有通过 F 检验的情况下使用了混合效应；括号内的为标准差，未带*表示其没有通过显著性水平检验。魏后凯（1997）、林毅夫和刘培林（2003）、徐现祥和李郇（2004）等研究中的 R^2 均比较小。F 检验结果更适合混合效应模型

表 6.4 显示，福祉与其增长率的回归系数为负且显著，这说明高福祉地区的福祉增长率较低，而低福祉地区的福祉增长率较高，因此可以认为鄱阳湖区在 1990~2010 年福祉呈收敛趋势，其收敛速度为 1.73%。鄱阳湖区福祉较低的地区每年以约 1.73%的速度缩小与福祉较高地区的差距。

同时，对福祉的各维度进行分析可以得知：就教育指标而言，以识字率为解释变量的鄱阳湖区样本数据，方程的拟合优度较高，达到 0.862 5，且 β 系数为负值，解释变量呈现很强的显著性，在 1%的水平上显著，这表明鄱阳湖区识字率增长呈 β 收敛，识字率较低的地区每年以 2.3%的速度追赶识字率较高的地区；以综合入学率为解释变量的鄱阳湖区样本数据的方程拟合优度较高，达到 0.746 4，β 系数为负值，解释变量呈现很强的显著性，在 1%的水平上显著，这表明鄱阳湖区综合入学率的增长呈 β 收敛，综合入学率较低的地区每年以 3.37%的速度追赶综合入学率较高的地区，并且这种收敛表现出较强的显著性；对于健康指标而言，以平均预期寿命为解释变量的鄱阳湖区样本数据的 β 系数为负值，解释变量呈现很强的显著性，这表明鄱阳湖区平均预期寿命的增长呈 β 收敛，平均预期寿命较低的县区以每年 2.32×10^{-5}%的速度追赶平均预期寿命较高的县区；从回归结

果来看，人均 GDP 与其增长率的回归系数显著为正，即高人均 GDP 的地区具有高的人均 GDP 增长率，鄱阳湖区 1990~2010 年经济处于趋异态势，收敛速度为 − 2.38%，这表明鄱阳湖区的经济发达地区每年以 2.38%的速度拉大与经济落后地区的人均 GDP 差距，这与洪熊和曾菊新（2012）指出的鄱阳湖区经济差异扩大的结论一致。

β 收敛分析结果表明，鄱阳湖区福祉呈 β 收敛。在分项指标中，识字率和综合入学率的县际差距总体呈缩小趋势，而人均 GDP 与平均预期寿命的县际差距呈扩大趋势。

对比 σ 收敛性和 β 收敛性的分析结果可以发现，HDI、识字率和人均 GDP 的收敛性在两种方法下的结论是一致的。关于综合入学率，σ 收敛性分析得出鄱阳湖区县际差距呈扩大趋势，而绝对 β 收敛检验分析结果表明综合入学率增长总体呈 β 收敛。出现两种不同结果的原因可能是 σ 收敛性分析是对指标进行直接的统计性分析，没有测算增长率的差异，而 β 收敛性检验分析则利用增长率分析收敛性，相对而言，后者更能反映指标增长的长期趋势。以上分析结果表明，1990~2010 年鄱阳湖区福祉水平呈现显著的收敛性，县际福祉差距不断缩小，但这种差距缩小的速度较缓慢。各县区经济差距的不断扩大，在一定程度上阻碍了鄱阳湖区福祉收敛的进程。

第三节　鄱阳湖区福祉空间不均衡的空间分解

一、鄱阳湖区福祉的二阶泰尔指数嵌套空间分解方法

计算得出衡量鄱阳湖区福祉不均衡的 $\text{Theil}_{(\text{HDI})}$ 后，对鄱阳湖区的整体福祉空间差异进行空间分解：

$$\text{Theil}_{(\text{HDI})} = T_{\text{inter}} + \sum_{i=1}^{n} (Y_i/Y) \cdot T_{i(\text{intra})}$$

$$T_{\text{inter}} = \sum_{i=1}^{n} (Y_i/Y) \lg \frac{(Y_i/Y)}{(X_i/X)}$$

$$T_{i(\text{intra})} = \sum_{i=1}^{n} (y_j/Y_i) \lg \frac{(y_j/Y_i)}{(x_j/X_i)}$$

其中，$\text{Theil}_{(\text{HDI})}$ 为福祉空间差距；T_{inter} 为福祉区域间差距，$T_{i(\text{intra})}$ 为第 i 个地区的福祉区域内差距；Y_i 和 X_i 分别为第 i 个地区的 HDI 总量和人口总量。

$Y = \sum Y_i$；$X = \sum X_i$；$Y_i = \sum y_j$；$X_i = \sum x_j$。其中，$j \in i$；$i = 1, 2, \cdots, n$；j 表示属于第 i 个区域的第 j 个县区。

采用一阶泰尔指数空间分解只能分析鄱阳湖区福祉的滨湖区内差距、环湖外围区内差距，以及滨湖区与环湖外围区的差距（图 6.14）。采用二阶泰尔指数空间分解可以进一步分析环湖外围区各流域内的福祉差距，因此依据"滨湖-外围-流域"的鄱阳湖区空间划分，采用二阶嵌套的泰尔指数分解法对鄱阳湖区福祉空间差异进行空间分解：首先，将鄱阳湖区福祉空间差距按滨湖区、环湖外围区进行分解，将其分解为区域间差距和区域内差距，其中，福祉的区域内差距包括滨湖区内福祉差距和环湖外围区内福祉差距；其次，对环湖外围区内的福祉差距进行二次空间分解，即按五大流域及长江流域将环湖外围区的福祉空间差异分解为流域间差距和流域内差距。

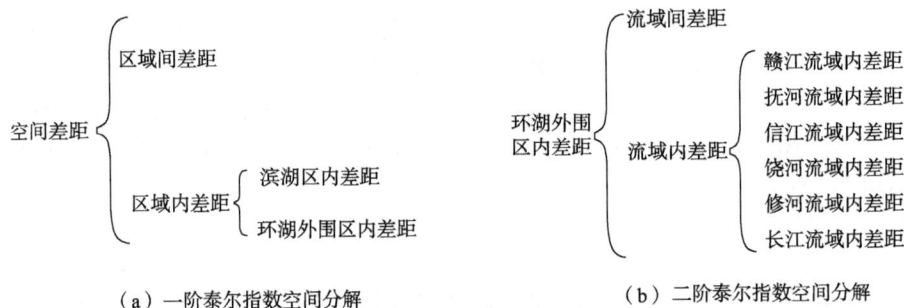

（a）一阶泰尔指数空间分解　　　　　　（b）二阶泰尔指数空间分解

图 6.14　鄱阳湖区福祉空间差异的二阶嵌套分解

二、鄱阳湖区福祉的一阶泰尔指数空间分解

1990~2010 年，鄱阳湖区的福祉空间差距不断缩小（表 6.5）。福祉空间差距主要体现为区域内差距，其对鄱阳湖区福祉总的空间差距贡献率保持在85%以上，而区域间福祉差距对鄱阳湖区福祉总差距的贡献率较低，在 15%以下。同时，区域内的福祉差距主要体现为滨湖区内差距，滨湖区内的福祉差距对鄱阳湖区福祉总空间差距的贡献率一直在60%以上；而环湖外围区内的福祉差距对鄱阳湖区福祉总空间差距的贡献率先降后升，2010 年其贡献率最高，接近30%。

表 6.5　鄱阳湖区 HDI 的泰尔指数空间分解及贡献率

空间划分	1990 年		2000 年		2010 年	
	泰尔指数	贡献率/%	泰尔指数	贡献率/%	泰尔指数	贡献率/%
空间差距	0.000 688	100.0	0.000 537	100.0	0.000 366	100.0

续表

空间划分	1990 年		2000 年		2010 年	
	泰尔指数	贡献率/%	泰尔指数	贡献率/%	泰尔指数	贡献率/%
区域间差距	0.000 087	12.6	0.000 052	9.7	0.000 030	8.2
区域内差距	0.000 601	87.4	0.000 485	90.3	0.000 336	91.8
滨湖区内差距	0.000 953	62.7	0.000 887	72.9	0.000 512	62.4
环湖外围区内差距	0.000 310	24.6	0.000 167	17.4	0.000 194	29.3

注：滨湖区及环湖外围区的福祉泰尔指数通过人口加权后，等于区域内差距

　　从图 6.15（a）可以明显看出，滨湖区和环湖外围区的区域间福祉差距占比较小，鄱阳湖区福祉空间差距主要是区域内的福祉差距。图 6.15（b）将区域内福祉差距进一步分解为滨湖区内福祉差距和环湖外围区内福祉差距后可以看出，滨湖区内的福祉差距逐渐缩小，而环湖外围区内的福祉差距先缩小后扩大。需要指出的是，滨湖区内的福祉差距大于环湖外围区内的福祉差距，是因为福祉水平较落后的一些县区多数在滨湖区内（如都昌县、余干县、鄱阳县）；而环湖外围区内的县区数量较多，各县区福祉水平相对接近。滨湖区内福祉的泰尔指数大于环湖外围区，说明滨湖区的福祉空间差距大于环湖外围区。

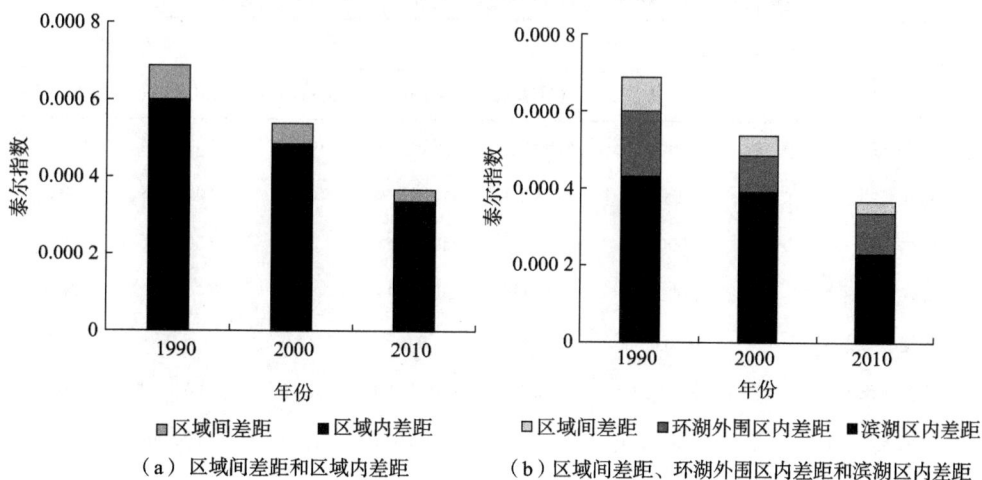

（a）区域间差距和区域内差距

（b）区域间差距、环湖外围区内差距和滨湖区内差距

图 6.15　鄱阳湖区 HDI 泰尔指数的空间差距分解

三、鄱阳湖区福祉的二阶泰尔指数空间分解

环湖外围区在空间上可以继续划分为五大流域及长江流域，共六个区域，因此可进一步将环湖外围区的福祉差距分为流域间差距和流域内差距。

对环湖外围区内的福祉差距进行分解，可以看出环湖外围区内福祉差距主要是流域间的福祉差距，其对鄱阳湖区福祉空间差距的贡献率先上升后下降，但基本保持在45%以上，这表明鄱阳湖区环湖外围区各流域内部的福祉差距较小，而流域与流域间的福祉差距相对明显。尽管流域内部的福祉差距较小，但流域内的福祉差距可以体现鄱阳湖区各流域内部福祉差距的一些差异。1990年，鄱阳湖区的长江流域内的福祉差距较小，赣江流域、信江流域、饶河流域、修河流域五个流域内的福祉差距较大；2000年，信江流域的福祉差距较大，而长江流域、赣江流域、饶河流域、修河流域的福祉差距较小；2010年，赣江流域和修河流域的福祉差距较大。综上可知，1990~2010年，鄱阳湖区内的长江流域、赣江流域和修河流域内的福祉差距都趋于增大，信江流域、饶河流域内的福祉差距趋于缩小。

相较而言，鄱阳湖区的长江流域、饶河流域内的福祉差距相对较小，这两个流域虽是鄱阳湖区福祉空间分布较均衡的区域，但流域内县区的人类福祉水平大多偏低，为低水平的福祉均衡类型（表6.6和图6.16）。

表 6.6　环湖外围区 HDI 的泰尔指数空间分解及贡献率

流域划分	1990 年		2000 年		2010 年	
	泰尔指数	贡献率/%	泰尔指数	贡献率/%	泰尔指数	贡献率/%
环湖外围区内差距	0.000 310	100.0	0.000 167	100.0	0.000 194	100.0
流域间差距	0.000 140	45.2	0.000 114	68.3	0.000 098	50.5
流域内差距	0.000 170	54.8	0.000 053	31.7	0.000 096	49.5
赣江流域差距	0.000 124	16.0	0.000 014	3.3	0.000 132	28.6
抚河流域差距	0.0	0.0	0.0	0.0	0.0	0.0
信江流域差距	0.000 266	10.2	0.000 280	20.1	0.000 101	6.3
饶河流域差距	0.000 204	12.4	0.000 004	0.5	0.000 004	0.5
修河流域差距	0.000 549	15.3	0.000 009	0.5	0.000 331	12.2
长江流域差距	0.000 013	0.6	0.000 081	7.0	0.000 028	2.0

注：五大流域及长江流域的福祉泰尔指数通过人口加权后，等于流域内差距；抚河流域差距为 0.0 是因为抚河流域只包含东乡县一个县域，因此流域内的县际差距为 0

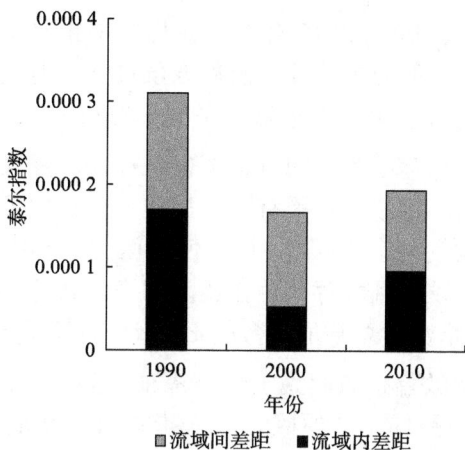

图 6.16　环湖外围区 HDI 泰尔指数的空间差距分解

第四节　鄱阳湖区福祉空间不均衡的要素解析

第三节主要利用泰尔指数的优势，对鄱阳湖区福祉空间不均衡进行二阶空间分解；本节则主要应用基尼系数的要素分解方法，对鄱阳湖区福祉空间不均衡进行要素解析。

基尼系数具有按成分分解的性质。Kakwani（1977）经推导得

$$G(Y) = \sum_{i=1}^{k} S_i G(Y_i) \quad R = \sum_{i=1}^{k} S_i C(Y_i)$$

其中，总基尼系数 $G(Y)$ 为分项集中系数的加权平均值，其权数为分项变量在总变量中的份额 S_i；$G(Y_i)$、$C(Y_i)$ 为各个分项的基尼系数和集中系数。$G(Y_i)$ 的计算方法为矩阵法，集中系数等于 $G(Y_i)$ 乘以一个相关关系的商 R，R 的分母为分项指数与其排序的相关系数，分子为分项指数与 HDI 排序的相关系数。集中系数在区间（-1，1）内取值（万广华，2008）。这里只分析计算得出的总基尼系数、各分项的集中系数、份额及对总基尼系数的贡献率。

用 H_j 表示福祉的分项指数，将其分为健康福祉分项指数（H_1）、教育福祉分项指数（H_2）和收入福祉分项指数（H_3）。用 z_j 表示各分项指数所占的份额，公式如下：

$$z_j = \frac{\sum p_i \times H_j}{\sum \sum p_i \times H_j}$$

从表 6.7 可以看出，1990~2010 年鄱阳湖区的福祉水平整体上趋于均衡，具体情况如下：①鄱阳湖区的健康福祉均衡程度虽较高，但地区间健康差距在逐渐扩大。健康福祉指数的分项集中系数虽总是低于 $\text{Gini}_{(\text{HDI})}$，但健康指数的集中系数却在不断提高，其对总基尼系数的贡献率也在提高。健康福祉差距扩大与经济发展较好地区拥有更高医疗服务水平有关，故儿童死亡率较低、疾病能够被更好地医治的地区的人口预期寿命更长[①]，从而使地区间的健康差距扩大。②鄱阳湖区教育福祉的均衡程度较高且教育差距在逐渐缩小。教育指数的分项集中系数总是低于 $\text{Gini}_{(\text{HDI})}$，教育指数对总基尼系数的贡献率呈下降趋势，2010 年教育指数的贡献率为负，这说明教育指数起到了促进福祉空间均衡的作用[②]。③收入差距是导致鄱阳湖区福祉差距的主要原因。收入指数对总基尼系数的贡献率始终最高，且其份额的不断上升使收入指数对 $\text{Gini}_{(\text{HDI})}$ 的贡献率不断攀升，2010 年达到 82.8%。

表 6.7　鄱阳湖区 HDI 基尼系数分解

年份	总基尼系数和分项集中系数				各分项的份额（z_j）			各分项对总基尼系数的贡献率/%		
	$\text{Gini}_{(\text{HDI})}$	H_1	H_2	H_3	H_1	H_2	H_3	H_1	H_2	H_3
1990	0.031	0.006	0.027	0.098	0.430	0.389	0.180	8.5	34.3	57.1
2000	0.027	0.011	0.008	0.090	0.375	0.409	0.217	16.0	11.6	72.4
2010	0.023	0.013	−0.002	0.070	0.362	0.361	0.277	19.7	−2.5	82.8

从滨湖区和环湖外围区的 $\text{Gini}_{(\text{HDI})}$ 来看，滨湖区的福祉差距不断缩小，而环湖外围区的福祉差距则先缩小后扩大，具体情况见表 6.8 和表 6.9。

表 6.8　滨湖区 HDI 基尼系数分解

年份	总基尼系数和分项集中系数				各分项的份额（z_j）			各分项对总基尼系数的贡献率/%		
	$\text{Gini}_{(\text{HDI})}$	H_1	H_2	H_3	H_1	H_2	H_3	H_1	H_2	H_3
1990	0.037	0.014	0.027	0.123	0.450	0.385	0.165	17.3	28.1	54.6
2000	0.036	0.017	0.003	0.137	0.383	0.412	0.205	17.8	3.9	78.3
2010	0.027	0.011	−0.006	0.094	0.367	0.364	0.269	14.5	−8.5	94.0

[①] 根据《"健康中国 2020"战略研究报告》，1990~2005 年我国人均预期寿命从 68.6 岁提高到 73 岁，其中 48%归因于 5 岁以下儿童死亡率的下降。

[②] 2010 年教育指数的集中系数出现了负数，说明两个相关系数的商为负数，即高教育福祉的地区可能总体排序较靠后，而低教育福祉的地区总体排位较靠前，所以出现相关系数商为负的情况，从而使集中系数为负。万广华（1998）曾指出集中系数可为负。

表 6.9　环湖外围区 HDI 基尼系数分解

年份	总基尼系数和分项集中系数				各分项的份额（z_j）			各分项对总基尼系数的贡献率/%		
	Gini$_{(HDI)}$	H_1	H_2	H_3	H_1	H_2	H_3	H_1	H_2	H_3
1990	0.019	0.003	0.019	0.053	0.414	0.393	0.193	6.5	39.3	54.2
2000	0.015	0.011	0.009	0.031	0.368	0.406	0.225	26.9	25.7	47.4
2010	0.017	0.016	0.005	0.032	0.358	0.359	0.283	35.4	10.8	53.8

（1）收入指数的分项集中系数高于 HDI 的基尼系数，收入指数对总基尼系数的贡献率有重要影响。相较而言，收入指数对滨湖区 Gini$_{(HDI)}$ 的影响比环湖外围区更大。滨湖区的收入指数对总基尼系数贡献率从 54.6% 上升到 94.0%，而环湖外围区的收入指数对总基尼系数的贡献率略有降低，但在 50% 左右。

（2）滨湖区健康指数的分项集中系数先增后减，而环湖外围区则不断增加，健康指数对环湖外围区福祉差距的贡献率不断提高。

（3）对于滨湖区和环湖外围区而言，教育指数对福祉差距的贡献率下降很快，主要是因为教育指数的分项集中系数下降较快，这说明滨湖区和环湖外围区的教育指数空间分布较均匀。

第五节　鄱阳湖区福祉空间差异变化的效应分解

本节在第四节的基础上分析鄱阳湖区福祉空间差异变化效应，即揭示鄱阳湖区福祉差异的促减或促增效应。此时，研究基尼系数的变化更具现实意义，有关基尼系数变化的分解方法由万广华（1998）推导并提出。

将 HDI 基尼系数的变化定义为 ΔG，并用 T 和 t 下标代表时间，HDI 基尼系数的变化可以表示为

$$\Delta G = \sum_{i=1}^{k} S_{iT} C_{iT} - \sum_{i=1}^{k} S_{it} C_{it} = \sum_{i=1}^{k} \left(S_{iT} C_{iT} - S_{it} C_{it} \right)$$

类似于 ΔG，定义 $\Delta S_i = S_{iT} - S_{it}$ 和 $\Delta C_i = C_{iT} - C_{it}$。这样就可以用 $\Delta S_i + S_{it}$ 替代 S_{iT}，同时用 $\Delta C_i + C_{it}$ 替代 C_{iT}，然后稍加整理，可得

$$\Delta G = \sum_{i=1}^{k} C_{it} \Delta S_i + \sum_{i=1}^{k} S_{it} \Delta C_i + \sum_{i=1}^{k} \Delta C_i \Delta S_i$$

该式表明，HDI 基尼系数的变化可以分解为结构效应、集中效应和综合效应三个部分。其中，$\sum C_{it} \Delta S_i$ 是由三个分项指数的份额变化引起的 HDI 差异的扩大或缩小，称为结构效应；$\sum S_{it} \Delta C_i$ 是由三个分项指数的集中度系数变化引

起的HDI差异的扩大或缩小，称为集中效应；$\sum \Delta C_i \Delta S_i$ 是前两项共同变化引起的HDI差异的扩大或缩小，称为综合效应。本节通过计算将鄱阳湖区的HDI基尼系数变化分解为结构效应、集中效应和综合效应，分析鄱阳湖区福祉差距变化的具体效应，从而揭示哪种效应对福祉差距是促增的，哪种效应对福祉差距是促减的。

从表6.10可以发现，1990~2000年和2000~2010年鄱阳湖区的福祉整体都是趋向均衡的。集中效应为正，结构效应为负，这两个效应对 $\Delta \text{Gini}_{(\text{HDI})}$ 的作用方向相反，集中效应为福祉差异促减，结构效应为福祉差异促增，即集中效应促进鄱阳湖区福祉差距缩小，结构效应却使鄱阳湖区福祉差距扩大。

表 6.10　鄱阳湖区 HDI 的基尼系数变化的分解

时间	$\Delta \text{Gini}_{(\text{HDI})}$	Gini $_{(\text{HDI})}$ 的分解			结构效应/%			集中效应/%			综合效应/%		
		结构效应	集中效应	综合效应	H_1	H_2	H_3	H_1	H_2	H_3	H_1	H_2	H_3
1990~2000 年	−0.004 1	−91	167	24	8	−13	−86	−56	186	37	7	9	7
2000~2010 年	−0.003 6	−137	215	22	4	10	−151	−13	106	122	0	−12	34

具体来看，1990~2000年，收入福祉的结构效应对鄱阳湖区总的福祉差异是促增的，而教育福祉的集中效应对总的福祉差异是促减的，教育福祉的均衡作用大于收入福祉的差异扩大作用，因此1990~2000年鄱阳湖区福祉差距的整体缩小主要归因于鄱阳湖区县际教育均衡发展。

2000~2010年，收入福祉的结构效应对总的福祉差异是促增的，教育福祉和收入福祉的集中效应对总的福祉差异是促减的，由于收入差距是鄱阳湖区福祉差距的主要原因，收入福祉的结构效应导致鄱阳湖区福祉差距扩大，而其集中度的下降却对总的福祉差异起差异促减作用，教育福祉的集中度降低有助于缩小鄱阳湖区总的福祉差异。整体而言，分项福祉的集中效应的福祉差异促减作用大于其结构效应的福祉差异促增作用。

从表6.11来看，1990~2010年滨湖区的福祉差距趋向缩小，集中效应是促进滨湖区福祉均衡的主要原因：①1990~2000年，滨湖区福祉差距的缩小主要归因于滨湖区教育福祉的县际差距缩小；②2000~2010年，收入福祉的结构效应对福祉差异是促增的，收入指数的集中效应对福祉差异是促减的。可以看出，收入福祉变化具有双重作用，其占总福祉份额的上升对福祉差异起促增的作用，而其集中度的下降起差异促减作用。整体来说，健康指数、教育指数和收入指数集中度的缩小都有助于缩小福祉空间差距。集中效应的促减作用大于结构效应的促增作用，最终表现为滨湖区福祉差距的缩小。

表 6.11　滨湖区 HDI 的基尼系数变化的分解

时间	$\Delta\text{Gini}_{(\text{HDI})}$	$\Delta\text{Gini}_{(\text{HDI})}$ 的分解			结构效应/%			集中效应/%			综合效应/%		
		结构效应	集中效应	综合效应	H_1	H_2	H_3	H_1	H_2	H_3	H_1	H_2	H_3
1990~2000 年	−0.001 0	−454	534	20	91	−69	−477	−110	873	−229	16	60	−56
2000~2010 年	−0.009 1	−91	167	24	3	2	−96	26	44	97	−1	−5	30

1990~2010 年环湖外围区的福祉空间差距先缩小后扩大（表 6.12）。1990~2000 年，环湖外围区福祉空间差距缩小的主要原因是教育指数和收入指数的集中度均下降；2000~2010 年，环湖外围区福祉空间差距扩大主要是因为结构效应的作用，即收入份额提高及健康福祉集中度系数提高，因为教育指数集中度系数的下降不足以抵消这两项提高带来的差异扩大作用，所以这一阶段的福祉空间差距总体扩大。

表 6.12　环湖外围区 HDI 的基尼系数变化的分解

时间	$\Delta\text{Gini}_{(\text{HDI})}$	$\Delta\text{Gini}_{(\text{HDI})}$ 的分解			结构效应/%			集中效应/%			综合效应/%		
		结构效应	集中效应	综合效应	H_1	H_2	H_3	H_1	H_2	H_3	H_1	H_2	H_3
1990~2000 年	−0.004 2	−44	115	29	3	−6	−41	−77	90	102	9	3	17
2000~2010 年	0.001 8	67	23	10	−6	−24	97	112	−95	6	−3	11	2

第七章　鄱阳湖区福祉空间演变的动力机制

本章主要在前面几章的基础上，探究鄱阳湖区福祉演进的动力因素和主要机制。本书选用的福祉衡量指标为HDI，由于HDI由收入指数、教育指数、健康指数综合而成，并不涉及主观福祉的复杂讨论，所以本章侧重于分析鄱阳湖区客观福祉演进的动力因素和关系机制。首先，对鄱阳湖区客观福祉演变的动力因素进行经验分析并选出主要的动力因素；其次，对鄱阳湖区福祉演变的主要动力因素进行计量分析；最后，提出鄱阳湖区福祉演变的动力因素及其相互关系机制。

第一节　鄱阳湖区福祉空间演变动力因素的经验分析

一、经济增长的福祉产出理论思考

从工业革命后到 20 世纪 50~70 年代，福祉增长的内涵一直被认为是经济增长，国民生产总值、GDP 作为衡量国民经济社会发展最终成果的核心指标受到了热捧，此后居民收入指标也被广泛用于评价民众的生活质量。经济视角是指经济增长观主导的发展观背景下评估人类福祉的主流视角。无可置疑，经济增长已经成为推动民生福祉提升的重要因素。但是，不少研究认为，一些地区尽管经济快速增长但人民福祉没有提高，出现了"没有发展的经济增长""发展的贫困""福祉悖论"[①]等。

从发展理论来看，主流的发展理论强调经济增长，认为经济增长促进人类福祉提升。美国经济学家罗斯托（Rostovian）在《经济增长的阶段》一书中提出

---

① 即幸福悖论，是指收入增长但主观幸福感并未提高的现象。

的经济发展阶段学说将地区经济发展划分为六个阶段，即传统社会阶段、为"起飞"创造前提条件阶段、"起飞"阶段、向成熟推进阶段、高度发达工业社会阶段和追求生活质量阶段。他认为传统社会是自给自足的农业社会，随着专业化分工和市场扩大，进入起飞阶段后工业成为主体产业，人均收入会急剧持续增长；到了向成熟推进阶段，工业化多样化发展；进入高度发达工业社会阶段，收入增长很快，消费水平明显提高，服务业迅速发展；经济增长最后将进入追求生活质量阶段，这一阶段人均收入水平将进一步提高，人们由满足基本生活的需求转向满足更高层次的需求，这一阶段服务业在产业结构中跃居首位，为人们的生活提供各种各样的服务（罗斯托，2001）。罗斯托的经济发展阶段学说认为经济增长促进社会发展和人类福祉提升。此外，Streeten（1981）认为不断改善的教育和健康对提高生产力具有很大作用；Srinivasan（1977）认为经济增长政策与基本需求满足政策是相关的。

综上可知，经济发展不可能自动转化为更好的生活质量，但经济增长是促进人类福祉提升的动力因素；同时，公共服务、社会保障等社会发展指标的改善也将直接影响人类福祉。工业化、城镇化和产业结构演变对促进地区经济增长和人类福祉提高都具有重要作用。就鄱阳湖区的发展来看，鄱阳湖区在现阶段仍属于欠发达地区，工业化和城镇化正在快速发展，在全面建成小康社会和脱贫攻坚战略下社会发展进程明显加快，人类福祉快速提升。因此，本章选取经济增长因素、公共财政因素、产业结构因素和城镇化因素等作为鄱阳湖区福祉变化的动力因素。在进行鄱阳湖区福祉变化动力因素的计量分析之前，要先对影响鄱阳湖区福祉的动力因素进行经验分析。

二、鄱阳湖区福祉增长的主要因素

（一）经济增长因素

经济发展水平的高低影响福祉水平的高低。长期以来，经济发展水平高的地区，人们的收入水平较高，收入高意味着人们消费和可供选择的商品集扩大，意味着能消费得起价格更高或数量更多的商品，选择的权利在扩大，从而居民的福祉水平得以提高。这里选择人均 GDP 作为经济增长因素。

由图7.1可知，1990~2014 年鄱阳湖区的人均 GDP 不断提高；1990~2000 年人均 GDP 的增长速度较缓慢；2000~2010 年人均 GDP 的增长速度较快，尤其是 2006 年之后增速很快。此外，环湖外围区的人均 GDP 总是高于滨湖区，这说明滨湖区与环湖外围区存在一些经济发展差距。特别是 2010 年后，鄱阳湖区继续保持较快速度的经济增长，但滨湖区与环湖外围区的人均 GDP 差距进一步扩大。

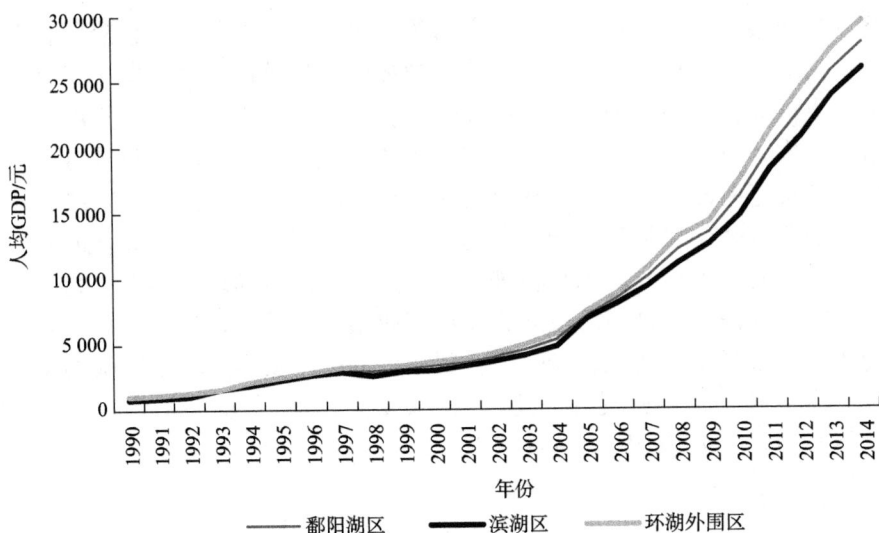

图 7.1 鄱阳湖区人均 GDP 发展（1990~2014 年）

（二）公共财政因素

财政支出指标可以反映政府在卫生、教育等公共服务和社会保障方面的投入情况。公共财政支出包括教育支出、社会保障和就业支出、医疗卫生与计划生育支出等。政府通过公共财政支出的方式，加大在教育、医疗、社保等方面的投资，可以起到提升地区福祉的作用。一般认为，人均意义上的公共财政支出高的地区，政府对当地公共服务和福祉建设的投入也多。所以本章选取人均公共财政支出作为公共财政因素。

从图 7.2 来看，2000 年以前鄱阳湖区的人均公共财政支出增长较慢，滨湖区与环湖外围区的差距也较小；2000 年以后鄱阳湖区人均公共财政支出"驶入快车道"，尤其是 2006 年以后人均公共财政支出增长较快，且环湖外围区与滨湖区的差距逐渐扩大。环湖外围区的人均公共财政支出整体上高于滨湖区的人均公共财政支出。但在 1999~2002 年，滨湖区的人均公共财政支出超过环湖外围区，这可能是因为 1998 年长江特大洪水后，滨湖区针对灾区重建投入了更多的财政支出。就1999年来看，滨湖区的人均公共财政支出达到492.16元，而环湖外围区只有259.54元。其中，滨湖区的基建支出占财政支出的60.6%，而环湖外围区仅占 10.34%[①]，当年基建支出占财政支出比重（1%~2%）和洪灾之前相比有了很大提升。

---

① 根据《江西统计年鉴2000》测算。

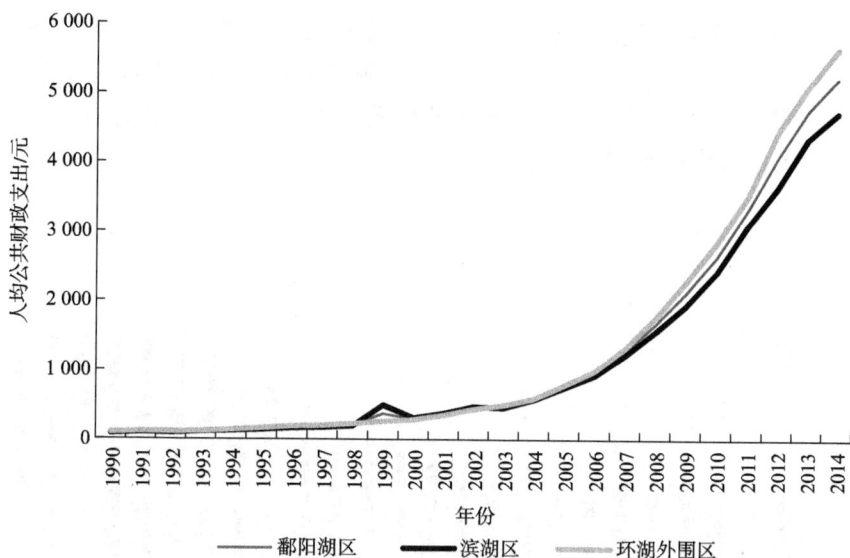

图 7.2　鄱阳湖区人均公共财政支出情况（1990~2014 年）

滨湖区紧邻鄱阳湖，比环湖外围区存在更高的洪涝灾害风险，受灾程度更严重，滨湖区公共财政支出具有人均公共财政支出高和基建财政支出比重大的特征，而且灾后重建等公共财政支出比重的增加，可能还意味着会挤占本该用于民生保障的财政支出。

（三）产业结构因素

产业结构一般是指三次产业占 GDP 的比重。产业结构因素反映了三次产业结构变化对地区福祉的影响。一般而言，第二、第三产业的生产效率高于农业，从事非农产业一般会带来更高的劳动报酬，从而增加该地区的工资水平和人均收入（袁志刚，2006）。鄱阳湖区大部分县区处于工业化实现阶段的初、中期[①]，第二产业在各县区经济发展中占据主导地位，而第三产业的占比较低[②]，这里使用第二产业占 GDP 的比重作为鄱阳湖区的产业结构因素。

从图 7.3 可以看出，1990~2014 年鄱阳湖区的工业化进程逐步推进。其中，2000~2010 年是鄱阳湖区工业化水平快速提升的重要时期。可以发现，除个别年份外，环湖外围区的工业化水平均高于滨湖区。2005 年以前，滨湖区与环湖外

----

① 根据钱纳里工业阶段划分法（以 2006 年的划分标准为准，换算因子为 5.16）：人均 GDP 低于 722 美元，为工业化准备阶段；人均 GDP 在 711~1 445 美元，为工业化起始阶段；人均 GDP 在 1 445~2 890 美元，为工业化实现阶段（初期）；人均 GDP 在 2 890~5 781 美元，为工业化实现阶段（中期）；人均 GDP 在 5 781~11 562 美元，为工业化实现阶段（后期）；人均 GDP 在 11 562 美元以上，为后工业化阶段。

② 2010 年，鄱阳湖区第三产业占比仅为 25.6%。

围区的工业化水平差距较大；但 2005 年以后滨湖区的工业化进程快速推进，到 2010 年滨湖区与环湖外围区的工业化差距明显缩小，且其工业化率均维持在 60%左右。随着鄱阳湖区经济转型升级的持续推进，第三产业占比逐渐升高，第二产业占 GDP 的比重出现小幅下降。

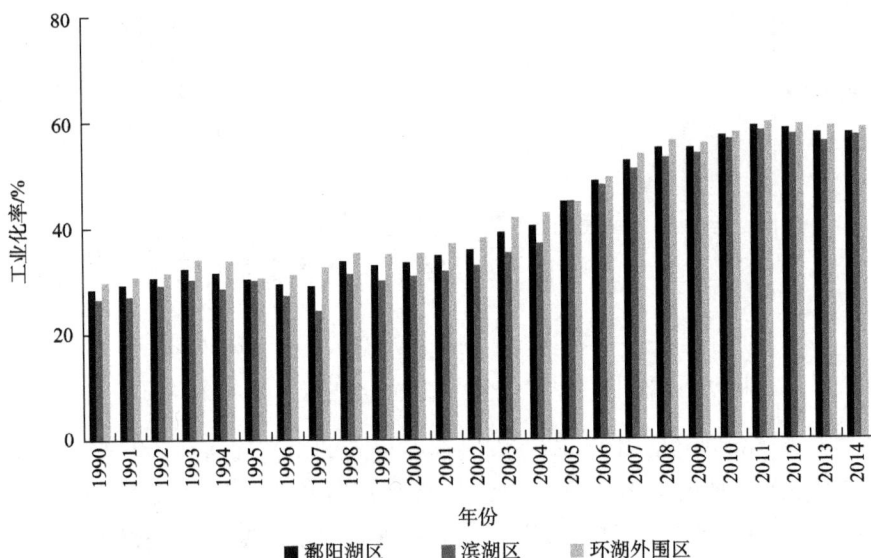

图 7.3　鄱阳湖区工业化进程（1990~2014 年）

（四）城镇化因素

随着鄱阳湖区城镇化进程的不断推进，大量人口从农村转移到城镇，其生活方式发生巨大改变，生活条件得到明显改善。城市，特别是规模较大的城市会产生明显的人口集聚效应，从而带来较高的规模收益、较多的就业机会和较大的外部扩散效应（王小鲁和夏小林，1999）。城镇化的发展意味着一个地区人类发展水平的提高（联合国开发计划署和国务院发展研究中心，2016），因此，可以认为城镇化是提高地区福祉的有效推力之一。这里采用城镇化率来衡量鄱阳湖区的城镇化发展水平。

从图 7.4 可以看出，鄱阳湖区的城镇化水平总体上在不断提高，滨湖区与环湖外围区的城市化进程存在明显差距，环湖外围区的城镇化水平较高。尤其是 1998 年以后环湖外围区的城镇化水平得到快速提高，与滨湖区的差距逐渐拉大。

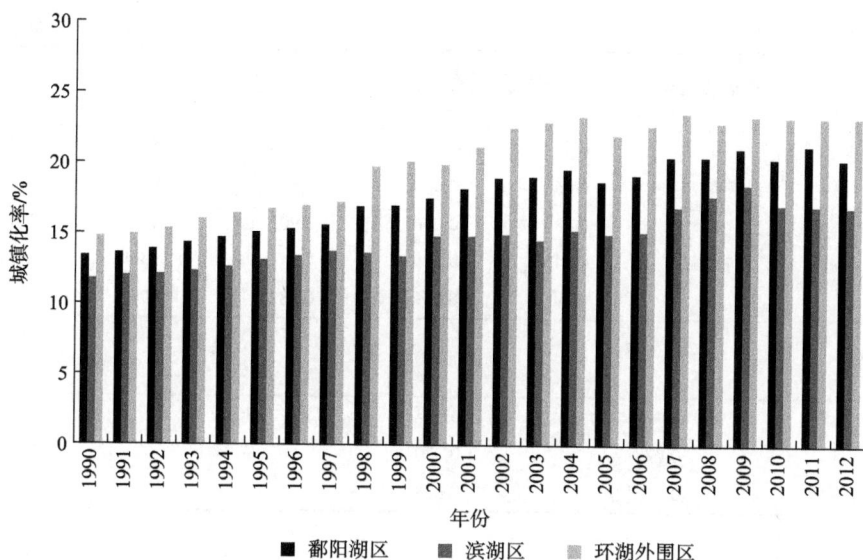

图 7.4　鄱阳湖区城镇化进程（1990~2012 年）

各县城镇化最新的数据只到 2012 年

第二节　鄱阳湖区福祉空间均衡动力因素的计量分析

选取 1990~2010 年鄱阳湖区人均 GDP（X_1）、人均公共财政支出（X_2）、第二产业占 GDP 比重（X_3）、城镇化率（X_4）分别代表经济因素、公共财政因素、产业结构因素、城镇化因素，以 HDI 为因变量，建立鄱阳湖区福祉与其动力因素的多元线性回归模型，分别对鄱阳湖区、滨湖区和环湖外围区的福祉动力因素进行多元回归分析。

应用 SPSS 18.0 软件对数据进行分析处理，经检验得出自变量之间存在多重共线性，如果直接进行回归分析将影响到参数估计的准确性。本节选用主成分回归分析，以消除多重共线性的影响。首先，进行因子分析，选择主成分分析法，使用相关系数矩阵提取主因子，使用成分系数矩阵计算因子得分；其次，基于主成分因子进行回归分析；最后，根据因子表达式将回归方程变换为原来的自变量形式（陈明星等，2009）。回归分析的主要结果见表 7.1。

表 7.1　鄱阳湖区居民福祉与动力因素的回归分析

地区	主成分因子	非标准化系数		标准回归系数	t 统计量	显著性检验
		B	标准误差			
鄱阳湖区	常数项	0.653	0.005	—	124.45	0.000

地区	主成分因子	非标准化系数		标准回归系数	t 统计量	显著性检验
		B	标准误差			
鄱阳湖区	F_1	0.089	0.005	0.893	16.93	0.000
滨湖区	常数项	0.658	0.006	—	103.33	0.000
	F_1	0.088	0.006	0.901	13.64	0.000
环湖外围区	常数项	0.646	0.009	—	69.90	0.000
	F_1	0.093	0.009	0.882	9.90	0.000

地区	R^2	调整的 R^2	F 检验	显著性
鄱阳湖区	0.797	0.794	286.72	0.000
滨湖区	0.778	0.770	97.94	0.000
环湖外围区	0.812	0.808	186.02	0.000

自变量 X_1、X_2、X_3、X_4 与因变量 HDI 的皮尔森相关系数分别为 0.845、0.791、0.668 和 0.851，这反映出四个动力因素与居民福祉之间有显著的相关关系。三个模型的 R^2 均高于 0.770，拟合优度较好。方程显著性 F 检验分别为 286.72、97.94 和 186.02，均通过 1% 的显著性水平检验，回归方程效果显著。标准回归系数值的大小反映了该指标对因变量的影响强弱，其数值越大表示对因变量的重要性越高，为了比较四个动力因素对居民福祉影响的相对大小，采用标准回归系数。统计量 t 值和显著性检验均说明各变量的显著性较高。根据因子得分和主成分因子的标准回归系数，最终建立鄱阳湖区、滨湖区和环湖外围区的多元线性回归模型依次如下：

$$\mathrm{HDI}_{鄱} = 0.263X_1 + 0.261X_2 + 0.265X_3 + 0.215X_4$$
$$\mathrm{HDI}_{滨} = 0.253X_1 + 0.257X_2 + 0.269X_3 + 0.217X_4$$
$$\mathrm{HDI}_{环} = 0.270X_1 + 0.264X_2 + 0.260X_3 + 0.214X_4$$

综上可知，产业结构升级是鄱阳湖区福祉增长的主要驱动力，影响系数为 0.265，其次是经济增长因素，1990~2010 年鄱阳湖区的福祉提高主要依赖产业结构演进与经济增长驱动。公共财政因素的影响系数为 0.261，说明公共财政因素也是促进鄱阳湖区居民福祉增长的重要动力因素；其主要体现在鄱阳湖区各县区主要的医疗与教育资源均由政府提供，较高的人均公共财政支出意味着居民能享有更多的公共资源，这对提升鄱阳湖区居民的健康福祉和教育福祉水平起到重要的基础作用。最后是城镇化因素，影响系数为 0.215，与其他三个动力因素相比，城镇化进程对鄱阳湖区福祉的提升作用略小。一方面，鄱阳湖区人口集聚规模较小，未充分发挥人口集聚带来的福利效应；另一方面，快速的城镇化进程也未必能切实提高进城农民的生活质量，所以鄱阳湖区城镇化进程对提高地区福祉的作用较小。

滨湖区与环湖外围区福祉增长的动力因素的作用强度不同。促进滨湖区居民福祉提高的四个动力因素的排序与促进鄱阳湖区的略有不同，但产业结构升级都是主要的驱动力，其次分别是经济增长因素、公共财政因素和城镇化因素。产业结构升级和城镇化因素对滨湖区福祉的提高作用整体上强于对鄱阳湖区的作用；同时，滨湖区经济增长和公共财政因素的影响系数略低于鄱阳湖区的平均水平。此外，经济增长和公共财政因素对环湖外围区居民福祉的提高作用强于对鄱阳湖区的提高作用，这说明相较而言经济增长因素对提升环湖外围区的居民福祉起到了更重要的作用。

第三节　促进鄱阳湖区福祉空间均衡的动力机制分析

分析促进鄱阳湖区福祉空间均衡的动力机制，实质是探究鄱阳湖区福祉产出及其变化的影响因素和相互关系。影响地区福祉产出的因素众多，各种因素有着千丝万缕的作用关系，且相互影响。

因此，本节根据第二节动力因素的计量分析结果，结合关于鄱阳湖区福祉增长机理的分析，将经济、产业结构、城镇化、公共财政等因素作为影响鄱阳湖区福祉产出的主要动力因素，首先，确立分析鄱阳湖区福祉产出的关键"支点"；其次，围绕主要动力因素和鄱阳湖区福祉产出的关系，分析联系主要动力因素与福祉产出的其他影响因素；再次，分析主要动力因素与其他因素作用于地区福祉产出的因果关系；最后，构建鄱阳湖区福祉产出的因素关系图，进而概括促进鄱阳湖区福祉空间均衡的动力机制。

从作用层次来看，鄱阳湖区福祉空间均衡的动力机制主要可分为宏观机制与微观机制。其中，宏观机制围绕主要动力因素，包括福祉产出机制、福祉驱动机制、福祉共享机制、福祉保障机制四个机制。

一、宏观机制

（一）经济增长的福祉产出机制

鄱阳湖区经济增长主要依赖工业化进程和城镇化进程的推进。随着生产力的发展和劳动者素质的提高，鄱阳湖区的产业结构逐步优化和升级，工业化水平不断提高，新型城镇化进程加快，人口向城镇及发达地区集聚。经济增长较快的地区不仅对人口有吸引能力，而且对物流、资金流、技术流也有更强的集聚能力。经济增长使地区财税收入增长、地方政府的公共财政收入相应提高、公共服务和社会保障的公共财政支出得到保证，人民群众的生活需求不断得到满足、生活条件得到改善。此外，经济增长还具有收入效应，随着鄱阳湖区经济普遍快速增长，居民收入水平明显提高，个体需求和社会消费增长，通过扩大消费满足居民的生活需求，地区福祉水平得到提升。同时，收入增长本身也是福祉提升的一部分，高的收入水平也是高福祉的一种体现，这意味着居民的消费预算线外移，居民的商品组合选择范围将得到扩展，即居民的选择自由和能力将得到扩展。

（二）产业结构的福祉驱动机制

通常，与农业相比，工业和服务业的劳动生产率较高，产业结构优化调整对鄱阳湖区的经济增长具有促进作用；反之，经济增长对鄱阳湖区的产业结构升级具有反作用。鄱阳湖区工业化进程的不断推进，会加快产业体系的完善，吸收大量的就业人口，这不仅能增加人们的职业选择机会和就业机会，也能提高人们的收入水平。此外，鄱阳湖区工业化水平的不断提高将扩大政府公共财政支出规模，吸引政府增加在科研、技术创新方面的投入，进而提高劳动生产率，进一步提高工业生产效率，带动鄱阳湖区的经济增长。

（三）城镇化的福祉共享机制

随着鄱阳湖区城镇化的不断发展，人口向城镇加快集聚，生产要素也进一步向城市集中，尤其是在剩余农村劳动力不断向非农业部门转移的过程中，会形成更多就业机会，使服务业得到快速发展。同时，人口集聚意味着本地商品市场规模扩大，人们拥有更多的商品选择机会，可以促进本地消费增长，进而提高本地居民福祉。随着鄱阳湖区城镇化进程的不断推进，人口集聚在城市和城镇，这对政府部门加大公共财政支出提出了更高的要求，促使政府主动增加公共财政支出，完善人口较密集城镇的各项服务设施和基础设施，提高公共财政的支出效率，进行医疗改革、教育改革、社保改革等。这些举措都将不断满足鄱阳湖区人民的生活需求，改善人们的生活条件，进而推动鄱阳湖区福祉水平的提升。

（四）公共财政的福祉保障机制

公共财政支出高的地区吸引的流入人口更多，对人口的集聚能力更强，从而有利于提高该地区的城镇化水平。此外，政府公共财政在民生领域的支出主要集中在教育和医疗方面，政府在教育和医疗方面的公共服务投入能使人们拥有健康的身体、具有读写能力，直接或间接地提高了当地的人力资本水平，提高了人们的收入水平和可行能力，既推进了当地经济增长，又使得鄱阳湖区的潜在福祉能力不断增强。同时，地方政府在社会保障方面的财政支出可以直接改善部分生活困难居民的生活条件，满足其基本生活需求，同时也有助于提高当地福祉水平。政府在科技创新方面的财政支出，可以通过提高生产率的方式促进地区经济增长和工业化发展。此外，政府也在科技人才培养和科技创新资源培育方面不断投资，这也是提高劳动生产率、改进产品质量、推进经济增长的重要途径，同时对当地福祉水平也会有重要影响。

总之，鄱阳湖区福祉空间均衡的经济增长的福祉产出机制、产业结构的福祉驱动机制、城镇化的福祉共享机制、公共财政支出的福祉保障机制的作用方式是相互嵌套、互相传导的。例如，在经济增长的福祉产出机制方面，产业结构的福祉驱动机制会嵌套到经济增长的福祉产出机制中，促进经济增长的福祉产出效率；在城镇化的福祉共享机制方面，城镇化带来的人口向城镇集聚，将形成更多就业机会，也会使服务业得到快速发展，从而带动经济快速增长，这也会嵌套到经济增长的福祉产出机制中；在公共财政的福祉保障机制方面，公共财政在民生领域的长期投入会提高当地的人力资本存量，这是影响产业结构和经济增长的重要因素，其也会因此而嵌套到经济增长的福祉产出机制和产业结构的福祉驱动机制中。这种嵌套关系往往会借助一些影响因素，如人力资本、服务业发展、收入提高等（图7.5）的传导而相互联系起来。

二、微观机制

需要指出的是，上述四种机制的相互作用、彼此嵌套和互相传导，在影响到鄱阳湖区居民福祉之前，都需要通过图 7.5 所示的虚线方框内的福祉微观机制来实现。换言之，经济增长的福祉产出机制、产业结构的福祉驱动机制、城镇化的福祉共享机制、公共财政支出的福祉保障机制等最终都将嵌套于福祉产出的微观机制。只有依靠微观机制的传导作用，上述四个宏观机制才能产生促进鄱阳湖区福祉提升的合力，故鄱阳湖区福祉提升需要宏观机制与微观机制的综合作用。需要说明的是，福祉产出的微观机制就是生活需求的满足、消费带来的效用及收入的能力效应。

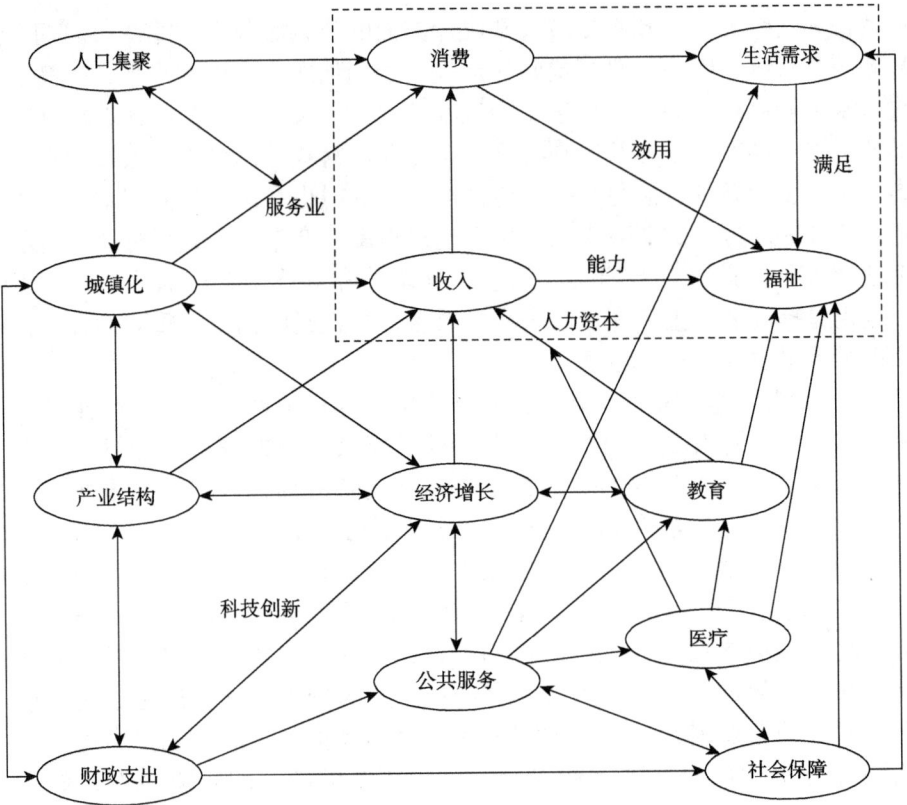

图 7.5 鄱阳湖区福祉产出的因素关系图

第八章　鄱阳湖区居民主观福祉调查分析与多维评价

　　福祉是以"人的良好生活状态"为核心，反映人的良好生活状态的一个概念，客观福祉的测评侧重于采用客观可量化的指标，而主观福祉主要是对居民主观的生活满意度和主观幸福感进行测评。将主观的生活满意度和幸福感结合起来可以更加全面地了解居民主观福祉状况。

　　生活满意度和主观幸福感是居民主观福祉的综合体现和评价依据，本章的调查问卷主要从医疗健康、生活条件、社会关系、生态环境、休闲程度、收入状况和主观幸福感7个方面对鄱阳湖区居民的主观福祉状况进行调查分析和评价。

第一节　鄱阳湖区居民主观福祉调查问卷设计

一、鄱阳湖区居民主观福祉调查问卷设计的理论依据

　　主观福祉是一个多维概念，是指人们对经济社会发展成果的共享感受、主观体验或主观认知。居民主观福祉状况不仅能用来评价居民共享发展成果的效果，而且能检视社会政策效果、反观社会福利模式，为全面建成小康社会提供决策参考依据。

　　目前，学界在主观福祉研究方面已经积累了大量成果，经济学主要研究效用、幸福和福利经济；社会学主要研究社会福利、社会质量和生活质量；公共管理学主要研究基本公共服务和福利绩效；心理学关注快乐、幸福感和满意度。不同学科对福祉概念有不同的认识，至今未无统一的概念，因此，福祉也就成为一个多学科关注的焦点概念。著名学者 Diener（1984）认为福祉是一种幸福，是个人基于自身价值观和标准的自我状况评价，它由生活满意度、对生活的积极情感

和对生活的消极情感三个因素组成。诺贝尔经济学奖获得者 Sen（1981）提出可行能力方法，指出福祉是人的可行性能力的函数，可通过居民获得不同组合的生活内容的能力来反映其主观福祉；由于能力不可直接观察，森（2002）考察了 5 种功能性自由，即政治自由、经济条件、社会机会、透明性保证和防护性保障。Beck 等（1997）提出的社会质量理论体系对福祉测评框架进行了创新，他们认为社会发展是提升人的福祉的过程，也可以说是个体的自我实现过程，并构建了社会质量的四个因素，即社会经济保障（指人们所掌握的必要物质资源和其他资源）、社会凝聚（基于共享的价值和规范的集体认同）、社会包容（人们获得来自制度和社会关系的支持的可能性）与社会赋权（在人们的日常生活中，社会结构能在何种程度上提高个人的行动能力），针对衡量社会质量的四个因素构建了由四类因素构成的社会质量指标体系，具体如下：社会经济保障因素——金融资源、住房与环境、健康与照顾、就业及教育等；社会凝聚因素——信任感、价值观等；社会包容因素——公共服务、朋友关系等；社会赋权因素——政治与经济体系的开放性、公共空间等。

尽管关于福祉概念界定众说纷纭，但学界对福祉内涵的认识已经逐步达成共识，普遍认为福祉是一个反映人的良好生活状态的多维度概念。学者们开始在 Diener 和 Sen 的基础上广泛探索，拓展福祉的测评方法，出现了日重现法（day reconstruction method，DRM）、生活满意度量表（satisfaction with life scale，SWLS）、主观幸福感（subjective well-being，SWB）、可持续经济福利指数（index of sustainable economic welfare，ISEW）、个人福祉指数（personal well-being index，PWI）、人文发展指数等有代表性的福祉测评方法。就主观福祉而言，生活满意度和主观幸福感是运用最多、最广泛的主观福祉测度方法。

与此同时，大量关于主观福祉影响因素的实证研究开始出现，国外学者克拉克（2008）研究收入对主观福祉的影响程度；Witter 等（1985）和 Myers（2000）分析参加宗教活动对个体主观福祉水平的影响；Engelbrecht（2009）分析生态系统服务与人的生活满意度的关系；White（1992）探究婚姻对个体主观福祉水平的影响；Appleton 和 Song（2008）从国际比较视角出发，从失业、收入、婚姻、性别、健康和年龄等方面对我国居民的主观福祉影响进行了分析。此外，一些学者对我国农户主观福祉因素进行了实证研究，他们普遍认为年龄、基础设施建设、教育、医疗健康、职业、住房条件、收入、财富拥有状况等因素对农户主观福祉有显著影响。例如，高进云等（2007）从家庭经济收入、社会保障、居住条件、社区生活、自然环境、心理 6 个方面对农户福祉变化情况进行评价。总的来看，影响主观福祉的因素包括经济因素、社会文化因素、生态环境因素、个人特征及心理、个性因素等。

综上可知，国内针对湖区居民主观福祉的问卷设计和因素实证研究尚不多见。本章从生活满意度和主观幸福感两个层面设计多维度主观福祉调查问卷和分析框架（图 8.1），评析鄱阳湖区居民主观福祉状况，揭示鄱阳湖区居民主观福祉差异，探究鄱阳湖区居民生活满意度和主观幸福感的关系，深入分析鄱阳湖区居民主观福祉的影响因素，弥补客观福祉研究的不足，以期为湖区居民主观福祉研究提供理论和实证参考，为江西省评价和制定提高当地居民福祉水平的相关政策提供参考。

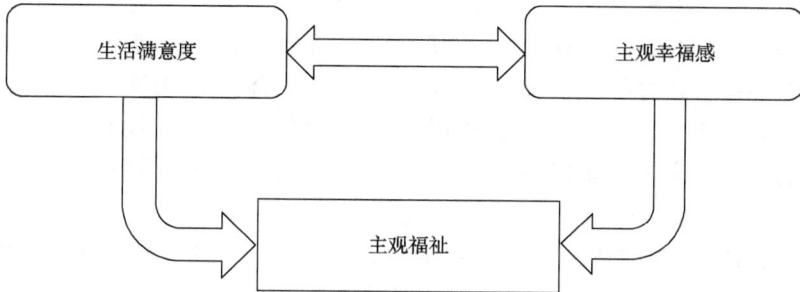

图 8.1　鄱阳湖区居民主观福祉调查分析框架

借鉴 Diener 的主观福祉理论、欧盟倡导的社会质量理论及森的可行能力理论，围绕福祉的多维内涵和现有研究，从医疗健康、生活条件、社会关系、生态环境、休闲程度、收入状况、主观幸福感 7 个方面设计鄱阳湖区居民主观福祉调查问卷，问卷总体设计和题项设立遵循科学性原则、代表性原则、相关性原则和相对独立性原则。本章设计的鄱阳湖区居民主观福祉调查问卷构成如表 8.1 所示。

表 8.1　鄱阳湖区居民主观福祉调查问卷构成

维度		题项
生活满意度	医疗健康	医疗服务设施满意度、医疗保险满意度、健康状况满意度
	生活条件	住房条件满意度、居住环境满意度、交通状况满意度、物价水平满意度
	社会关系	公共安全满意度、邻里关系认可度、社会友善认可度
	生态环境	生活用水满意度、鄱阳湖水环境质量满意度、血吸虫病担心程度
	休闲程度	休闲娱乐满意度、生活压力认知
	收入状况	收入水平满意度、收入公平认知
主观幸福感		生活幸福感、家庭幸福感、与身边人相比生活满意度

需要说明的是，本章设计的鄱阳湖区居民主观福祉调查问卷体现了鄱阳湖的区情，特别是增加了生活用水满意度、鄱阳湖水环境质量满意度、血吸虫病担心

程度三个反映生态环境对居民主观福祉影响的题项。问卷设计也考虑到了社会关系对居民主观福祉的影响，将其纳入公共安全满意度等题项。该问卷重视休闲时间和生活压力对居民主观福祉的影响，设计了社会关系和休闲程度方面的题项。因此，该问卷能较全面地反映鄱阳湖区居民的生活状态、水平和质量，使人际福祉状况具有较好的可比性。

具体来看，该调查问卷主要包括两部分：一是受访者的个人与家庭基本信息，如性别、籍贯、年龄、文化程度、职业、家庭收入等；二是对受访者生活状态各方面满意度和认知的主观判断与评价方面的调查，具体包括"住房条件满意度、交通状况满意度、收入满意度、休闲娱乐满意度、生活用水满意度"等题项。实际上，影响居民主观福祉的还有政治权利、舆论自由等方面的因素，但这些对鄱阳湖区居民主观福祉的影响相对较小，本书设计的问卷不予考虑。

在衡量居民福祉满意度水平时采用利克特量表法。用 1~5 的数字表示满意度，其中，"5"表示非常满意，"4"表示比较满意，"3"表示一般满意，"2"表示不太满意，"1"表示非常不满意。需要说明的是，部分逆向指标的得分采用正向化处理。本节中，"满意占比"为非常满意和比较满意的占比之和；"不满意占比"为不太满意和非常不满意的占比之和。

二、调查区域与数据收集

选取浔阳区、都昌县、湖口县、鄱阳县、永修县、星子县六个在鄱阳湖区具有代表性的地区进行实地调研与问卷调查。课题组分别于 2014 年 7 月和 12 月进行问卷调查。2014 年 7 月对都昌县、湖口县、鄱阳县、永修县、星子县的居民进行主观福祉问卷调查，同年 12 月又对浔阳区的居民进行主观福祉问卷调查。调查时充分考虑样本的多样性与代表性，在被调查区域选择居民区、主要商圈、图书馆、学校、政府部门、公园、工业园区等不同地点随机发放问卷。最终回收问卷 981 份，其中有效问卷 974 份，问卷有效率为 99.29%。

调查区的经济社会发展状况如表 8.2 所示，浔阳区、都昌县、湖口县、鄱阳县、永修县、星子县六个地区 2015 年的地区生产总值占全省的 5.67%，人口数占全省的 8%，人均 GDP 为 25 952.97 元。其中，九江市浔阳区人均 GDP 为 118 133元，都昌县、鄱阳县人均 GDP 分别仅为 13 059 元和 13 644 元。从 HDI 来看，除湖口县外，都昌县、鄱阳县、永修县、星子县的 HDI 均低于全省平均水平（不含浔阳区）。

表 8.2　2015 年鄱阳湖区被调查区域的经济社会发展状况

调查区域	面积/ 平方千米	人口/万人	人均GDP/元	预期寿命/岁	成人识字率/%	HDI
都昌县	2 670	81.85	13 059	78.63	0.929	0.784
湖口县	669	30.10	38 775	82.79	0.958	0.864
鄱阳县	4 215	155.98	13 644	79.00	0.972	0.791
星子县	894	28.12	27 011	77.70	0.950	0.827
永修县	2 035	39.63	32 996	80.43	0.965	0.830
浔阳区	26	28.94	118 133	77.54	—	—
江西省	166 900	4 565.63	36 724	77.32	0.947	0.836

第二节　鄱阳湖区居民主观福祉调查问卷检验
与基本信息

一、调查问卷信度和效度检验

（一）信度检验

问卷的信度（reliability）是指采用同样的方法对同一对象重复测量时所得结果的一致性程度，信度检验主要使用重测信度法、复本信度法、折半信度法和 Cronbach's α 信度系数法等。本节采用 Cronbach's α 系数作为调查问卷信度检验指标。一般来说，当调查问卷的 Cronbach's α 系数值≥0.70 时即说明具有较高的信度；当其在 0.35~0.70 或小于 0.35 时，所对应信度分别为一般信度和低信度。同时，若问卷包含各层面，使用者除提供总量表的信度系数外，还应提供各层面的信度系数。本章设计的调查问卷所有题项的检验结果均达到可信水平（表 8.3）。娱乐休闲维度的题项检验信度较低，主要因为其与个体性格有很大程度的相关性，而人格因素具有复杂性，所以信度测验结果的随机性强、一致性低，这属于正常现象。整体来看，问卷的 Cronbach's α 系数达到 0.871，信度较高，问卷测验结果具有较高的一致性和稳定性，调查问卷通过信度检验。

表 8.3　鄱阳湖区居民主观福祉问卷调查的信度系数

维度	Cronbach's α 系数值	可靠性
医疗健康	0.601	一般

维度	Cronbach's α 系数值	可靠性
生活条件	0.767	较高
社会关系	0.580	一般
生态环境	0.687	一般
休闲程度	0.408	较低
收入状况	0.562	一般
主观幸福感	0.815	较高
整体量表	0.871	较高

（二）效度检验

问卷的效度是指测量工具或手段能够准确测出所需测量的事物的程度。效度检验一般包括内容效度、准则效度和建构效度。本节主要考虑内容效度，内容效度是指问卷题项涵盖福祉概念内涵的程度。本章调查问卷的潜变量维度构想和题项设定参考已有文献，同时征求专家建议，并根据预调查进行多次修订，所以该问卷在一定程度上有较好的内容效度。

二、调查问卷基本信息分析

（一）调查问卷的人口学特征分析

调查采集的 974 个样本中，男性占 56.88%，性别结构较均衡；被调查者多为城镇户籍，约占调查总人数的 85%。样本涉及各个年龄段，其中 25~35 岁与 35~45 岁被调查者占比分别为 32.75% 和 30.90%，是整个调查样本的主体。多数被调查者为已婚状态（占 85.73%），文化程度整体较高，平均受教育年限为 10.76 年。其中，拥有大学本科学历的超过 50%，其次为中学学历，约占样本总数的 20%。被调查者职业呈现多样性，企事业单位人员最多（50.31%），公务员次之（16.94%），务农人员占比较小（3.39%）。被调查者的月收入水平整体偏低，63.04% 的被调查者月收入在 1 000~3 000 元，月收入为 3 000~5 000 元的占 27.82%，这反映了被调查的鄱阳湖区居民收入较低但工作稳定的生活状态。总体来看，采集的样本男女比例适宜，多来自城镇青年人群，月收入偏低，文化素质较高（图 8.2）。

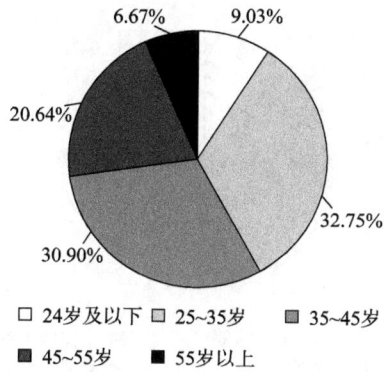

（a）年龄结构

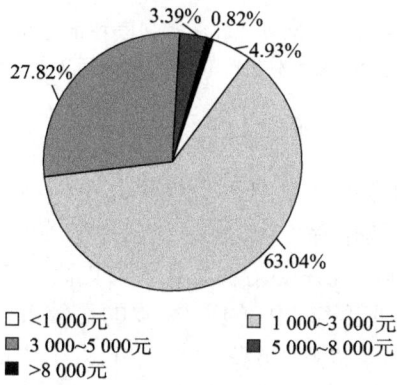

（b）月收入

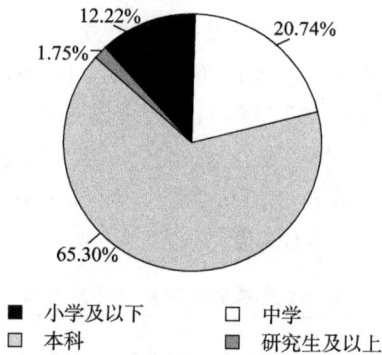

（c）文化程度

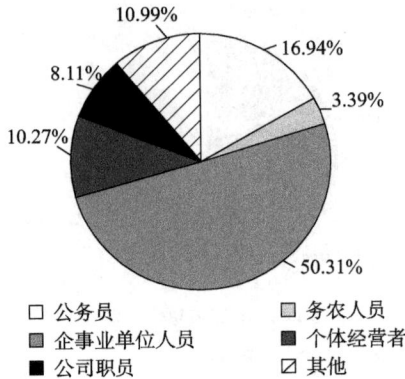

（d）职业

图 8.2 调查问卷的人口学特征分布

图中各占比之和不等于100%是因为进行过舍入修约

（二）调查问卷的地区分布分析

从各县区被调查人群来看，各县区分样本与总样本的分布情况大致相同、略有差异。其中，都昌县被调查者（168 人）和总样本的分布情况相当；湖口县被调查者（49 人）的分布差别体现在受访者文化素质更高（本科学历占 77.55%）；鄱阳县被调查者（106 人）则更年轻化（19~24 岁的人数占 53.77%），本科及以上学历占比最高（88.68%）；吴城镇①被调查者（44 人）中的农村户籍人数大于城镇户籍人数，文化程度偏低（小学及以下学历占 36.36%、中学学历占 43.18%）；星子县被调查者（373 人）最多且受访者的文化程度远高于除鄱阳县外的其他县区（本科学历人数占 86.33%）；永修县被调查者（86 人）中农村户籍的较少（36.05%），文化程度不高（小学及以下学历占 44.19%）；九江市浔阳区被调查者（148 人）的收入水平最高，53.38%的被调查者月收入达 3 000 元以上。总的来说，都昌县和总样本分布基本一致；星子县受访人数最多；湖口县受访人数最少；鄱阳县居民文化素质最高；浔阳区居民人均收入最高；吴城镇和星子县被调查者为农村户籍的居多，文化素质较低（表 8.4）。

表 8.4 样本基本特征描述（N=974）

类别	属性	总计		都昌县		湖口县		鄱阳县	
		频数	占比/%	频数	占比/%	频数	占比/%	频数	占比/%
人数	合计	974	100.00	168	100.00	49	100.00	106	100.00
性别	男	554	56.88	85	50.60	26	53.06	34	32.08
	女	420	43.12	83	49.40	23	46.94	72	67.92

① 吴城镇属于永修县。

续表

类别	属性	总计		都昌县		湖口县		鄱阳县	
		频数	占比/%	频数	占比/%	频数	占比/%	频数	占比/%
户籍	城镇	827	84.91	143	85.12	44	89.80	94	88.68
	农村	147	15.09	25	14.88	5	10.20	12	11.32
年龄	<18	5	0.51	0	0.00	0	0.00	13	12.26
	19~24	83	8.52	20	11.90	2	4.08	57	53.77
	25~35	319	32.75	41	24.40	16	32.65	23	21.70
	35~45	301	30.90	53	31.55	20	40.82	9	8.49
	45~55	201	20.64	41	24.40	9	18.37	4	3.77
	>55	65	6.67	13	7.74	2	4.08	0	0.00
婚姻状况	离婚/丧偶	16	1.64	1	0.60	0	0.00	2	1.89
	未婚	123	12.63	20	11.90	6	12.24	23	21.70
	已婚	835	85.73	147	87.50	43	87.76	81	76.41
文化程度	小学及以下	119	12.22	33	19.64	2	4.08	1	0.94
	中学	202	20.74	53	31.55	8	16.33	11	10.38
	本科	636	65.30	81	48.21	38	77.55	90	84.91
	研究生及以上	17	1.75	1	0.60	1	2.04	4	3.77
月收入	<1 000	48	4.93	12	7.14	0	0.00	14	13.21
	1 000~3 000	614	63.04	109	64.88	30	61.22	80	75.47
	3 000~5 000	271	27.82	39	23.21	19	38.78	10	9.43
	5 000~8 000	33	3.39	4	2.38	0	0.00	2	1.89
	>8 000	8	0.82	4	2.38	0	0.00	0	0.00
职业	公务员	165	16.94	38	22.62	28	57.14	34	32.08
	务农人员	33	3.39	1	0.60	0	0.00	0	0.00
	企事业单位人员	490	50.31	57	33.93	14	28.57	48	45.28
	个体经营者	100	10.27	45	26.79	0	0.00	5	4.72
	公司职员	79	8.11	10	5.95	3	6.12	12	11.32
	其他	107	10.99	17	10.12	4	8.16	7	6.60

类别	属性	吴城镇		星子县		永修县		浔阳区	
		频数	占比/%	频数	占比/%	频数	占比/%	频数	占比/%
人数	合计	44	100.00	373	100.00	86	100.00	148	100.00
性别	男	18	40.91	152	40.75	41	47.67	66	44.59
	女	26	59.09	221	59.25	45	52.33	82	55.41
户籍	城镇	19	43.18	152	40.75	55	63.95	126	85.14
	农村	25	56.82	221	59.25	31	36.05	22	14.86
年龄	<18	2	4.55	0	0.00	2	2.33	1	0.68
	19~24	6	13.64	9	2.41	10	11.63	23	15.54

续表

类别	属性	吴城镇		星子县		永修县		浔阳区	
		频数	占比/%	频数	占比/%	频数	占比/%	频数	占比/%
年龄	25~35	16	36.36	127	34.05	28	32.56	34	22.97
	35~45	11	25.00	116	31.10	24	27.91	54	36.49
	45~55	2	4.55	100	26.81	14	16.28	26	17.57
	>55	7	15.91	21	5.63	8	9.30	10	6.76
婚姻状况	离婚/丧偶	0	0.00	8	2.14	2	2.33	3	2.03
	未婚	8	18.18	20	5.36	12	13.95	34	22.97
	已婚	36	81.82	345	92.49	72	83.72	111	75.00
文化程度	小学及以下	16	36.36	11	2.95	38	44.19	18	12.16
	中学	19	43.18	37	9.92	25	29.07	49	33.11
	本科	8	18.18	322	86.33	22	25.58	75	50.68
	研究生及以上	1	2.27	3	0.80	1	1.16	6	4.05
月收入	<1 000	7	15.91	7	1.88	4	4.65	4	2.70
	1 000~3 000	24	54.55	252	67.56	54	62.79	65	43.92
	3 000~5 000	12	27.27	110	29.49	22	25.58	59	39.86
	5 000~8 000	1	2.27	4	1.07	5	5.81	17	11.49
	>8 000	0	0.00	0	0.00	1	1.16	3	2.03
职业	公务员	2	4.55	49	13.14	2	2.33	12	8.11
	务农人员	6	13.64	7	1.88	14	16.28	5	3.38
	企事业单位人员	5	11.36	292	78.28	23	26.74	51	34.46
	个体经营者	19	43.18	5	1.34	19	22.09	7	4.73
	公司职员	3	6.82	1	0.27	4	4.65	46	31.08
	其他	9	20.45	19	5.09	24	27.91	27	18.24

注：表中各占比之和不等于100%是因为进行过舍入修约

第三节　鄱阳湖区居民生活满意度的多维度分析

一、收入状况：鄱阳湖区居民收入水平整体不高，收入差距较大，收入满意度普遍较低

收入方面包括被调查者对自身收入的满意度及对收入公平性的认知。收入通常是人们拥有体面生活的一个重要的衡量指标，而收入满意度是人们对收入状况与期望的差距的主观反映。根据调查统计结果（表8.5~表8.9、图8.3和图8.4），

鄱阳湖区居民的收入满意度普遍较低，超过一半的被调查者对自身收入并不满意，1/3被调查者表示对自身收入一般满意，仅有13.25%的调查者对当前收入表示比较满意与非常满意。居民收入满意度较低主要有两个原因：一是鄱阳湖区居民收入水平整体不高，67.97%的被调查者月收入低于3 000元，27.82%的被调查者月收入在3 000~5 000元，仅有4.21%的被调查者月收入高于5 000元；二是绝大多数被调查者认为收入差距过大，收入不公平现象较严重。

表 8.5　鄱阳湖区居民收入公平满意度、收入满意度水平

项目	满意占比/%	不满意占比/%	满意度均值	标准差
收入公平满意度	5.24	69.41	2.08	0.879
收入满意度	13.25	55.44	2.40	14.000

表 8.6　居民主观福祉各维度指标解释与描述性统计

维度和题项	赋值	均值	标准差
医疗健康			
健康状况满意度	5=非常满意 4=比较满意 3=一般 2=不太满意 1=非常不满意	3.46	0.990
医疗服务设施满意度	5=非常满意 4=比较满意 3=一般 2=不太满意 1=非常不满意	2.57	14.000
医疗保险满意度	5=非常满意 4=比较满意 3=一般 2=不太满意 1=非常不满意	2.54	1.019
生活条件			
住房条件满意度	5=非常满意 4=比较满意 3=一般 2=不太满意 1=非常不满意	2.86	0.994
居住环境满意度	5=非常满意 4=比较满意 3=一般 2=不太满意 1=非常不满意	2.67	0.988
交通状况满意度	5=非常满意 4=比较满意 3=一般 2=不太满意 1=非常不满意	2.24	0.973
物价水平满意度	5=非常满意 4=比较满意 3=一般 2=不太满意 1=非常不满意	1.94	0.860
社会关系			
夜路回家安全程度	5=非常安全 4=比较安全 3=一般 2=不太安全 1=非常不安全	2.94	0.978
遇到经济困难时得到帮助的程度	5=会 3=可能会 1=不会	4.03	1.181
捡到钱包归还的可能性	5=会 3=可能会 1=不会	3.17	1.314
生态环境			
湖水环境对生活用水影响程度	5=无影响 4=轻微影响 3=有一定影响 2=经常影响 1=严重影响	2.83	1.158
鄱阳湖水环境质量满意度	5=非常满意 4=比较满意 3=一般 2=不太满意 1=非常不满意	2.35	0.979
血吸虫病担心程度	5=不担心 4=轻微担心 3=一般 2=有一定担心 1=非常担心	2.70	1.427
收入状况			
收入公平满意度	5=非常满意 4=比较满意 3=一般 2=不太满意 1=非常不满意	2.08	0.879
收入满意度	5=非常满意 4=比较满意 3=一般 2=不太满意 1=非常不满意	2.40	14.000
休闲程度			

维度和题项	赋值	均值	标准差
有时间和家人旅游	5=非常同意 4=比较同意 3=一般 2=不太同意 1=非常不同意	3.33	1.082
感到太多生活压力	5=非常同意 4=比较同意 3=一般 2=不太同意 1=非常不同意	2.65	1.036
主观幸福感			
家庭幸福感	5=非常幸福 4=比较幸福 3=一般 2=不太幸福 1=不幸福	3.87	0.972
生活幸福感	5=非常幸福 4=比较幸福 3=一般 2=不太幸福 1=不幸福	3.66	0.936
与身边人相比生活满意度	5=非常好 4=比较好 3=一般 2=不太好 1=不好	3.18	0.801

表8.7　问卷题项得分频率分布表（N=974）

属性	频数	频率/%	属性	频数	频率/%	属性	频数	频率/%
健康状况满意度			物价水平满意度			湖水环境对生活用水影响程度		
非常满意	130	13.3	非常满意	7	0.7	无影响	85	8.7
比较满意	369	37.9	比较满意	40	4.1	轻微影响	151	15.5
一般	331	34.0	一般	172	17.7	有一定影响	434	44.6
不太满意	103	10.6	不太满意	427	43.8	经常影响	125	12.8
非常不满意	41	4.2	非常不满意	328	33.7	严重影响	179	18.4
医疗服务设施满意度			交通状况满意度			鄱阳湖水环境质量满意度		
非常满意	29	3.0	非常满意	11	1.1	非常满意	21	2.2
比较满意	131	13.5	比较满意	89	9.1	比较满意	81	8.3
一般	347	35.6	一般	269	27.6	一般	328	33.7
不太满意	301	30.9	不太满意	354	36.3	不太满意	333	34.2
非常不满意	166	17.0	非常不满意	251	25.8	非常不满意	211	21.7
医疗保险满意度			收入公平满意度			血吸虫病担心程度		
非常满意	17	1.7	非常满意	6	0.6	不担心	180	18.5
比较满意	150	15.4	比较满意	45	4.6	轻微担心	127	13.0
一般	374	38.4	一般	247	25.4	一般	113	11.6
不太满意	263	27.0	不太满意	399	41.0	有一定担心	332	34.1
非常不满意	170	17.5	非常不满意	277	28.4	非常担心	222	22.8
住房条件满意度			收入满意度			夜路回家安全程度		
非常满意	37	3.8	非常满意	25	2.6	非常安全	47	4.8
比较满意	204	20.9	比较满意	104	10.7	比较安全	214	22.0
一般	429	44.0	一般	305	31.3	一般	429	44.0
不太满意	196	20.1	不太满意	346	35.5	不太安全	201	20.6
非常不满意	108	11.1	非常不满意	194	19.9	非常不安全	83	8.5
居住环境满意度			遇到经济困难时得到帮助的程度			捡到钱包归还的可能性		
非常满意	28	2.9	会	548	56.3	会	254	26.1
比较满意	151	15.5	可能会	378	38.8	可能会	547	56.2

续表

属性	频数	频率/%	属性	频数	频率/%	属性	频数	频率/%
居住环境满意度			遇到经济困难时得到帮助的程度			捡到钱包归还的可能性		
一般	402	41.3	不会	48	4.9	不会	173	17.8
不太满意	260	26.7						
非常不满意	133	13.7						
家庭幸福感			与身边人相比生活满意度			生活幸福感		
非常幸福	252	25.9	非常好	28	2.9	非常幸福	149	15.3
比较幸福	454	46.6	比较好	288	29.6	比较幸福	477	49.0
一般	198	20.3	一般	539	55.3	一般	261	26.8
不太幸福	29	3.0	不太好	73	7.5	不太幸福	46	4.7
不幸福	41	4.2	不好	46	4.7	不幸福	41	4.2

表 8.8 各县区居民主观福祉维度均值得分状况

主观福祉维度	都昌县	湖口县	鄱阳县	吴城镇	星子县	永修县	浔阳区
医疗健康	3.04	3.10	2.85	2.87	2.56	3.11	3.17
健康状况满意度	3.76	3.57	3.73	3.66	3.14	3.65	3.50
医疗服务设施满意度	2.56	2.73	2.32	2.23	2.20	2.74	3.46
医疗保险满意度	2.81	3.00	2.51	2.73	2.33	2.94	2.55
生活条件	2.53	2.51	2.34	2.47	2.24	2.83	2.59
住房条件满意度	2.95	3.04	2.93	2.73	2.61	3.35	3.05
居住环境满意度	2.83	2.71	2.65	2.66	2.47	3.05	2.80
交通状况满意度	2.36	2.24	1.95	2.64	2.09	2.67	2.28
物价水平满意度	1.96	2.06	1.83	1.84	1.79	2.26	2.22
社会关系	3.49	3.62	3.59	3.44	3.15	3.59	3.44
夜路回家安全程度	2.96	3.29	3.22	3.18	2.67	3.23	3.04
遇到经济困难时得到帮助的程度	4.15	4.27	4.26	3.82	3.86	4.35	3.93
捡到钱包归还的程度	3.37	3.29	3.30	3.32	2.92	3.19	3.36
生态环境	2.75	3.01	3.08	2.73	2.20	2.94	2.92
湖水环境对生活用水影响程度	2.95	3.18	2.77	3.09	2.47	3.31	3.18
鄱阳湖水环境质量满意度	2.40	2.49	2.82	2.52	2.05	2.64	2.47
血吸虫病担心程度	2.89	3.35	3.64	2.57	2.09	2.86	3.10
休闲程度	2.97	3.10	3.07	2.98	2.81	3.06	3.33
有时间和家人旅游	3.28	3.35	3.59	3.50	3.07	3.63	3.59
感到太多生活压力	2.66	2.84	2.55	2.45	2.54	2.48	3.07
收入状况	2.29	2.53	2.05	2.25	2.11	2.63	2.35
收入满意度	2.42	2.67	2.11	2.48	2.27	2.76	2.61
收入公平满意度	2.15	2.39	1.98	2.02	1.95	2.50	2.08

续表

主观福祉维度	都昌县	湖口县	鄱阳县	吴城镇	星子县	永修县	浔阳区
主观幸福感	3.83	3.86	3.65	3.63	3.30	3.76	3.69
家庭幸福感	4.15	4.12	3.99	3.98	3.59	4.10	3.92
生活幸福感	3.92	4.06	3.77	3.68	3.37	3.87	3.78
与身边人相比生活满意度	3.43	3.39	3.18	3.23	2.94	3.30	3.36

表 8.9　不同个人特征下居民的总体生活满意度情况

类别	属性	均值	满意占比/%	不满意占比/%
户籍	城镇	2.73	22.81	42.12
	农村	2.89	30.41	37.41
性别	男	2.77	24.95	41.05
	女	2.73	22.65	41.88
年龄/岁	<18	3.25	44.71	28.24
	19~24	3.01	33.03	33.52
	25~35	2.75	22.87	41.53
	35~45	2.72	23.04	42.76
	45~55	2.63	21.13	45.07
	>55	2.92	29.14	34.39
婚姻状况	离婚/丧偶	2.72	23.17	44.85
	未婚	2.88	28.65	38.35
	已婚	2.73	23.28	41.79
文化程度	小学及以下	2.97	32.58	33.27
	中学	2.87	36.84	27.23
	本科	2.67	21.30	44.37
	研究生及以上	2.76	23.90	40.44
月收入/元	<1 000	2.73	26.35	42.78
	1 000~3 000	2.73	23.70	42.68
	3 000~5 000	2.75	22.92	40.03
	5 000~8 000	3.01	29.41	30.30
	>8 000	3.24	41.41	27.34
职业	公务员	2.89	26.20	36.22
	务农人员	3.02	36.54	32.62
	企事业单位人员	2.60	19.89	46.40
	个体经营者	2.87	27.82	37.82
	公司职员	2.92	28.82	35.74
	其他	2.90	28.04	36.78

注：均值是指某属性特征得分的平均值，分数越高代表满意度越高；非常满意占比和非常不满意占比的计算同理

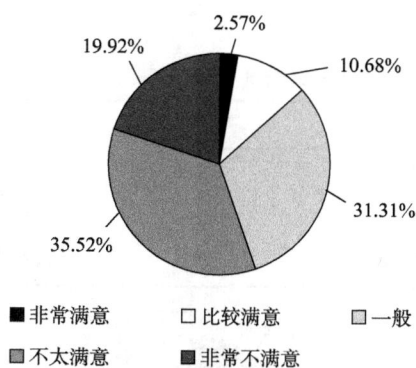

| ■非常满意 | □比较满意 | ▨一般 |
| ▨不太满意 | ▨非常不满意 | |

图 8.3　收入满意度占比

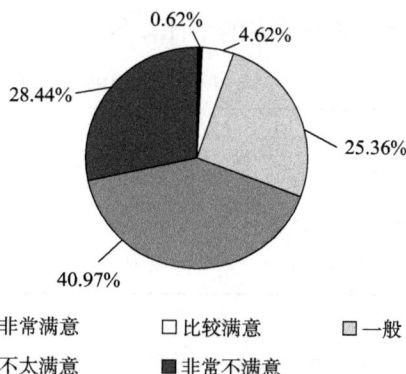

| ■非常满意 | □比较满意 | ▨一般 |
| ▨不太满意 | ▨非常不满意 | |

图 8.4　收入公平满意度占比

图中各占比之和不等于100%是因为进行过舍入修约

（一）鄱阳湖区居民对收入公平满意度低

被调查者的收入公平满意度均值为 2.08，从被调查者选择的不同等级满意度所占比例来看，选择非常满意、比较满意、一般、不太满意、非常不满意的被调查者占全部样本的比例依次为 0.62%、4.62%、25.36%、40.97%、28.44%。全部样本中，"满意"占比为 5.24%，"不满意"占比为 69.41%。

（二）鄱阳湖区居民收入满意度普遍较低

被调查者的收入满意度均值为 2.40，从被调查者选择的不同等级满意度所占比例来看，选择非常满意、比较满意、一般、不太满意、非常不满意的被调查者的占全部样本的比例依次为 2.57%、10.68%、31.31%、35.52%、19.92%。全部样本中，"不满意"占比（55.44%）为"满意"占比（13.25%）的 4 倍以上。

二、健康水平：鄱阳湖区居民对自身健康状况的满意度较高，但对社区医疗服务设施及医疗保险不太满意

健康维度衡量居民对自身健康状况，以及相关医疗服务设施、医疗保险等的满意度。根据调查统计结果（表 8.6~表 8.10、图 8.5~图 8.7），对于健康状况满意度而言，鄱阳湖区居民的自身健康状况满意度较高，33.98%的被调查者对自身健康状况一般满意；51.24%的被调查者对自身健康状况满意；仅有 14.78%的人对自身健康状况不满意。与此形成对比的是，接近50%的被调查者表示对所在社区（乡镇、村）的医疗服务设施及医疗保险不满意，但医疗服务设施满意度及医疗保险满意度的方差较大，这说明鄱阳湖区居民对医疗服务设施及医疗保险的

主观满意度有较大的个体差异。

表 8.10　鄱阳湖区居民医疗健康福祉水平的基本情况

项目	满意占比/%	不满意占比/%	满意度均值	标准差
健康状况满意度	51.24	14.78	3.46	0.990
医疗服务设施满意度	16.43	47.94	2.54	1.019
医疗保险满意度	17.15	44.45	2.57	14.000

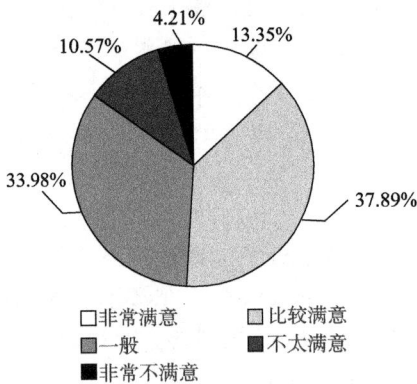

图 8.5　健康状况满意度

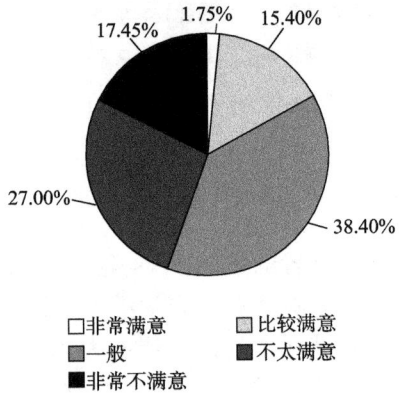

图 8.6　医疗保险满意度

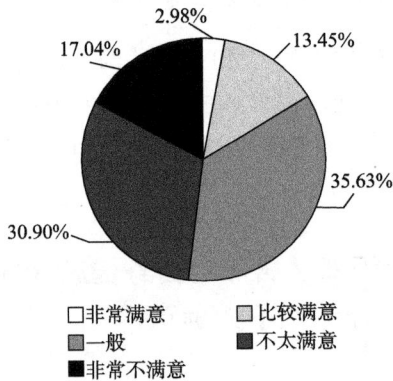

图 8.7　医疗服务设施满意度

（一）鄱阳湖区居民对健康状况的满意度较高

被调查者健康状况满意度均值为 3.46，从被调查者选择的健康状况满意度不同等级占比来看，居民选择非常满意、比较满意、一般、不太满意、非常不满意的比例依次为 13.35%、37.89%、33.98%、10.57%、4.21%。全部样本中，选择比较满意和一般的居多（占 71.87%），这主要是由于 19~45 岁的被调查者占比多

（占 72.17%），大部分人身体强健少病。未来应持续关注居民身体健康水平，保障居民基本医疗权益。

（二）鄱阳湖区居民普遍对当地医疗服务设施感到不满

被调查者对当地医疗服务设施满意度均值为 2.54，从被调查者选择的不同等级满意度占比看，居民选择非常满意、比较满意、一般、不太满意、非常不满意的占全部样本的比例分别为 1.75%、15.40%、38.40%、27.00%、17.45%；其中，"不满意"占比达 44.45%，近一半受访者对当地医疗服务设施明确表示不满。鄱阳湖区属于经济欠发达地区，又是血吸虫病多发地带，医疗服务设施落后将无法保障居民健康福祉水平，应加快鄱阳湖区各县区医疗设施升级，提高其医疗实力。

（三）鄱阳湖区居民对当地医疗保险满意度较低

被调查者对当地医疗保险满意度的均值为 2.57，从被调查者选择的不同等级满意度所占比例来看，居民选择非常满意、比较满意、一般、不太满意、非常不满意的占全部样本的比例依次为 2.98%、13.45%、35.63%、30.90%、17.04%；样本中选择"不满意"的共占 47.94%，远高于选择满意的占比。因此，应在多方面完善鄱阳湖区医疗保险政策落实和实施，相关部门应加大医保制度的宣传力度，加强对报销比例、报销程序等内容的宣传，以加强参保者对医保制度的了解，同时还应提升工作人员服务水平，精简报销程序，切实提高居民的医疗保险满意度。

三、生活条件：鄱阳湖区居民认为物价水平过高，交通出行满意度较低

生活条件维度包括居民对基本衣食住行的满意度。根据调查统计结果（表 8.6~表 8.9、表 8.11、图 8.8~图 8.12），77.52%的被调查者表示对当前物价水平不满，他们认为相对于收入来说，物价水平过高；62.11%的被调查者对交通状况表示不满，主要表现为认为当前交通过于拥堵、公共交通网络不够完善等；相较于物价和交通，有 30%~40%的被调查者对当前居住条件及居住环境表示不满。

表 8.11　鄱阳湖区居民生活条件满意度基本情况

项目	满意占比/%	不满意占比/%	满意度均值	标准差
住房条件满意度	24.74	31.21	2.86	0.994
居住环境满意度	18.37	40.35	2.67	0.988
交通状况满意度	10.27	62.11	2.24	0.973
物价水平满意度	4.83	77.52	1.94	0.860

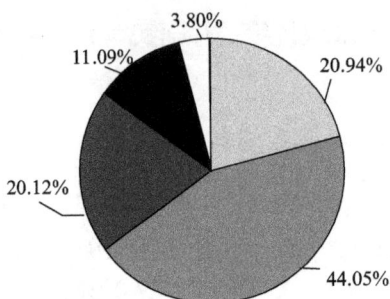

3.80%
11.09%
20.94%
20.12%
44.05%

□非常满意　□比较满意　■一般
■不太满意　■非常不满意

图 8.8　住房条件满意度

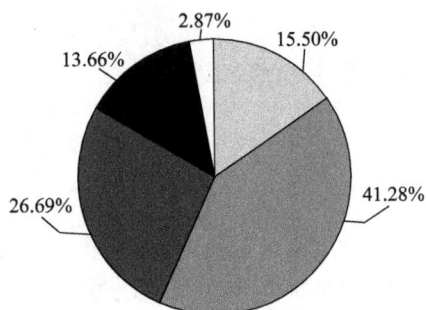

2.87%
15.50%
13.66%
41.28%
26.69%

□非常满意　□比较满意　■一般
■不太满意　■非常不满意

图 8.9　居住环境满意度

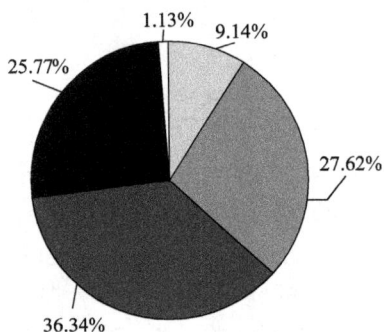

1.13%
9.14%
25.77%
27.62%
36.34%

□非常满意　□比较满意　■一般
■不太满意　■非常不满意

图 8.10　交通状况满意度

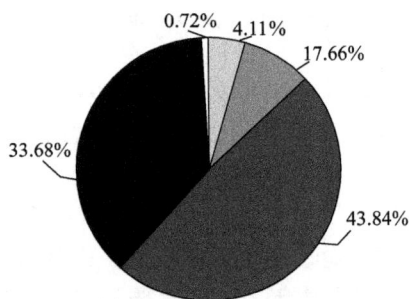

0.72%
4.11%
17.66%
33.68%
43.84%

□非常满意　□比较满意　■一般
■不太满意　■非常不满意

图 8.11　物价水平满意度

图中各占比之和不等于100%是因为进行过舍入修约

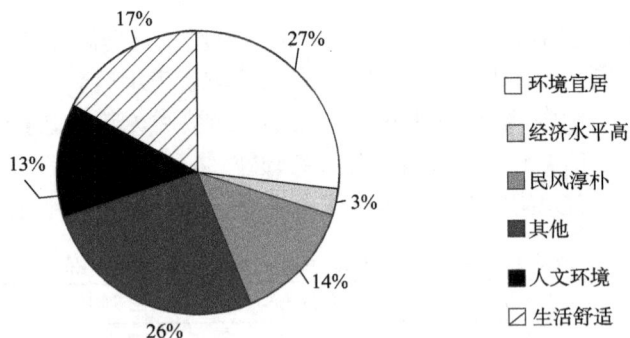

17%
27%
13%
3%
14%
26%

□环境宜居
□经济水平高
■民风淳朴
■其他
■人文环境
◪生活舒适

图 8.12　题项"您觉得当地哪一点最让您满意"的分布情况

（一）鄱阳湖区居民对住房条件满意度普遍不高

当地住房条件满意度均值为2.86，从受访者选择不同等级满意度的占比看，居民选择非常满意、比较满意、一般、不太满意、非常不满意的占全部样本的比例分别为3.80%、20.94%、44.05%、20.12%、11.09%。其中选择"非常满意"的占比比"非常不满意"的占比低7.29个百分点。鄱阳湖区居民的住房条件改进空间大，建议重点针对农村地区的贫困人群，提高其居住条件。

（二）鄱阳湖区居民认为居住环境较差，但事实上鄱阳湖区的环境宜居

被调查者居住环境满意度均值为2.67，从被调查者选择的不同等级满意度占比来看，居民选择非常满意、比较满意、一般、不太满意、非常不满意的占全部样本的比例分别为2.87%、15.50%、41.28%、26.69%、13.66%。全部样本中，"不满意"占比为40.35%，比"满意"占比高出21.98个百分点，居民对居住环境的整体满意度较低。

虽然居民对居住环境评价整体较低，但调查结果显示鄱阳湖区的环境宜居。如图8.12所示，题项"您觉得当地哪一点最让您满意"的调查结果显示，鄱阳湖区居民最满意的是环境宜居（27%），选择生活舒适的被调查者占到了17%，13%和14%的被调查者分别认为人文环境和民风淳朴最令人满意，而选择经济水平高作为最满意选项的被调查者只占3%，还有26%的被调查者选择了其他方面。据此可以推测，鄱阳湖区拥有得天独厚的自然优势，环境优美宜居，生活节奏较慢，社会环境如居民素质和社会风尚等较淳朴和谐。

（三）鄱阳湖区居民普遍反映当地交通拥堵，影响出行

被调查者交通状况满意度均值为2.24，从被调查者选择不同等级满意度的占比来看，居民选择非常满意、比较满意、一般、不太满意、非常不满意的占全部样本的比例分别为1.13%、9.14%、27.62%、36.34%、25.77%。全部样本的满意度为10.27%，不满意度为62.11%，超过六成的居民明确表示对当地交通状况不满，尤其是通勤人员的交通状况满意度普遍偏低。可见，鄱阳湖区交通状况已经影响到当地居民的日常出行，所以改善交通是增进当地居民福祉的一个重要环节。

（四）鄱阳湖区居民普遍认为当地物价偏高，对物价水平满意度低

被调查者物价水平满意度均值为1.94，折算为百分制后满意程度为23.5%，处于低水平。从被调查者选择不同等级的满意度所占比例来看，居民选择非常满意、比较满意、一般、不太满意、非常不满意的占全部样本的比例分别为0.72%、4.11%、17.66%、43.84%、33.68%。全部样本的满意度为4.83%，不满

意度为 77.52%，超过 75%的居民对物价水平表示不满，认为当地物价偏高。

四、社会环境：鄱阳湖区居民对社会治安满意度较高，亲朋关系良好

社会环境维度包括居民对社会安全、人际关系等社会关系的满意度。根据调查统计结果（表 8.6~表 8.9、表 8.12、图 8.13~图 8.15），70.85%的被调查者对当前社会安全表示认可，其中 44.05%的人表示走夜路回家时一般安全，其余则表示比较安全或非常安全。在人际关系方面，超过 50%的被调查者表示当遇到经济困难时对得到亲朋好友的帮助有较高的信心；接近 40%的被调查者认为可能会得到帮助；仅有大约 5%的被调查者表示认为不会得到帮助。相较于对亲朋好友关系的满意度，居民对邻里关系的满意度较低。

表 8.12 鄱阳湖区居民社会关系满意度情况

项目	满意占比/%	不满意占比/%	满意度均值	标准差
夜路回家安全程度	26.80	29.16	2.94	0.978
遇到经济困难时得到帮助的程度	56.26	4.93	4.03	1.181
捡到钱包归还的可能性	26.08	17.76	3.17	1.314

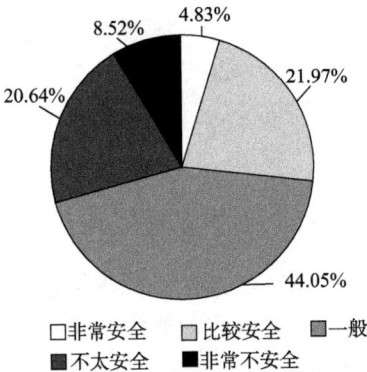

图 8.13 夜路回家安全程度　　图 8.14 遇到经济困难时得到帮助的程度

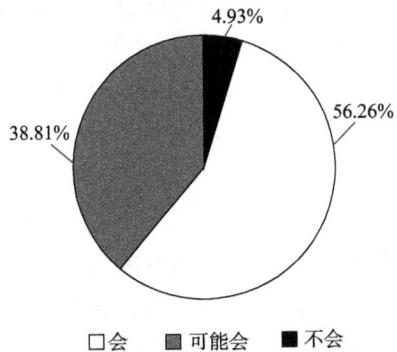

图中各占比之和不等于 100%是因为进行过舍入修约

（一）鄱阳湖区社会治安情况较好，居民对夜路回家安全的担心程度一般

被调查者满意度均值为 2.94，从被调查者选择不同等级满意度的占比看，居民选择非常安全、比较安全、一般、不太安全、非常不安全的比例分别为 4.83%、21.97%、44.05%、20.64%、8.52%，全部样本的满意度为 26.80%，不满意度为 29.16%。这说明鄱阳湖区公共安全尚需提升，各县区可通过增加夜路监控、防护等基础设施，增加执勤队伍考察情况等措施提高社会治安水平。

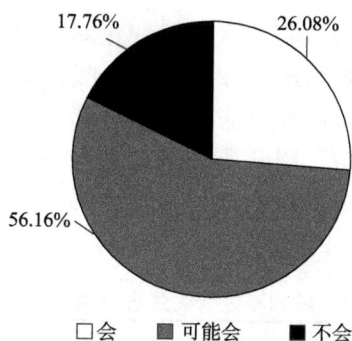

图 8.15　捡到钱包归还的可能性

（二）鄱阳湖区居民关系融洽，大部分居民表示遇到经济困难会得到帮助

被调查者满意度均值为 4.03，折算成百分制后满意程度为 75.75%，达良好水平。另外居民年龄越大，相应的均值得分越低；文化程度越高，相应的均值得分越高。由此可见社会支持程度与文化素质和年龄相关，居民文化素质越高，社会关系越好；年龄越大，防卫心理越强。从被调查者选择不同等级的满意度所占的比例来看，居民选择会、可能会、不会的占全部样本的比例依次为 56.26%、38.81%、4.93%。这说明当地居民间的社会关系良好，90% 以上的居民在遇到经济困难时能够得到帮助，社会支持水平较高。

（三）鄱阳湖区民风淳朴，多半居民表示捡到钱包将归还

被调查者满意度均值为 3.17，折算成百分制后满意程度为 54.25%，超过一般水平。从被调查者选择不同等级满意度所占的比例看，居民选择会、可能会、不会的占全部样本的比例依次为 26.08%、56.16%、17.76%。由此可见，居民选择"满意"的占比较高；但其均值水平低于遇到经济困难时得到帮助情况下的居民满意度，这提醒当地政府应丰富宣传形式，加强宣传力度，增强对居民社会公德，尤其是诚信意识的培养。

五、生态环境：鄱阳湖区居民对鄱阳湖水环境质量满意度较低，多数民众对血吸虫病的影响表示担心

鄱阳湖区生态环境与生活用水状况对鄱阳湖依赖程度较大，因此湖水水质和水环境与居民生活息息相关。根据统计调查结果（表 8.6~表 8.9、表 8.13、图 8.16~图 8.18），33.68% 的被调查者对鄱阳湖区的水环境质量表示一般满意，8.32% 的被调查者表示比较满意，仅 2.16% 的被调查者对湖水水质表示非常满

意。75.77%的被调查者认为鄱阳湖水环境变化对自己的生活用水有一定程度及以上的影响。谈及鄱阳湖周边地区较高发的血吸虫病，18.48%的被调查者表示不担心，绝大多数被调查对血吸虫病表示担心和轻微担心。目前湖水环境已经对生活用水产生了一定影响，因此要加强对鄱阳湖水质的重视程度，相关部门应加大执法力度，做好水源保护的宣传工作，同时协调相关单位开展湖水保护行动，并积极号召广大居民的参与。

表 8.13　鄱阳湖区居民生态环境满意度情况

项目	满意占比/%	不满意占比/%	满意度均值	标准差
湖水环境对生活用水影响程度	24.23	31.21	2.83	1.158
鄱阳湖水环境质量满意度	10.48	55.85	2.35	0.979
血吸虫病担心程度	31.52	56.88	2.70	1.427

注：在湖水环境对生活用水影响程度中，"无影响"到"严重影响"依次对应"非常满意"到"非常不满意"；在血吸虫病担心程度中，以居民对血吸虫病的担心情况作为对生态环境质量的评价，其中，"不担心"到"非常担心"依次对应"非常满意"到"非常不满意"

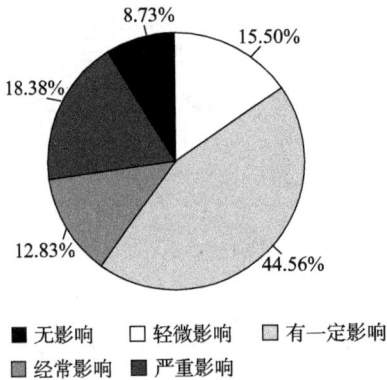

图 8.16　湖水环境对生活用水影响程度

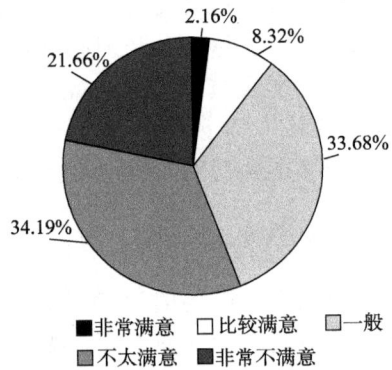

图 8.17　鄱阳湖水环境质量满意度

图中各占比之和不等于 100%是因为进行过舍入修约

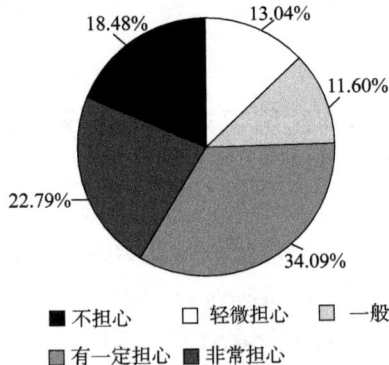

图 8.18　血吸虫病担心程度

（一）湖水污染影响到居民的生活用水，但农村居民的对此的反应比城镇居民较不敏感

被调查者影响程度均值为 2.83，其中，城镇居民和农村居民满意度均值分别为 2.75 和 3.31，这说明湖水对居民生活用水产生了一定的影响，但农村居民感觉影响不大。从被调查者选择不同等级影响程度的比例看，居民选择无影响、轻微影响、有一定影响、经常影响、严重影响的占全部样本的比例依次为 8.73%、15.50%、44.56%、12.83%、18.38%。全部样本中，认为影响程度为"有一定影响"以上的占 75.77%，尤其是城镇居民更加敏感。相关部门应制定针对性策略，加强对湖水与污水的治理。

（二）居民普遍认为鄱阳湖水环境质量较差，相当一部分居民对鄱阳湖水环境质量持明确的不满意态度

被调查者满意度均值为 2.35，从被调查者选择不同等级的满意度所占比例来看，居民选择非常满意、比较满意、一般、不太满意、非常不满意的占全部样本的比例依次为 2.16%、8.32%、33.68%、34.19%、21.66%。其中，全部样本的满意度为 10.48%，不满意度为 55.85%，超过 20%的被调查者感到不满意。目前湖水环境已经对生活用水产生了一定影响，为防止情况恶化，卫生部门应尽快采取应对策略，制定相关方案并推进实施。

（三）超过半数居民对血吸虫病及其带来的负面影响表示担心

被调查者担心程度均值为 2.70，城镇居民和农村居民担心程度相当，分别为 2.70 和 2.72。从被调查者对血吸虫病选择的不同评判等级的占比来看，居民选择不担心、轻微担心、一般、有一定担心、非常担心的占全部样本的比例分别为 18.48%、13.04%、11.60%、34.09%、22.79%。其中，表示有一定担心及以上的居民占 56.88%，超过半数居民对血吸虫病表示不同程度的担心，尤其是吴城镇居民担心程度较严重。由于鄱阳湖区历来属血吸虫病多发地带，虽然近几年防治取得突破，但仍不能放松警惕，应持续增强对血吸虫病的医疗防治实力，做好居民基本防治知识的普及工作。

六、休闲状况：鄱阳湖区居民有较充足的休闲时间，但认为生活压力较大

休闲是人们的基本生活需求得到满足后进一步提高福祉的重要向度，包

括放松、娱乐与个人发展（Dumazedier，1967）。根据调查统计结果（表 8.6~表 8.9、表 8.14、图 8.19、图 8.20），从综合生活压力与休闲时间来看，尽管绝大多数被调查者表示自己有时间与家人朋友一起旅游，但也有超过 2/3 的被调查者表示感受到较大的生活压力。

表 8.14　鄱阳湖区休闲状况满意度

项目	同意占比/%	不同意占比/%	满意度均值	标准差
有时间和家人旅游	50.30	20.64	3.33	1.082
感到太多生活压力	44.27	20.10	2.65	1.036

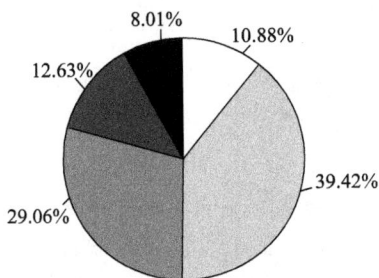

图 8.19　有时间和家人旅游　　　　图 8.20　感到太多生活压力

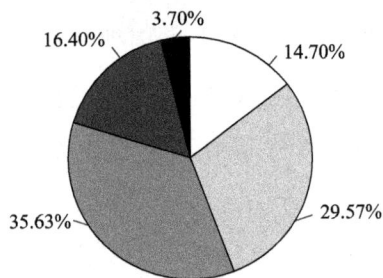

（一）鄱阳湖区居民休闲娱乐状况良好，大部分居民表示有时间和家人旅游

被调查者满意度均值为 3.33，从被调查者选择不同等级满意度的所占比例来看，居民选择非常同意、比较同意、一般、不太同意、非常不同意的占全部样本的比例分别为 10.88%、39.42%、29.06%、12.63%、8.01%；其中，全部样本中选择非常同意、一般与比较同意的占比为 79.36%，近 80%的居民工作之余有时间放松休闲。调查结果还显示年轻未婚群体更注重旅游休闲；公司职员相较于其他职业而言，休闲旅游满意度高；研究生及其以上学历人群较注重精神文化消费，旅游次数较多。

（二）鄱阳湖区居民普遍表示存在一定生活压力，其中年轻群体、低薪资及工作不稳定者感到生活压力较大

被调查者满意度均值为 2.65，从被调查者选择不同等级满意度所占的比例来看，居民选择非常同意、比较同意、一般、不太同意、非常不同意的占全部样本的比例分别为14.70%、29.57%、35.63%、16.40%、3.70%。全部样本中，选择同

意的占比（44.27%）为选择不同意的占比（20.10%）的两倍多。生活压力是影响居民幸福感的重要心理因素，鄱阳湖区不仅要注重物质层面的经济社会发展，也要重视人的心理健康及精神文明建设。

第四节 鄱阳湖区居民主观幸福感总体评价

一、鄱阳湖区居民普遍表示家庭较幸福

和生活幸福感相比，鄱阳湖区居民的家庭幸福感水平更高。根据调查统计结果（表 8.15、图 8.21~图 8.23），受访者家庭幸福感均值为 3.87。其中，城镇居民家庭幸福感（3.85）、男性居民的家庭幸福感（3.82）、月收入 1 000~3 000 元的居民家庭幸福感（3.81）、45~55 岁人群的家庭幸福感（3.78）、本科学历居民的家庭幸福感（3.81）、企事业单位人员的家庭幸福感（3.72）、离婚或丧偶人群的家庭幸福感（3.38）在其分类属性下均值得分最低；家庭幸福感在不同年龄、不同性别、不同收入水平、不同文化素质和不同工作性质的被调查者间存在差异。从受访者选择不同满意度所占的比例来看，居民选择非常幸福、比较幸福、一般、不太幸福、非常不幸福的占比分别为 25.87%、46.61%、20.33%、2.98%、4.21%；幸福占比达 72.48%，不幸福占比为 7.19%；25.87%的被调查者认为自己的家庭非常幸福，46.61%的人认为自己的家庭比较幸福。受访居民普遍感到家庭幸福，这对居民主观福祉产生积极正向作用。

表 8.15 鄱阳湖区居民主观幸福感水平

题项	满意占比/%	不满意占比/%	满意度均值	标准差
家庭幸福感	72.48	7.19	3.87	0.972
生活幸福感	64.27	8.93	3.66	0.936
与身边人相比生活满意度	32.44	12.21	3.18	0.801

二、鄱阳湖区居民普遍认为生活幸福感强

被调查居民的生活幸福感均值为 3.66，其中城镇居民的生活幸福感（3.65）、男性的生活幸福感（3.60）、月收入 1 000~3 000 元的居民生活幸福感（3.62）、55 岁以上人群的生活幸福感（3.57）、本科学历居民的生活幸福感（3.60）、企事业单位人员的生活幸福感（3.47）、离婚或丧偶人群的生活幸福

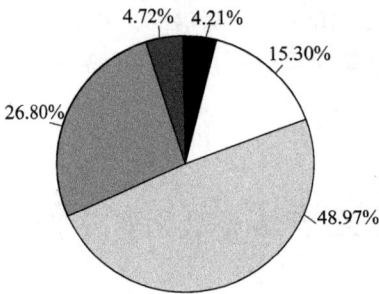

图 8.21   生活幸福感

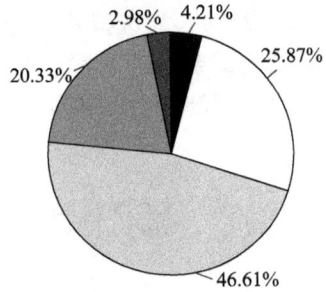

图 8.22   家庭幸福感

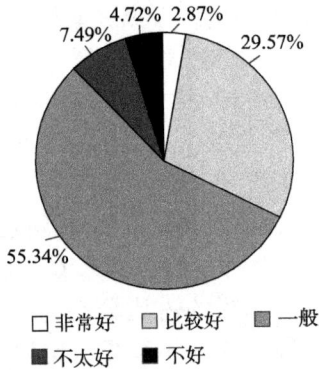

图 8.23   与身边人相比生活满意度

图中各占比之和不等于 100%是因为进行过舍入修约

感（3.06）在其分类属性下均值得分最低；婚姻幸福对生活幸福感的影响很大。从受访者选择的不同等级幸福感所占的比例来看，居民选择非常幸福、比较幸福、一般、不太幸福、非常不幸福的占全部样本的比例分别为 15.30%、48.97%、26.80%、4.72%、4.21%。全部样本中幸福占比为 64.27%，不幸福占比为 8.93%，被调查居民普遍感到生活幸福感较强，但值得注意的是老年群体的生活幸福感弱，这与农村养老问题及农村空心化导致的空巢老人缺乏子女陪伴有关。

三、鄱阳湖区大部分居民与别人相比对自身生活质量较满意

被调查者居民的相对生活质量满意度均值为 3.18。其中，农村居民的相对生活质量满意度（3.17）、男性的相对生活质量满意度（3.12）、月收入低于 3 000元的居民相对生活质量满意度（3.13）、35~45 岁居民的相对生活质量满意度

（3.12）、本科学历居民的相对生活质量满意度（3.14）、企事业单位人员的相对生活质量满意度（3.04）、离婚或丧偶人群的相对生活质量满意度（3.06）在其分类属性下均值得分最低。从受访者选择不同等级相对生活质量满意度所占的比例来看，居民选择非常满意、比较满意、一般、不太满意、非常不满意的占全部样本比例分别为2.87%、29.57%、55.34%、7.49%、4.72%。全部样本中，比较满意和一般占比之和达到84.91%，不满意度占比12.21%，大部分受访者与别人相比对自身生活质量较满意（表8.15、图8.21~图8.23）。

　　总而言之，尽管鄱阳湖区居民对其他福祉维度的满意度低，但当地居民生活较闲适、生活幸福感强，被调查者普遍表示家庭和睦，有时间和家人旅游，和身边人比较认为自己的生活满意度较好，对生活充满信心。由此可见，福祉与心理因素和性格有很大关系，心理上的自我满足感是影响鄱阳湖区居民生活满意度的重要因素。

第九章 鄱阳湖区居民主观福祉差异及其影响因素

第一节 鄱阳湖区居民主观福祉差异的计量分析

为进一步探究不同性别、户籍、年龄、收入、教育水平等的居民群体的主观福祉差异，应用SPSS 19.0软件，采用独立样本t检验及单因素方差分析方法，对不同群体平均数的差异显著性进行检验。

独立样本 t 检验适用于两个群体平均数的差异检验，其基本假设之一是方差同质性，因而在进行 t 检验前需要对两个群体的方差同质性进行检验，根据方差是否具有同质性，采用不同的 t 检验方法。当分组变量的水平值为三个或三个以上时，进行两两间的 t 检验较复杂，故采用单因子方差分析方法。当方差分析整体检验的 F 值显著，说明至少有两个组别平均数之间的差异达到显著水平，然后进行进一步事后比较，得出具体结果；若 F 值不显著，则无事后比较的必要。值得注意的是，与 t 检验相同，在进行单因子方差分析前要先进行方差同质性检验，根据检验结果采用不同的事后比较方法。

本章从收入、健康、生活条件、社会关系、休闲、生态环境六个维度的生活满意度及居民主观幸福感出发，进行不同维度间生活满意度和主观幸福感的差异比较。

一、收入满意度差异分析

不同性别、户籍、收入、年龄、教育水平、职业的被调查居民的收入满意度有显著差异（表 9.1~表 9.6）。

表9.1　不同性别、户籍的被调查居民在不同维度满意度的差异比较

维度	性别	N	均值	标准差	t 值	维度	户籍	N	均值	标准差	t 值
收入	女	420	4.526	1.471	0.729	收入	城镇	827	4.438	1.563	−2.209*
	男	554	4.453	1.648			农村	147	4.748	1.613	
健康	女	420	8.548	2.254	−0.268	健康	城镇	827	8.433	2.242	−4.556***
	男	554	8.587	2.244			农村	147	9.340	2.121	
生活条件	女	420	9.700	2.839	−0.126	生活条件	城镇	827	9.642	2.899	−1.807
	男	554	9.724	3.003			农村	147	10.116	3.087	
社会关系	女	420	9.974	2.379	−1.733	社会关系	城镇	827	10.089	2.503	−1.260
	男	554	10.253	2.624			农村	147	10.374	2.633	
休闲	女	420	6.079	1.565	1.789	休闲	城镇	827	5.976	1.581	0.069
	男	554	5.895	1.597			农村	147	5.966	1.615	
生态环境	女	420	7.607	2.702	−2.709*	生态环境	城镇	827	7.751	2.809	−3.614***
	男	554	8.101	2.904			农村	147	8.660	2.815	
主观幸福感	女	420	10.940	2.432	2.536*	主观幸福感	城镇	827	10.687	2.453	−1.088
	男	554	10.549	2.354			农村	147	10.891	2.028	

*、**、***分别表示在5%、1%、0.1%的水平上显著

注：N 表示样本量

表9.2　不同收入阶层被调查居民的单因素方差分析

维度		平方和	df	均方	F	事后比较 Scheffe 法	事后比较 Games-Howell 法
主观幸福感	组间	78.308	4	19.577	3.540**		D>B
	组内	5 499.048	969	5.675			
	总数	5 577.356	973				
收入	组间	65.716	4	16.429	6.793***		D>A、D>B
	组内	2 343.553	969	2.419			
	总数	2 409.269	973				
生活条件	组间	163.896	4	40.974	4.842**	E>A、E>B	
	组内	8 199.185	969	8.461		E>C	
	总数	8 363.081	973				

*、**、***分别表示在5%、1%、0.1%的水平上显著

注：表中仅列出整体检验显著的维度；A、B、C、D、E 分别表示收入在 1 000 元以下、1 000~3 000 元、3 000~5 000 元、5 000~8 000 元及 8 000 元以上

表 9.3　不同年龄阶段被调查居民的单因素方差分析

维度		平方和	df	均方	F	事后比较 Scheffe 法	事后比较 Games-Howell 法
主观幸福感	组间	64.931	4	16.233	2.853*		A>B、A>C
	组内	5 512.426	969	5.689			A>D、A>E
	总数	5 577.356	973				
收入	组间	43.806	4	10.952	4.486**	A>D	
	组内	2 365.463	969	2.441		E>D	
	总数	2 409.269	973				
健康	组间	198.798	4	49.699	10.216***		A>B、A>C
	组内	4 713.955	969	4.865			A>D、E>D
	总数	4 912.753	973				
生活条件	组间	214.007	4	53.502	6.362***	A>B、A>C	
	组内	8 149.074	969	8.410		A>D、E>B	
	总数	8 363.081	973			E>D	
社会关系	组间	144.073	4	36.018	5.765***	A>B、A>C	
	组内	6 053.841	969	6.248		A>D、A>E	
	总数	6 197.915	973				
生态环境	组间	217.537	4	54.384	6.970***	A>C、A>D	
	组内	7 561.264	969	7.803		E>D	
	总数	7 778.802	973				

*、**、***分别表示在 5%、1%、0.1%的水平上显著

注：表中仅列出整体检验显著的维度；A、B、C、D、E 分别表示年龄在 24 岁以下、25~35 岁、35~45 岁、45~55 岁、55 岁以上

表 9.4　不同教育水平被调查居民的单因素方差分析

维度		平方和	df	均方	F	事后比较 Scheffe 法	事后比较 Games-Howell 法
收入	组间	72.534	3	24.178	10.036***	A>C	
	组内	2 336.735	970	2.409		B>C	
	总数	2 409.269	973				
健康	组间	271.357	3	90.452	18.904***		A>C
	组内	4 641.395	970	4.785			B>C
	总数	4 912.753	973				
生活条件	组间	263.052	3	87.684	10.500***	A>C	
	组内	8 100.029	970	8.351		B>C	
	总数	8 363.081	973				
休闲	组间	31.654	3	10.551	4.242**		B>C
	组内	2 412.704	970	2.487			
	总数	2 444.358	973				

续表

维度		平方和	df	均方	F	事后比较 Scheffe 法	事后比较 Games-Howell 法
生态环境	组间	174.151	3	58.050	7.405***	A>C	
	组内	7 604.651	970	7.840		B>C	
	总数	7 778.802	973				

*、**、***分别表示在 5%、1%、0.1%的水平上显著

注：表中仅列出整体检验显著的维度；A、B、C、D 分别表示学历为小学及以下、中学、本科、研究生及以上

表 9.5　不同职业被调查居民的单因素方差分析

维度		平方和	df	均方	F	事后比较 Scheffe 法	事后比较 Games-Howell 法
收入	组间	75.801	5	15.160	6.289***		C<A、C<D
	组内	2 333.468	968	2.411			C<E
	总数	2 409.269	973				
健康	组间	343.166	5	68.633	14.539***		C<A、C<B
	组内	4 569.587	968	4.721			C<D、C<E、C<F
	总数	4 912.753	973				
生活条件	组间	227.864	5	45.573	5.423***	C<B、C<F	
	组内	8 135.217	968	8.404			
	总数	8 363.081	973				
社会关系	组间	244.043	5	48.809	7.935***	C<A、C<F	
	组内	5 953.872	968	6.151			
	总数	6 197.915	973				
休闲	组间	52.748	5	10.550	4.270**	C<E	
	组内	2 391.610	968	2.471			
	总数	2 444.358	973				
生态环境	组间	427.737	5	85.547	11.265***		C<A、C<B
	组内	7 351.065	968	7.594			C<D、C<E、C<F
	总数	7 778.802	973				
主观幸福感	组间	265.819	5	53.164	9.689***		C<A、C<D
	组内	5 311.538	968	5.487			C<E
	总数	5 577.356	973	15.160			

*、**、***分别表示在 5%、1%、0.1%的水平上显著

注：表中仅列出整体检验显著的维度；A、B、C、D、E 分别表示职业为公务员、务农人员、企事业单位人员、个体经营者、公司职员、其他

表9.6 不同婚姻状况被调查居民的单因素方差分析

维度		平方和	df	均方	F	事后比较 Scheffe 法	事后比较 Games-Howell 法
健康	组间	58.794	2	29.397	5.881**		A>B
	组内	4 853.959	971	4.999			
	总数	4 912.753	973				
生态环境	组间	100.146	2	50.073	6.332**	A>B	
	组内	7 678.656	971	7.908			
	总数	7 778.802	973				
主观幸福感	组间	39.213	2	19.607	3.438*	A>C	
	组内	5 538.143	971	5.704			
	总数	5 577.356	973	29.397			

*、**、***分别表示在5%、1%、0.1%的水平上显著

注：表中仅列出整体检验显著的维度；A、B、C分别表示未婚、已婚、离婚或丧偶

农村户籍人口的收入满意度比城市户籍人口高。城镇人口与农村人口在收入满意度上存在显著差异的原因主要在于，与城市消费水平相比，农村消费水平相对较低；同时，农村消费需求也相对较低，所以农村户籍人口的收入满意度显著高于城镇户籍人口的收入满意度。

中年人的收入满意度最低。24岁以下及55岁以上居民的收入满意度显著高于45~55岁的居民收入满意度。由于24岁以下的被调查者多为在校高中生或大学生，其收入主要来源于父母，因而收入压力较小，收入满意度较高；55岁以上人群由于其消费需求较低、拥有养老保险及较好的生活心态等原因，收入满意度也较高。

月收入5 000元以上者收入满意度最高。月收入5 000~8 000元的被调查者的收入满意度显著高于月收入3 000元以下的被调查者。值得注意的是，月收入在8 000元以上的被调查者的收入满意度并没有显著高于其他收入组分的被调查者。一方面，可能是由于鄱阳湖区收入水平普遍不高，被调查者月收入在8 000元以上的人较少；另一方面，较高的收入也意味着较高的工作强度或较大的付出，因而这类人群的收入满意度并没有显著高于其他组分。这也进一步说明，鄱阳湖区居民收入满意度与收入绝对数值之间并无必然联系。

低学历群体的收入满意度更高。高中以下学历的被调查者的收入满意度显著高于大学学历的被调查者的收入满意度。一方面，由于低学历的被调查者对收入的期望不高，所以其收入满意度相对较高；另一方面，高中及其以下学历的被调查者，有相当一部分为在校学生，这一群体并没有太多的收入压力，因此其收入满意度也较高。

企事业单位人员相较于公务员、个体经营者和公司职员收入满意度较低。

值得注意的是，传统研究认为性别对收入具有较显著的影响，但此次问卷调查发现，性别对收入满意度的影响并不显著。

二、健康满意度差异分析

不同性别、户籍、年龄、婚姻状况、职业及教育水平的居民在健康满意度上存在显著差异（表 9.1、表 9.3~表 9.6）。

农村户籍人口的健康满意度显著高于城镇户籍人口。随着生活水平的提高，人们的饮食得到了极大的改善，但不好的生活习惯及健康知识的缺乏，导致了一些慢性疾病的发生，加之城镇存在更严重的空气污染等，这使得城镇居民的健康满意度较低。

中年被调查者对自身健康的满意度较低，未婚的被调查者的健康满意度显著高于已婚的被调查者。24 岁以下居民的健康满意度显著高于 25~55 岁居民的健康满意度；55 岁以上居民对健康维度的满意度也显著高于 45~55 岁的居民；高中以下学历的居民对健康维度的满意度显著高于大学学历的居民。由于 24 岁以下的、高中及其以下学历的、未婚的被调查者多为学生等青年群体，该群体的身体素质相对较好，所以其健康满意度较高。与此相反的是，25~55 岁的人由于拥有较大经济压力和生活压力，加之工作压力较大，随着年龄的增长一些疾病也逐渐显现出来，因此该群体对自身健康的满意度较低。

企事业单位人员的健康满意度显著低于其他职业的被调查者。

三、生活条件满意度差异分析

不同收入、年龄、职业与教育水平的居民在生活条件满意度上有显著不同（表 9.2~表 9.5）。

一般来说，收入越高生活条件满意度也越高。月收入 8 000 元以上的居民的生活条件满意度显著高于月收入 5 000 元以下的居民的生活条件满意度，这表明生活条件满意度与收入间具有较强的正相关关系。与之形成鲜明对比的是，月收入在 8 000 元以上的被调查者的收入满意度并没有显著高于其他组分，这也进一步说明，被调查者对收入满意度与生活条件满意度的主观感受明显不同。

中年居民的生活条件满意度较低。24 岁以下居民的生活条件满意度显著高于 25~55 岁的居民，55 岁以上的居民的生活条件满意度也显著高于 25~35 岁及 45~55 岁的居民，即低年龄群体与高年龄群体的生活条件满意度均较高。

务农人员与其他职业人员的生活条件满意度显著高于企事业单位人员；高中以下学历的居民的生活条件满意度显著高于大学学历的居民。

四、社会关系满意度差异分析

不同年龄段与不同职业的居民对社会关系的满意度存在显著差异（表 9.3 和表 9.5）。

24 岁以下居民的社会关系满意度显著高于其他年龄段的居民，原因可能在于 24 岁以下年轻人多刚步入社会或为在校生，其所处的社会环境相对单一，且年轻人较重视友谊，因此在社会安全、人际关系方面满意度较高。

公务员与其他职业人员的社会关系满意度显著高于企事业单位人员。

五、休闲满意度差异分析

就休闲满意度而言，高中文化水平的居民在休闲满意度上显著高于大学文化程度的居民；公司职员的休闲满意度显著高于企事业单位人员；其余维度的满意度均值存在一定差异，但这种差异并不显著（表 9.4 和表 9.5）。

一方面，高中学历的被调查者中有一部分为在校生，他们的经济、生活压力较小；另一方面，更高学历的人接受了更多的教育，其社会责任感、内心期望水平也会相对较高，与此同时，外界与自身给予的压力也随之增大，所以其在多个维度的满意度较低。

六、生态环境满意度差异分析

不同性别、户籍、年龄、婚姻状况与教育水平的居民对生态环境的满意度存在显著差异（表 9.1、表 9.3~表 9.4、表 9.6）。

农村户籍的被调查者对生态环境的满意度明显高于城镇户籍的被调查者；未婚人群的生态环境满意度显著高于已婚人群；高中以下学历的居民对生态环境的满意度明显高于大学学历的居民；相较于其他职业，企事业单位人员的生态环境满意度最低。

24 岁以下的被调查者对生态环境的满意度明显高于35~55 岁的被调查者；同时，55 岁以上的被调查者在生态环境方面的满意度也显著高于45~55 岁人群。

七、居民主观幸福感的整体差异分析

不同性别、收入、婚姻状况及年龄等的被调查者在整体主观幸福感上存在显著差异（表9.1~表9.3、表9.6）。

女性的主观幸福感显著高于男性；未婚人群的主观幸福感显著高于离婚或丧偶的人群；24岁以下居民的主观幸福感显著高于其余各年龄段的居民；月收入在5 000~8 000元的居民的主观幸福感显著高于月收入在1 000~3 000元的居民的主观幸福感。

具体而言，年龄在24岁以下或55岁以上的群体和收入在5 000元以上的群体的主观幸福感与生活满意度较高；年龄在35~55岁、收入在1 000~3 000元的城镇居民群体的主观幸福感与各维度满意度均较低。低年龄群体多为各类在校生，所处的社会环境相对简单，生活压力、经济压力相对较小，因此其生活满意度与主观幸福感较高；高年龄群体（>55岁）家庭与经济压力较小，生活和社会保障层次提高，压力减轻，生活态度较乐观，生活期望值也较低，因此拥有较高的满足感和主观幸福感。

月收入在5 000元以上的群体在鄱阳湖区已属高收入群体，凭借相对较高的收入，该群体拥有较好的生活环境、相对较轻的生活压力及休闲能力，因此其在生活质量、收入、休闲等多个方面的满意度均较高。与之相反，年龄在35~55岁、收入在1 000~3 000元的城镇居民，收入水平较低，同时要承担培养子女、赡养父母等家庭责任、购房等生活压力和工作压力，因此在生活等各方面压力较大，导致其生活满意度与主观幸福感较低。

不同受教育程度、户籍状况的被调查者之间主观幸福感的差异并不明显。由此可见，就鄱阳湖区而言，受教育程度与户籍类型对居民主观幸福感没有显著影响。值得注意的是，尽管月收入在5 000~8 000元的居民的主观幸福感显著高于低收入居民的主观幸福感，但月收入在8 000元以上的居民并没有表现出类似特征，这在一定程度上说明，鄱阳湖区居民的主观幸福感并不是随着收入的不断增加而持续增加的，当收入超过一定水平，人的欲望等因素的变化，也会对居民主观幸福感产生影响。

婚姻状况和职业类型会影响鄱阳湖区居民主观幸福感。不同婚姻状况的居民在主观幸福感方面也表现出较大差异，未婚人群的主观幸福感显著高于离婚或丧偶人群，这可能与未婚人群年龄普遍偏低、经济生活压力较小有关。在职业类型方面，企事业单位人员主观幸福感显著低于公务员、个体经营者及公司职员，可能是因为企事业单位人员通勤时间长，县城企业的福利与经济效益水平不高。

八、居民主观福祉的地域差异分析

鄱阳湖区各县区的主观福祉水平及各维度主观福祉水平的地区差异较明显。其中，星子县居民平均福祉（2.56）最低，永修县最高（3.08）；生态福祉水平均值地域差异①（0.72）最大，健康和休闲的地域差异（0.61 和 0.52）次之，生活条件和主观幸福感的地域差异（0.35 和 0.39）一般，地域差异较小的是社会关系（0.2）和收入（0.24）。各区县居民主观福祉水平具体情况如图 9.1 所示。

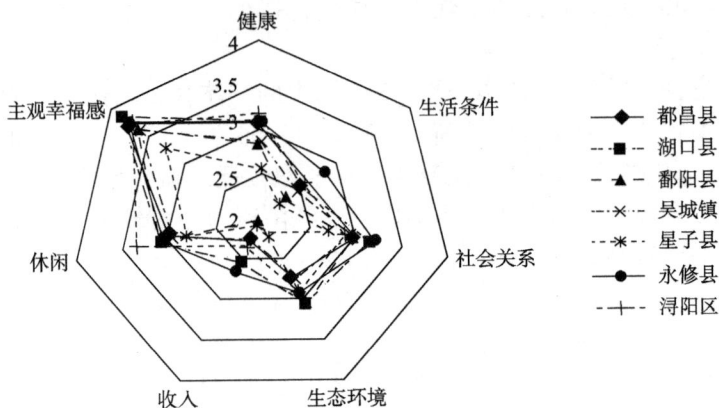

图 9.1　环鄱阳湖区各区县居民各维度主观福祉比较

都昌县居民幸福感较强，其家庭幸福感（4.15）和相对生活质量满意度（3.43）在调查区域内最高，其他维度的主观福祉处于中等。尽管 2015 年人均 GDP（13 059 元）在调查区域内最低，但都昌县居民生活较闲适，自我满足感强，从整体主观福祉水平来看接近一半的调查者认为幸福或满意，可见，收入等经济因素并不是影响都昌县居民主观福祉的绝对因素。

湖口县居民普遍对生活感到满意，当地居民幸福感最强（3.86），且各维度的主观福祉水平均处于调查区域的前列。

鄱阳县生态福祉满意度（3.08）最高，收入状况满意度（2.05）最差。这主要是因为当地居民对鄱阳湖水环境质量满意度较高，对血吸虫病担心程度小，鄱阳县沿湖生态环境保护工作较到位。鄱阳县为国家级贫困县，2015 年人均 GDP 不到全省平均水平的 1/2，居民收入状况满意度低，所以增进鄱阳县居民主观福祉的关键在于提高当地经济发展水平，促进居民增收，形成生态福祉与居民收入协调提高。

吴城镇居民整体福祉水平在调查区域内仅高于星子县，其交通状况满意度在调查区域内较高（2.64）；医疗服务设施、对血吸虫病的担心程度得分仅高于最低的星子县；在遇到经济困难时能否得到帮助、生活压力状况方面得分为调查区域内最低，当地居民各维度的主观福祉水平均较低。

星子县除收入维度外其他各维度的满意度得分最低。

————————————

① 这里的差异指极差。

永修县主观福祉水平最高（3.08），其生活条件满意度和社会关系满意度在调查区域内最高。原因有两方面，一方面，当地住房、交通、物价水平表现较良好，民风淳朴、社会较公平；另一方面，调查区域内其他各地的生活条件满意度普遍较低，与其差距较大。

浔阳区医疗健康福祉水平和休闲满意度最高，其他维度的满意度在调查区域内处于中上水平。究其原因主要是浔阳区为调查区域的唯一市级区，经济实力较强，此外当地居民人均GDP最高，约为江西省平均水平（2015年）的3.2倍，居民较富裕，休闲娱乐活动、医疗健康资源丰富，居民生活条件较好。

综上可知，鄱阳湖区各县区居民主观福祉差异较大，其中，永修县和浔阳区的居民主观福祉达到中等满意程度，星子县最低；吴城镇的居民主观福祉水平仅高于星子县，星子县居民主观福祉水平最低；浔阳区医疗健康福祉水平和休闲程度满意度最高；永修县的生活条件满意度和社会关系满意度最高；鄱阳县生态环境满意度最高，但收入满意度最低；湖口县的居民幸福感最强；都昌县主观福祉维度均处于中等水平。

第二节　鄱阳湖区居民生活满意度与主观幸福感的关系分析

根据理论分析可知，收入、健康、生活条件、社会关系、休闲及生态环境均会对居民福祉产生重要影响。具体来看，收入是居民维持基本生活及参与经济活动最重要的影响因素，其对居民福祉具有重要的正向影响；健康是人们进行一切社会活动的基础，只有拥有健康的身体，人们才有享受美好生活的能力，因此健康对福祉具有正向影响，同时，收入与健康均是 HDI 的重要组成部分；较好的生活条件与休闲能力，可以提高人的生活质量，对人类福祉具有促进作用；良好的社会关系可以增加人的社会认同感，推动社会和谐发展，对人类福祉具有积极影响；生态环境关乎人的生活质量、身体健康等多个方面，因此对人类福祉也具有推动作用。

将主观幸福感作为主观福祉的衡量指标，采用多元回归方法分析探究鄱阳湖区居民在六个维度的生活满意度与主观幸福感之间的关系。回归方程如下：

$$SWB = \beta_0 + \beta_1 \, inc + \beta_2 \, heal + \beta_3 \, lqua + \beta_4 \, scon + \beta_5 \, rel + \beta_6 \, env$$

其中，SWB 为居民主观幸福感，inc、heal、lqua、scon、rel、env 分别为收入、健康、生活条件、社会关系、休闲及生态环境六个维度的生活满意度。整体回归模型 F 检验显著，不存在多重共线性（表9.7），回归结果如表9.8所示。

表 9.7　回归统计量

模型	R^2	调整 R^2	S.E	F	Sig. F	Durbin-Watson
1	0.325	0.321	1.973	77.664	0.000	1.555

表 9.8　回归系数及其统计量

统计量	非标准化系数		t	Sig.	共线性统计量	
	系数	S.E			容差	VIF
常数项	4.42	0.33	13.47	0.00		
收入	0.01	0.06	0.11	0.91	0.52	1.92
健康	0.34	0.04	8.51	0.00	0.50	2.00
生活条件	0.14	0.03	4.11	0.00	0.41	2.45
社会关系	0.13	0.03	4.34	0.00	0.70	1.42
休闲	0.12	0.04	2.63	0.01	0.81	1.23
生态环境	0.00	0.03	0.05	0.96	0.67	1.48

根据回归结果，可以得出以下几点。

第一，健康、生活条件、社会关系、休闲维度的生活满意度对鄱阳湖区居民主观福祉具有显著的正向影响，而收入满意度对鄱阳湖区居民主观福祉的影响并不显著。这主要有两方面原因：其一，收入满意度与收入水平不同，收入水平是收入状况的客观反映，体现了居民拥有美好生活的经济能力，而收入满意度不仅与收入水平有关，更与人的欲望、人际比较等主观因素有关。鄱阳湖区居民自我满足感较强，普遍感到生活幸福。其二，收入仅仅决定主观幸福感的一个维度，而福祉是一个反映人的良好生活状态的多维度概念，鄱阳湖区居民拥有较高的主观幸福感与较低的收入满意度之间并不矛盾。

第二，健康满意度对主观幸福感的影响最大。除此之外，依次是生活条件、社会关系和休闲满意度，三者对主观幸福感的影响较小且较接近。居民对健康的满意度每提高一个单位，主观幸福感就提高 0.34 个单位，生活条件、社会关系和休闲满意度每提高一个单位，主观幸福感约提高 0.13 个单位。

第三，健康满意度、生活条件满意度、社会关系满意度、休闲满意度对居民主观幸福感有显著影响。关注居民健康水平，增加基础医疗建设的投入，不断完善医疗保险体系，建设舒适、便利的人居环境，大力倡导构建和谐社会将有利于鄱阳湖区居民主观福祉的进一步提升。加大基础医疗设施的投入，完善医疗保险制度，建设和谐、便利、友好的人居环境对提升鄱阳湖区居民主观福祉具有重要作用。

第四，青年人、老年人与高收入群体是生活满意度与主观幸福感相对较高的群体，城镇的低收入中年群体是生活满意度与主观幸福感均较低的群体。关注城镇低收入中年群体，通过社区活动、相关便民政策等多种有针对性的措施提高该群体的生活满意度与主观幸福感，对提高鄱阳湖区居民整体主观幸福感具有重要意义。

第三节　鄱阳湖区居民主观福祉的影响因素分析

本节根据调查问卷，运用因子分析方法，将影响鄱阳湖区居民主观福祉的众多因素降维为几个主要因子，通过因子命名概括鄱阳湖区居民主观福祉的主要影响因子。

一、鄱阳湖区居民主观福祉的因子分析

（一）KMO 和 Bartlett 检验

使用因子分析方法前要先对收集的有效问卷数据进行 KMO 样本检测和 Bartlett 球形检验。

根据统计学家 Kaiser 的研究可知，KMO 值在 0.9 以上表示非常适合因子分析；0.8 以上表示比较适合；0.7 表示一般；0.6 表示不太适合；0.35 以下表示极不适合。本调查问卷的 KMO 值为 0.849，较适合进行因子分析。其 Bartlett 球形检验的卡方为 2 612.41，显著性为 0.000，表示母群体的相关矩阵间存在公共因子，适合进行因子分析（表 9.9）。

表 9.9　KMO 样本检测和 Bartlett 球形检验

检验方法		检验结果
取样足够度的 KMO 度量		0.849
Bartlett 球形检验	近似卡方	2 612.41
	df	55
	Sig.	0.000

（二）方差分析

剔除初始题项中因子载荷小于 0.4 的变量后得到 11 个有效变量，采用主成分分析法提取因子，以特征根大于 1 为标准，得到 4 个主因子，可解释方差的 75.615%（表 9.10）。

表 9.10　方差分析结果

成分	初始特征值			提取平方和载入			旋转平方和载入		
	合计	方差的百分比/%	累积百分比/%	合计	方差的百分比/%	累积百分比/%	合计	方差的百分比/%	累积百分比/%
1	4.048	39.801	39.801	4.048	39.801	39.801	2.675	28.320	28.320
2	1.211	13.009	52.810	1.211	13.009	52.810	2.125	22.318	50.638
3	1.046	12.511	65.321	1.046	12.511	65.321	1.414	14.851	65.489
4	1.002	10.295	75.615	1.002	10.295	75.615	1.004	10.125	75.615
5	0.817	6.429	82.044						
6	0.725	5.588	87.632						
7	0.634	3.767	91.399						
8	0.561	3.104	94.503						
9	0.372	2.384	96.887						
10	0.323	1.212	98.099						
11	0.319	1.901	100.000						

（三）因子提取与命名

采用主成分分析和正交旋转法，得到由 11 个观测变量综合而成的 4 个因子（表 9.11）。

表 9.11　因子载荷矩阵和旋转因子载荷矩阵

变量	因子载荷矩阵				变量	旋转因子载荷矩阵			
	1	2	3	4		1	2	3	4
X_1	0.780	0.089	0.075	0.080	X_1	0.773	0.256	0.102	0.044
X_2	0.755	0.146	0.180	−0.227	X_2	0.762	0.133	0.074	0.042
X_3	0.744	0.102	−0.002	−0.118	X_3	0.670	0.356	0.228	0.044
X_4	0.693	−0.503	0.007	0.082	X_4	0.644	0.317	0.246	−0.036
X_5	0.666	0.223	0.196	−0.271	X_5	0.644	0.009	0.112	−0.006
X_6	0.647	−0.525	0.022	0.151	X_6	0.215	0.817	0.052	0.018
X_7	0.520	0.284	0.107	−0.255	X_7	0.287	0.809	0.048	−0.030
X_8	0.504	−0.437	−0.078	0.209	X_8	0.086	0.685	0.134	−0.008
X_9	0.486	0.402	−0.402	0.285	X_9	0.118	0.142	0.825	0.028
X_{10}	0.460	0.328	−0.433	0.457	X_{10}	0.258	0.054	0.755	−0.038
X_{11}	0.045	0.228	0.776	0.582	X_{11}	0.047	−0.016	−0.007	0.997

第一主因子包括"居住环境满意度"、"住房条件满意度"、"医疗保险满意度"、"医疗服务设施满意度"和"健康状况满意度"5 个题项，其中，"居住环境满意度"和"住房条件满意度"主要与居民的居住条件和居住环境相关；

"医疗保险满意度"、"医疗服务设施满意度"和"健康状况满意度"主要与居民健康水平相关，故将其概括为居住健康因子，第一主因子解释了总方差的28.320%。

第二主因子包括"湖水环境对生活用水影响程度"、"鄱阳湖水环境质量满意度"和"血吸虫病担心程度"3个题项，主要反映鄱阳湖区生态环境与居民生活的关系，将其称为生态环境因子，解释了总方差的22.318%。

第三主因子包括"捡到钱包归还的可能性"和"遇到经济困难时得到帮助的程度"2个题项，主要反映社会环境的好坏，将其命名为社会关系因子，第三主因子解释了总方差的14.851%。

第四主因子包括"月收入"1个题项，可命名为个人收入因子，解释了总方差的10.125%。

二、基于结构方程模型的鄱阳湖区居民主观福祉影响因素分析

结构方程模型的设计主要包括两方面：一是观测变量与潜变量之间的关系，即建立测量模型，分析潜变量与观测变量之间的关系；二是潜变量之间的关系，即建立结构模型，分析潜变量与潜变量之间的关系。

结构方程模型选取前面因子分析中的11个变量和生活满意度指标作为观测变量，其分别为居住环境满意度（X_1）、住房条件满意度（X_2）、医疗保险满意度（X_3）、医疗服务设施满意度（X_4）、健康状况满意度（X_5）、湖水环境对生活用水影响程度（X_6）、鄱阳湖水环境质量满意度（X_7）、血吸虫病担心程度（X_8）、捡到钱包归还的可能性（X_9）、遇到经济困难时得到帮助的程度（X_{10}）、月收入（X_{11}）、生活满意度（X_{12}）。因子分析得出的四个主因子和生活满意度指标是结构方程模型的5个潜变量，分别为居住健康、生态环境、社会关系、个人收入和居民主观福祉。结构方程模型路径见图9.2。

（一）模型输出图和参数估计

根据图9.2结构方程模型路径，利用Amos 16.0软件得到结构方程模型的计算结果（表9.12），可以发现以下几点。

（1）居住健康因子对鄱阳湖区居民主观福祉影响显著。居住健康因子这一潜变量主要是由居住环境满意度、住房条件满意度、医疗保险满意度、医疗服务设施满意度、健康状况满意度5个观测变量组成，良好的居住条件和健康状况对鄱阳湖区居民主观福祉产生显著的正效应。

（2）居民之间的社会关系与鄱阳湖区居民主观福祉的关系显著，社会关系因子的测量变量也是显著的，良好的社会关系对鄱阳湖区居民主观福祉有显著的正效应。

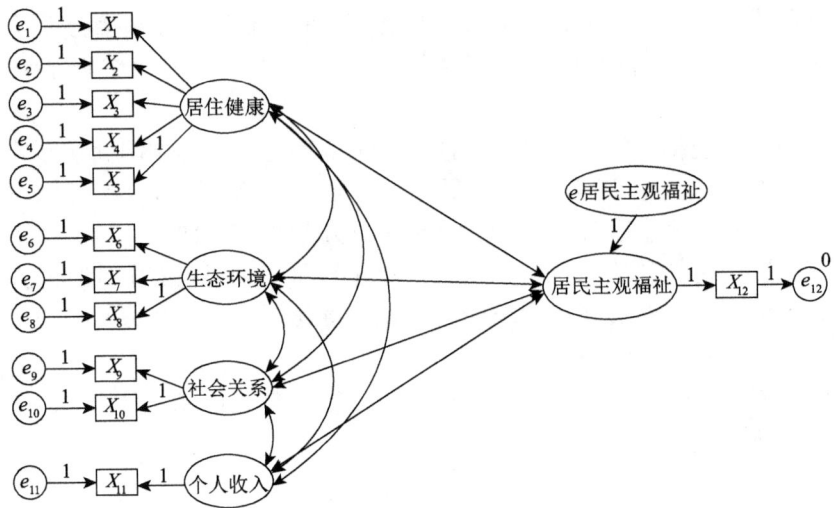

图 9.2　结构方程模型路径

表 9.12　SEM 回归结果

路径			Estimate	S.E	C.R	P
居民主观福祉	←	生态环境	−0.039	0.069	−0.770	0.441
居民主观福祉	←	居住健康	0.502	0.160	6.332	**
居民主观福祉	←	社会关系	0.150	0.086	2.253	**
居民主观福祉	←	个人收入	0.039	0.047	1.303	0.193
健康状况满意度	←	居住健康	0.482			
医疗服务设施满意度	←	居住健康	0.739	0.113	12.934	**
医疗保险满意度	←	居住健康	0.788	0.126	13.256	**
住房条件满意度	←	居住健康	0.638	0.110	12.090	**
居住环境满意度	←	居住健康	0.726	0.116	12.838	**
血吸虫病担心程度	←	生态环境	0.501			
鄱阳湖水环境质量满意度	←	生态环境	0.843	0.090	13.187	**
湖水环境对生活用水影响程度	←	生态环境	0.760	0.095	13.067	**
遇到经济困难时得到帮助的程度	←	社会关系	0.639			
捡到钱包归还的可能性	←	社会关系	0.560	0.105	9.373	**
月收入	←	个人收入	1.000			
生活幸福满意度	←	居民主观福祉	1.000			

*、**、***分别表示在 5%、1%、0.1%的水平上显著
注：Estimate 为估计值；S.E 为标准误；C.R 为临界值

（3）虽然生态环境因子和个人收入因子的测量变量都是显著的，但生态环境和个人收入因子对鄱阳湖区居民主观幸福感没有显著的效应。

从表 9.13 中各潜变量间的相关系数来看，生态环境因子和居住健康因子的相关系数（0.659）最大；社会关系因子和居住健康因子及社会关系因子和生态环境因子间的相关性也较强；而个人收入潜变量与其他三个潜变量的相关性较小。其中，个人收入因子和社会关系因子的相关系数为 -0.008；个人收入因子与生态环境因子的相关系数为 -0.012；个人收入因子与居住健康因子的相关系数为 0.064。

表 9.13　潜变量间相关系数

路径			Estimate
居住健康	↔	生态环境	0.659
生态环境	↔	社会关系	0.394
居住健康	↔	社会关系	0.652
社会关系	↔	个人收入	-0.008
生态环境	↔	个人收入	-0.012
居住健康	↔	个人收入	0.064

（二）模型的拟合优度

图 9.3 是标准化的结构方程模型的输出路径。

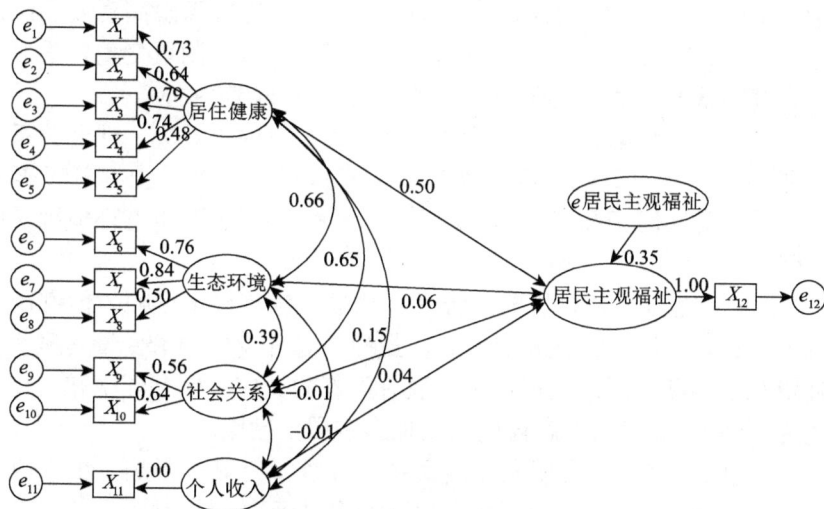

图 9.3　标准化模型的输出路径

可以用各种拟合指数对模型进行整体评价，也可以通过检验参数的显著性对模型进行评价。当模型整体的拟合优度检验达到可接受的程度时，才可对测量模型与结构模型进行解释。衡量整体模型拟合优度的指标有很多，但模型的整体评价尚无统一指标，往往根据不同的研究目的来选取拟合优度指标。

计算得到的模型各项指标拟合结果见表 9.14，RMSEA、CFI 等指标完全符合上述原则，χ^2 与自由度的比值小于 5，表明模型适配度较好，计算结果可接受。

表 9.14　模型各项指标拟合结果

指标	RMR	CFI	GFI	NFI	RMSEA	χ^2/df
结果	0.039	0.937	0.953	0.923	0.069	4.98
判断标准	<0.05	>0.9	>0.9	>0.9	<0.8	<5

注：RMR 表示残差均方根；CFI 表示比较拟合指数；GFI 表示拟合优度指数；NFI 表示规范拟合指数；RMSEA 表示近似误差均方根

（三）模型结果

应用结构方程模型对鄱阳湖区居民主观福祉影响因素进行分析，得出以下几点。

（1）居住健康因子和社会关系因子对鄱阳湖区居民主观福祉有显著的正向影响。其中，居住健康因子的差异是鄱阳湖区居民主观福祉差异的主要原因，其次是社会关系因子的差异。

居住健康因子对鄱阳湖区居民主观福祉有显著的正向影响。居住健康因子这一潜变量主要由居住环境满意度、住房条件满意度、医疗保险满意度、医疗服务设施满意度、健康状况满意度 5 个观测变量组成，这五个测量变量也是显著的，良好的居住健康状况对鄱阳湖区居民主观福祉有显著的正效应。

社会关系因子对鄱阳湖区居民主观福祉也为显著的正效应。社会关系因子的测量变量是显著的，良好的社会关系对鄱阳湖区居民主观福祉有着显著的正效应。同时，社会关系因子和居住健康因子、社会关系因子和生态环境因子的相关关系也较强。

（2）生态环境因子对鄱阳湖区居民主观福祉没有显著影响，但鄱阳湖居民主观福祉与生态环境因子存在一定关联。虽然生态环境的测量变量是显著的，但是生态环境对鄱阳湖区居民主观福祉并没有显著的效应。生态环境和居住健康的相关系数为 0.659，这表明生态环境间接地影响居住健康。

（3）个人收入因子对鄱阳湖区居民主观福祉没有显著影响。个人收入因子的测量变量是显著的，但是个人收入因子对鄱阳湖区居民主观福祉并没有显著的效应；而且个人收入潜变量与其他三个潜变量的相关性也较小。个人收入因子对居民主观福祉的影响因人而异，其与居民个体性格特征、心理特征等因素有关，因此，会出现有些居民收入高但是主观福祉较低，而有些居民收入不高但主观福祉较高的现象。所以说，个人收入因子对鄱阳湖区居民主观福祉没有显著影响。

第十章　主要研究结论

一、1990~2010 年鄱阳湖区福祉水平整体大幅提升，福祉结构不断优化渐趋均衡，收入增长是促进福祉结构均衡的主要因素

1990 年鄱阳湖区平均 HDI 为 0.537，2000 年提高到 0.652，2010 年提高到 0.770。2010 年鄱阳湖区 HDI 超过 0.800 的有樟树市、德安县、湖口县、安义县、贵溪市。1990 年、2000 年、2010 年鄱阳湖区的人类福祉水平整体上一直低于江西省的人类福祉水平，且鄱阳湖区与江西省的福祉绝对差距在缓慢扩大。

1990 年鄱阳湖区福祉结构的"短板"是收入福祉所占份额较低，1990~2000 年江西省教育事业的快速发展对提升鄱阳湖区的福祉水平起到了重要作用。1990~2010 年，鄱阳湖区各县区收入指数得到显著提升的同时，福祉结构趋向均衡，收入福祉的大幅提升是鄱阳湖区福祉结构不断优化的主要因素。1990~2010 年，滨湖区、环湖外围区的福祉结构均趋于均衡，但环湖外围区的福祉结构比滨湖区更均衡，且其县际福祉结构差异更小。

二、1990~2010 年鄱阳湖区经济差距较大且差距平缓扩大，福祉空间差距较小且差距快速缩小

1990~2010 年，鄱阳湖区的经济空间趋异而福祉空间趋同。鄱阳湖区的经济差距较大，经济增长趋异，呈逐渐扩大的趋势，经济发达县区每年以 2.38% 的速度拉大与经济落后县区的人均 GDP 差距。福祉整体上呈收敛态势，初始福祉较低的地区具有更高的福祉增长速度，初始福祉较高的地区的福祉增速较缓慢。同时，鄱阳湖区的福祉差距又远小于经济差距。这说明鄱阳湖区各县区的福祉均衡比经济均衡更易实现，因此，应重点关注并设法缩小鄱阳湖区各县区的福祉差距，以实现鄱阳湖区福祉均衡发展。

三、滨湖区经济差距与福祉差距均较大，环湖外围区经济差距与福祉差距均较小

滨湖区和环湖外围区的经济差距在 1990~2010 年均呈逐渐扩大趋势。不同的是，滨湖区内的经济差距先快速扩大，后缓慢扩大；环湖外围区内的经济差距先缓慢扩大，后快速扩大。相对而言，滨湖区的经济差距更大，环湖外围区的经济差距相对较小。

鄱阳湖区的福祉差距比经济差距小很多，在 1990~2010 年趋于缩小。滨湖区的福祉差距趋于缩小，环湖外围区的福祉差距则先缩小后扩大。环湖外围区的福祉差距比滨湖区小。

鄱阳湖区福祉空间差距主要源于滨湖区和环湖外围区内部的福祉差距。环湖外围区内部流域间的福祉差距较大，流域内的福祉差距较小。其中，滨湖区内部的福祉差距较大，环湖外围区内部的福祉差距较小。环湖外围区的内部福祉差距主要源于流域间的差距，各流域内部的福祉差距较小。1990~2010 年，鄱阳湖区长江流域、赣江流域和修河流域内的福祉差距趋于扩大；信江流域、饶河流域内的福祉差距趋于缩小。长江流域、饶河流域内尽管福祉差距相对较小，但这些流域内县区的人类福祉水平大多偏低，为低水平的福祉均衡。滨湖区发展差距较大，环湖外围区发展差距较小。因此，促进鄱阳湖区均衡发展，要重点关注滨湖区的福祉空间均衡发展。

四、鄱阳湖区健康差距逐渐扩大，教育差距逐渐缩小，收入差距是鄱阳湖区的主要福祉差距。集中效应促进鄱阳湖区福祉空间差距缩小，结构效应却扩大鄱阳湖区的福祉空间差距，鄱阳湖区福祉空间整体趋向均衡

1990~2010 年鄱阳湖区的福祉整体上趋于均衡。鄱阳湖区的健康福祉均衡程度虽然较高，但地区间健康差距在逐渐扩大。鄱阳湖区教育福祉的均衡程度较高且教育差距在逐渐缩小，教育指数起到了促进福祉空间均衡的作用。收入差距是导致鄱阳湖区福祉差距的主要原因。收入指数对鄱阳湖区福祉差距的贡献率始终最高，且呈不断上升趋势。

1990~2000 年和 2000~2010 年鄱阳湖区的福祉整体均趋向均衡。集中效应为福祉差异促减，结构效应为福祉差异促增，即集中效应促进鄱阳湖区福祉差距缩小，结构效应扩大鄱阳湖区福祉差距。其中，1990~2000 年，鄱阳湖区收入福祉

的结构效应对总的福祉差异是促增的，而教育福祉的集中效应对总的福祉差异是促减的；由于教育福祉的均衡作用大于收入福祉的差异扩大作用，所以这十年鄱阳湖区福祉差距的整体缩小主要归因于鄱阳湖区教育的均衡发展。2000~2010年，鄱阳湖区收入福祉的结构效应对总的福祉差异是促增的，教育福祉和收入福祉的集中效应对总的福祉差异是促减的，收入福祉的结构效应导致鄱阳湖区福祉差距扩大，而其集中度的下降却对总的福祉差异起促减作用，教育福祉集中度的降低有助于减小鄱阳湖区总的福祉差异。

五、产业结构因素、经济增长因素、公共财政因素对鄱阳湖区福祉空间的提升作用明显，而城镇化因素的福祉提升效应较小。福祉产出机制、福祉驱动机制、福祉共享机制、福祉保障机制相互嵌套、相互传导，是促进鄱阳湖区福祉空间均衡的主要动力机制

产业结构是鄱阳湖区福祉增长的主要驱动力，其次是经济增长因素，再次是公共财政因素，城镇化对鄱阳湖区福祉提高的作用较小。1990~2010 年，鄱阳湖区的福祉提高主要依赖产业结构演进与经济增长驱动。同时，公共财政因素也是促进鄱阳湖区居民福祉增长的重要动力因素，主要的医疗与教育资源均由政府提供，较高的人均公共财政支出意味着居民能享有更多的公共资源，这对提升鄱阳湖区居民的健康福祉和教育福祉水平起到重要的基础作用。鄱阳湖区人口集聚规模较小，未发挥出人口集聚带来的福利效应，快速城镇化也未必能切实提高进城农民的生活质量，所以鄱阳湖区城镇化进程对提高地区福祉的作用较弱。

促进鄱阳湖区福祉空间均衡的经济增长的福祉产出机制、产业结构的福祉驱动机制、城镇化的福祉共享机制、公共财政支出的福祉保障机制是相互嵌套、互相传导的，最终通过影响人民生活需求满足、刺激消费带来更多效用，以及提高人民可行能力等方式影响鄱阳湖区的福祉及其空间均衡。

六、鄱阳湖区被调查居民普遍表示家庭较幸福，主观幸福感强，有相对充足的休闲时间，但认为生活压力较大。城镇低收入中年群体是生活满意度与主观幸福感都低的群体

受教育程度、户籍类型不同的被调查者之间主观幸福感的差异并不明显。鄱阳湖区居民受教育程度与户籍类型对居民主观幸福感无显著影响。婚姻状况不同的被调查者在主观幸福感方面表现出较大差异，未婚人群的主观幸福感显著高于离婚或丧偶人群，这可能与未婚人群年龄普遍偏低、经济生活压力较小

相关；女性的主观幸福感显著高于男性；24 岁以下居民的主观幸福感显著高于其余各年龄段的居民；月收入在 5 000~8 000 元的居民的主观幸福感显著高于月收入在 1 000~3 000 元的居民。

鄱阳湖区居民休闲娱乐状况良好，大部分被调查者表示有时间和家人旅游。鄱阳湖区居民普遍表示存在一定生活压力，其中，年轻群体、低薪资及工作不稳定者感到生活压力较大。

青年人、老年人与高收入群体是生活满意度与主观幸福感相对较高的群体，而城镇低收入中年群体是生活满意度与主观幸福感都低的群体。

七、鄱阳湖区居民的收入满意度普遍较低，其认为物价水平过高，对交通出行满意度较低，对社会治安满意度较高，亲朋邻里关系良好；鄱阳湖区居民对自身健康状况的满意度较高，但对社区医疗服务设施及医疗保险不太满意

鄱阳湖区居民收入水平整体不高，收入差距较大，收入满意度普遍较低。农村户籍居民的收入满意度比城市户籍居民高。24 岁以下及 55 岁以上居民的收入满意度显著高于 45~55 岁的居民。月收入 5 000~8 000 元的被调查居民的收入满意度显著高于月收入 3 000 元以下的被调查居民，但月收入在 8 000 元以上的被调查者的收入满意度并未显著高于其他收入组的居民；这表明鄱阳湖区居民的收入满意度与绝对收入无必然联系，但与收入期望有关。绝大多数被调查者认为收入差距过大，收入不公现象较严重。

鄱阳湖区居民对自身健康状况的满意度较高，但对社区医疗服务设施及医疗保险不太满意。农村户籍居民的健康满意度显著高于城镇户籍居民；中年居民对自身健康的满意度较低；未婚居民的健康满意度显著高于已婚人群。近一半的被调查者对当地医疗服务设施明确表示不满，对当地医疗保险不满意的占 38.45%。鄱阳湖区是血吸虫病多发地带，医疗服务设施落后将无法保障居民健康福祉水平，应加快鄱阳湖区各县区医疗设施升级，提高医疗实力，同时加大医保制度的宣传力度，精简报销程序，切实提高居民对医疗保险的满意程度。

鄱阳湖区居民普遍认为物价水平过高，对交通出行满意度较低。55.44%的被调查者对当前收入表示不满，认为相对于收入而言，物价水平过高。62.11%的被调查者对交通状况表示不满，认为当前交通过于拥堵、公共交通网络不够完善。超过 40%的被调查者表示对自身居住条件基本满意，普遍认为鄱阳湖区拥有得天独厚的自然优势，环境优美，生活方式悠闲，适合居住。月收入 8 000 元以上的居民的生活条件满意度要显著高于月收入 5 000 元以下的居民；中年居民的

生活条件满意度较低；高中以下学历的居民的生活条件满意度高于大学学历的居民。鄱阳湖区居民的社会治安满意度较高，亲朋邻里关系良好。鄱阳湖区社会治安情况较好，鄱阳湖区居民关系融洽、民风淳朴，大部分居民表示遇到困难时会得到帮助。

八、鄱阳湖区居民普遍认为鄱阳湖水环境质量较差，对血吸虫病也有一定程度的担心，对鄱阳湖水环境质量满意度较低，但生态环境因素对鄱阳湖区居民主观幸福感没有显著影响

75.77%的被调查者认为鄱阳湖水环境变化对自己的生活用水有一定影响及以上影响。居民普遍认为鄱阳湖水环境质量较差，相当一部分居民对鄱阳湖水环境明确持不满意态度。超过半数居民仍对血吸虫病表示一定程度的担心，尤其是吴城镇居民的担心程度较严重。湖水对居民生活用水产生了一定影响，农村户籍被调查居民对生态环境的满意度明显高于城镇户籍居民；未婚人群的生态环境满意度显著高于已婚人群；高中以下学历的居民对生态环境的满意度明显高于大学学历的居民。

尽管不同人群对生态环境因子的满意度存在显著差异，但生态环境因子对鄱阳湖区居民主观福祉没有显著影响。鄱阳湖居民主观福祉与生态环境因子只存在一定关联，虽然生态环境的测量变量是显著的，但是生态环境对鄱阳湖区居民主观福祉并没有显著的效应，所以说生态环境间接地影响居民健康。

九、鄱阳湖区居民的健康满意度、生活条件满意度、社会关系满意度、休闲满意度对其主观幸福感具有显著的正向影响；健康满意度对鄱阳湖区居民主观幸福感的影响最大，而收入满意度对居民主观幸福感的影响并不显著

健康满意度对鄱阳湖区居民主观幸福感的影响最大，其次是生活条件、社会关系和休闲满意度，三者对主观幸福感影响较小且较接近。居民对健康的满意程度每提高1个单位，幸福感就提高0.34个单位；生活条件、社会关系和休闲满意度每提高1个单位，幸福感约提高0.13个单位。因此，应关注居民健康水平，增加基础医疗建设的投入，不断完善医疗保险体系，建设舒适、便利的人居环境，重点关注城镇低收入中年群体，采取有针对性的措施切实提高该群体的生活满意度与主观幸福感。

居住健康因子和社会关系因子对鄱阳湖区居民主观福祉有显著的正向影响。

其中,居住健康因子的差异是鄱阳湖区居民主观福祉差异的主要原因。个人收入满意度对鄱阳湖区居民的主观福祉没有显著影响;收入满意度因子对居民主观福祉的影响较小且因人而异,居民主观福祉与个体性格特征、心理特征等因素有关;鄱阳湖区居民自我满足感较强,普遍感到生活幸福,鄱阳湖区居民拥有较高的主观幸福感与较低的收入满意度。

参 考 文 献

安虎森，徐杨. 2011. "一刀切"政策不利于缩小我国区际收入差距. 社会科学辑刊，（5）：93-98.

安虎森，颜银根，朴银哲. 2011. 城市高房价和户籍制度：促进或抑制城乡收入差距扩大？——中国劳动力流动和收入差距扩大悖论的一个解释. 世界经济文汇，（4）：41-54.

白描. 2015. 微观视角下的农民福祉现状分析——基于主客观福祉的研究. 农业经济问题，36（12）：25-31.

白描，吴国宝. 2017. 农民主观福祉现状及其影响因素分析——基于5省10县农户调查资料. 中国农村观察，（1）：41-51.

白雪梅. 1998. 社会协调发展的测度方法. 统计与决策，（1）：6-7.

贝克W，范德蒙森LGC，沃克A. 2011. 社会质量的理论化：概念的有效性//张海东. 社会质量研究：理论、方法与经验. 北京：社会科学文献出版社：18.

本特森T，康文林，李中清，等. 2007. 压力下的生活：1700~1900年欧洲与亚洲的死亡率和生活水平. 李霞，李恭忠译. 北京：社会科学文献出版社.

庇古AC. 2006. 福利经济学. 朱泱，张胜纪，吴良健译. 北京：商务印书馆.

蔡昉，都阳. 2000. 中国地区经济增长的趋同与差异——对西部开发战略的启示. 经济研究，（10）：30-37，80.

曹桂全. 2004. 地区差别对总体收入差别贡献的测算及意义. 天津大学学报（社会科学版），（2）：128-132.

陈传康. 1996. 风水现代化及其旅游开发意义. 人文地理，（1）：29-35.

陈明星，陆大道，张华. 2009. 中国城市化水平的综合测度及其动力因子分析. 地理学报，64（4）：387-398.

陈雯. 2008. 空间均衡的经济学分析. 北京：商务印书馆.

陈雯，段学军，陈江龙，等. 2004. 空间开发功能区划的方法. 地理学报，59（1）：53-58.

陈雯，孙伟，赵海霞. 2010. 区域发展的空间失衡模式与状态评估——以江苏省为例. 地理学报，65（10）：1209-1217.

陈秀山，张启春. 2003. 转轨期间财政转移支付制度的区域均衡效应. 中国人民大学学报，

（4）：69-76.

陈悦，陈超美，胡志刚，等. 2014. 引文空间分析原理与应用. 北京：科学出版社.

陈钊，陆铭. 2002. 教育、人力资本和兼顾公平的增长——理论、台湾经验及启示. 上海经济研究，（1）：10-15.

陈钊，陆铭. 2008. 从分割到融合：城乡经济增长与社会和谐的政治经济学. 经济研究，（1）：21-32.

陈钊，陆铭. 2009. 在集聚中走向平衡——中国城乡与区域经济协调发展的实证研究. 北京：北京大学出版社.

程国栋，徐中民，徐进祥. 2005. 建立中国国民幸福生活核算体系的构想. 地理学报，60（6）：883-893.

程怀文，徐中民，李玉文. 2011. 基于幸福生活预期评价黑河流域各地社会发展. 冰川冻土，（3）：676-681.

程开明，李金昌. 2007. 城市偏向、城市化与城乡收入差距的作用机制及动态分析. 数量经济技术经济研究，（7）：116-125.

党云晓，张文忠，余建辉，等. 2014. 北京居民主观幸福感评价及影响因素研究. 地理科学进展，33（10）：1312-1321.

邓文英，邓玲. 2015. 生态文明建设背景下优化国土空间开发研究——基于空间均衡模型. 经济问题探索，（10）：68-74.

邓翔. 2003. 经济趋同理论与中国地区经济差距的实证研究. 成都：西南财经大学出版社.

丁四保. 2007. 我国的地方经济：制度特征与发展不平衡. 经济地理，（1）：1-4.

丁元竹. 2007. 从GDP到人民福祉——关于构筑以生活品质为导向的评价体系. 群言，（7）：19-23.

董先安. 2004. 浅释中国地区收入差距：1952—2002. 经济研究，（9）：48-59.

多亚尔 L，高夫 I. 2008. 人的需要理论. 汪淳波，张宝莹译. 北京：商务印书馆.

樊杰. 2007. 我国主体功能区划的科学基础. 地理学报，62（4）：339-350.

樊杰，陶岸君，吕晨. 2010. 中国经济与人口重心的耦合态势及其对区域发展的影响. 地理科学进展，29（1）：87-95.

樊杰，周侃，陈东. 2013. 生态文明建设中优化国土空间开发格局的经济地理学研究创新与应用实践. 经济地理，33（1）：1-8.

樊杰，等. 2016. 中国人文与经济地理学者的学术探究和社会贡献. 北京：商务印书馆.

范剑勇，朱国林. 2002. 中国地区差距演变及其结构分解. 管理世界，（7）：37-44.

范如国，张宏娟. 2012. 民生福祉评价模型及增进策略——基于信度、结构效度分析和结构方程模型. 经济管理，34（9）：161-169.

封志明，吴映梅，杨艳昭. 2009. 基于不同尺度的中国人文发展水平研究：由分县、分省到全国. 资源科学，31（2）：178-184.

冯伟林，李树苗，李聪. 2013. 生态系统服务与人类福祉——文献综述与分析框架. 资源科学，
　　35（7）：1482-1489.

弗雷 B S，斯塔特勒 A. 2006. 幸福与经济学：经济和制度对人类福祉的影响. 静也译. 北京：
　　北京大学出版社.

弗里德曼 J. 2005. 生活空间与经济空间：区域发展的矛盾. 戈岳译. 国外城市规划，（5）：
　　5-10.

伏润民，常斌，缪小林. 2010. 我国地区间公共事业发展成本差异评价研究. 经济研究，（4）：
　　81-92.

甘荣俊，郑林，汪为青，等. 2008. 鄱阳湖地区经济差异时空格局研究. 江西农业大学学报
　　（社会科学版），（4）：86-89.

高红莉，张东，许传新. 2014. 住房与城市居民主观幸福感实证研究. 调研世界，（11）：
　　18-24.

高进云，乔荣锋，张安录. 2007. 农地城市流转前后农户福利变化的模糊评价——基于森的可
　　行能力理论. 管理世界，（6）：45-55.

高志刚. 2002. 区域经济差异预警：理论、应用和调控. 中国软科学，（11）：94-98.

葛拉罕 C. 2013. 幸福经济学. 吴书榆译. 台北：漫游者文化.

郭利平，陈忠暖. 2001. 云南特困乡的因子生态分析与类型划分：以文山州为例. 西南师范大
　　学学报（自然科学版），26（6）：740-744.

[晋]郭璞注，[宋]邢昺疏. 1980. 尔雅注疏 （十三经注疏本）. 北京：中华书局.

哈斯巴根. 2013. 基于空间均衡的不同主体功能区脆弱性演变及其优化调控研究. 西北大学博
　　士学位论文.

何宜庆，翁异静. 2012. 鄱阳湖地区城市资源环境与经济协调发展评价. 资源科学，34（3）：
　　502-509.

赫希曼 A O. 1991. 经济发展战略. 曹征海，潘照东译. 北京：经济科学出版社.

洪熊，曾菊新. 2012. 鄱阳湖流域区域经济差异研究. 经济地理，32（11）：8-12.

胡鞍钢. 1995. 中国地区发展不平衡问题研究. 中国软科学，（8）：42-50.

胡鞍钢. 2012. 2020 中国全面建成小康社会. 北京：清华大学出版社.

胡鞍钢，张宁. 2006. 中国人类发展的地区格局与历史变迁. 河北学刊，（4）：70-73.

胡佛 E M，杰莱塔尼 F. 1992. 区域经济学导论. 郭万清，汪明，孙冠群，等译. 上海：上海
　　远东出版社.

胡洪曙，鲁元平. 2012. 公共支出与农民主观幸福感——基于 CGSS 数据的实证分析. 财贸经济，
　　（10）：23-33.

胡振鹏. 2010. 流域综合管理理论与实践——以山江湖工程为例. 北京：科学出版社.

黄朝永. 1996. 省域差异的警戒水平及调控研究——以山东省为例. 地理研究，（2）：52-60.

黄君洁. 2011. 地区差距、公共支出与中国人类发展. 产经评论，（2）：79-86.

黄新建. 2007. 鄱阳湖综合开发战略研究. 南昌：江西人民出版社.

黄有光. 1991. 福利经济. 周建明译. 北京：中国友谊出版公司.

黄有光. 2005. 福祉经济学. 张清津译. 大连：东北财经大学出版社.

姜乾之，权衡. 2015. 劳动力流动与地区经济差距：一个新的分析框架. 上海经济研究，（9）：3-14.

金凤君，等. 2015. 功效空间组织机理与空间福利研究. 北京：科学出版社.

金相郁. 2007. 中国区域经济不平衡与协调发展. 上海：上海人民出版社，格致出版社.

克拉克 J B. 2008. 财富的分配. 王翼龙译. 北京：华夏出版社.

克拉瓦尔 P. 2007. 地理学思想史. 3 版. 郑胜华，刘德美，刘清华，等译. 北京：北京大学出版社.

莱亚德 R. 2009. 不幸福的经济学. 陈佳伶译. 北京：中国青年出版社.

勒德雷尔 C. 1988. 人的需要. 邵晓光，孙文喜，王国伟，等译. 大连：辽宁大学出版社.

李广东，方创琳. 2016. 城市生态—生产—生活空间功能定量识别与分析. 地理学报，71（1）：49-65.

李惠梅，张安录. 2013. 生态环境保护与福祉. 生态学报，33（3）：825-833.

李静，王月金. 2015. 健康与农民主观福祉的关系分析——基于全国 5 省（区）1000 个农户的调查. 中国农村经济，（10）：80-88.

李小建. 1999. 经济地理学. 北京：高等教育出版社.

李旭旦. 1985. 人文地理概说. 北京：科学出版社.

李雪铭，姜斌，杨波. 2000. 人居环境：地理学研究面临的一个新课题. 地理学与国土研究，（2）：75-78.

李琰，李双成，高阳，等. 2013. 连接多层次人类福祉的生态系统服务分类框架. 地理学报，68（8）：1038-1047.

李永胜. 2002. 人口统计学. 成都：西南财经大学出版社.

李玉恒，王艳飞，刘彦随. 2016. 我国扶贫开发中社会资本作用机理及效应. 中国科学院院刊，（3）：302-308

李越，崔红志. 2014. 农村老人主观幸福感及其影响因素分析——基于山东、河南、陕西三省农户调查数据分析. 中国农村观察，（4）：18-28.

李志涛，黄河清，张明庆，等. 2010. 鄱阳湖流域经济增长与水环境污染关系研究. 资源科学，32（2）：267-273.

联合国开发计划署，国务院发展研究中心. 2013. 中国人类发展报告 2013. 北京：中译出版社.

联合国开发计划署，国务院发展研究中心. 2016. 中国人类发展报告 2016. 北京：中译出版社.

林南，卢汉龙. 1989. 社会指标与生活质量的结构模型探讨——关于上海城市居民生活的一项研究. 中国社会科学，（4）：75-97.

林南，王玲，潘允康，等. 1987. 生活质量的结构与指标——1985 年天津千户户卷调查资料分析. 社会学研究，（6）：73-89.

林毅夫，刘培林. 2003. 中国的经济发展战略与地区收入差距. 经济研究，（3）：19-25.

林毅夫，蔡昉，李周. 1998. 中国经济转型时期的地区差距分析. 经济研究，（6）：5-12.

林毅夫，蔡昉，李周. 1999. 比较优势与发展战略——对"东亚奇迹"的再解释. 中国社会科学，（5）：4-20.

刘传明. 2008. 省域主体功能区规划理论与方法的系统研究. 华中师范大学博士学位论文.

刘传明，曾菊新. 2009. 区域空间供需模型与空间结构优化途径选择——功能区建设的科学基础. 经济地理，29（1）：26-30.

刘慧. 2006. 区域差异测度方法与评价. 地理研究，（4）：710-718.

刘民权，俞建拖，王曲. 2009. 人类发展视角与可持续发展. 南京大学学报（哲学·人文科学·社会科学版），（1）：20-30.

刘沛林. 1995. 风水：中国人的环境观. 上海：上海三联书店.

刘沛林. 1996. 风水模式的地理学评价. 人文地理，（1）：36-39.

刘夏明，魏英琪，李国平. 2004. 收敛还是发散？——中国区域经济发展争论的文献综述. 经济研究，（7）：70-81.

刘秀丽，张勃，郑庆荣，等. 2014. 黄土高原土石山区退耕还林对农户福祉的影响研究——以宁武县为例. 资源科学，36（2）：397-405.

刘耀彬，王鑫磊，刘玲. 2012a. 基于"湖泊效应"的城市经济影响区空间分异模型及应用——以环鄱阳湖区为例. 地理科学，32（6）：680-685.

刘耀彬，杨文文，刘玲. 2012b. 环鄱阳湖区城市化格局的空间分异分析. 城市环境与城市生态，25（5）：6-10.

卢淑华，韦鲁英. 1992. 生活质量主客观指标作用机制研究. 中国社会科学，（1）：121-136.

陆大道. 1995a. 如何看待东西部之间经济实力的差距不断扩大. 内部文稿，（17）：5-6.

陆大道. 1995b. 区域发展及其空间结构. 北京：科学出版社.

陆大道. 2009. 关于我国区域发展战略与方针的若干问题. 经济地理，29（1）：2-7.

罗楚亮. 2009. 绝对收入、相对收入与主观幸福感——来自中国城乡住户调查数据的经验分析. 财经研究，35（11）：79-91.

罗静，曾菊新. 2003. 空间稀缺性——公共政策地理研究的一个视角. 经济地理，（6）：722-725.

罗斯托 W W. 2001. 经济增长的阶段. 郭熙保，王松茂译. 北京：中国社会科学出版社.

吕炜，王伟同. 2008. 发展失衡、公共服务与政府责任——基于政府偏好和政府效率视角的分析. 中国社会科学，（4）：52-64.

马润潮. 1999. 人文主义与后现代化主义之兴起及西方新区域地理学之发展. 地理学报，（4）：365-372.

马斯洛 A H. 1987. 人的潜能和价值. 林方译. 北京：华夏出版社.

马晓冬, 沈正平, 宋潇君. 2014. 江苏省城乡公共服务发展差距及其障碍因素分析. 人文地理, （1）: 89-93.

苗长虹. 1999. 区域发展理论: 回顾与展望. 地理科学进展, （4）: 296-305.

莫法特 I. 2002. 可持续发展——原则、分析和政策. 宋国君译. 北京: 经济科学出版社.

纳斯鲍姆 M C. 2016. 寻求有尊严的生活——正义的能力理论. 田雷译. 北京: 中国人民大学出版社.

倪鹏飞, 李青彬, 李超. 2012. 中国城市幸福感的空间差异及影响因素. 财贸经济, （5）: 9-17.

宁越敏, 查志强. 1999. 大都市人居环境评价和优化研究: 以上海市为例. 城市规划, （6）: 14-19.

牛媛媛, 任志远. 2011. 关中—天水经济区人类发展水平空间差异分析. 人口与发展, 17（1）: 16-21.

诺克斯 P, 平奇 S. 2005. 城市社会地理学导论. 柴彦威, 等译. 北京: 商务印书馆.

诺伊迈耶 E. 2006. 强与弱: 两种对立的可持续性范式. 王寅通译. 上海: 上海译文出版社.

帕森斯 T, 斯梅尔瑟 N. 1989. 经济与社会——对经济与社会的理论统一的研究. 刘进, 林午, 李新, 等译. 北京: 华夏出版社.

潘文卿. 2010. 中国区域经济差异与收敛. 中国社会科学, （1）: 72-84.

彭朝晖, 杨开忠. 2006. 区域经济差异演化的一个空间均衡模型. 当代经济科学, 28（1）: 81-86.

皮凯蒂 T. 2014. 21 世纪资本论. 巴曙松, 陈剑, 余江, 等译. 北京: 中信出版社.

皮特 R. 2007. 现代地理学思想. 周尚意, 等译. 北京: 商务印书馆.

《鄱阳湖研究》编委会. 1988. 鄱阳湖研究. 上海: 上海科学技术出版社.

普洛克特 P. 2001. 剑桥国际英语词典（英汉双解）. 上海: 上海外语教育出版社.

亓寿伟, 周少甫. 2010. 收入、健康与医疗保险对老年人幸福感的影响. 公共管理学报, 7（1）: 100-107.

千年生态系统评估项目概念框架工作组. 2007. 生态系统与人类福祉: 评估框架. 张永民译. 北京: 中国环境科学出版社.

覃成林. 1997. 中国西部经济发展的科学依据——评西部经济崛起之路. 地域研究与开发, （3）: 96.

覃成林. 1998. 中国区域经济差异变化的空间特征及其政策含义研究. 地域研究与开发, （2）: 37-40.

覃成林. 2004. 中国区域经济增长趋同与分异研究. 人文地理, 19（3）: 36-40.

覃成林. 2008. 中国区域经济增长分异与趋同. 北京: 科学出版社.

覃成林, 张伟丽. 2009. 中国区域经济增长俱乐部趋同检验及因素分析——基于 CART 的区域分组和待检影响因素信息. 管理世界, （3）: 21-35.

覃成林，张华，张技辉. 2011. 中国区域发展不平衡的新趋势及成因. 中国工业经济，（10）：37-45.

覃成林，郑云峰，张华. 2013. 我国区域经济协调发展的趋势及特征分析. 经济地理，（1）：9-14.

饶会林，陈福军，董藩. 2005. 双 S 曲线模型：对倒 U 型理论的发展与完善. 北京师范大学学报（社会科学版），（3）：123-129.

森 A. 2002. 以自由看待发展. 任颐，于真译. 北京：中国人民大学出版社.

森 A. 2006. 论经济不平等　不平等之再考察. 王利文，于占杰译. 北京：社会科学文献出版社.

森 A. 2007. 生活质量. 龚群译. 北京：中国社会科学出版社.

森 A，等. 2007. 生活水准. 徐大建译. 上海：上海财经大学出版社.

沙安文，沈春丽，邹恒甫. 2006. 中国地区差异的经济分析. 北京：人民出版社.

申津羽，韩笑，侯一蕾，等. 2014. 贫困山区的农户主观福祉影响因素研究——以湖南省湘西州为例. 资源科学，36（10）：2174-2182.

沈颢，尤拉 K. 2011. 国民幸福——一个国家发展的指标体系. 北京：北京大学出版社.

沈坤荣，马俊. 2002. 中国经济增长的"俱乐部收敛"特征及其成因研究. 经济研究，（1）：33-39.

沈玉芳. 2009. 区域经济协调发展的理论与实践——以上海和长江流域地区为例. 北京：科学出版社.

世界发展报告编写组. 2003. 2003 年世界发展报告. 北京：中国财政经济出版社.

世界银行. 2001a. 2001 年世界发展报告：与贫苦作斗争. 北京：中国财政经济出版社.

世界银行. 2001b. 增长的质量. 北京：中国财政经济出版社.

世界银行. 2009. 2009 年世界发展报告——重塑世界经济地理. 北京：清华大学出版社.

世界银行环境局. 1998. 扩展衡量财富的手段：环境可持续发展指标. 北京：中国环境科学出版社.

斯蒂格利茨 J E，森 A，菲图西 J P. 2011. 对我们生活的误测——为什么 GDP 增长不等于社会进步. 阮江平，王海昉译. 北京：新华出版社.

宋洪远，马永良. 2004. 使用人类发展指数对中国城乡差距的一种估计. 经济研究，（11）：4-15.

孙红玲. 2007. 中国横向区域经济协调发展. 北京：经济科学出版社.

孙红玲. 2009. 论崛起三角向均衡三角的有机扩散——基于"两个大局"战略与大国崛起之路. 中国工业经济，（1）：29-41.

孙红玲，刘长庚. 2005. 论中国经济区的横向划分. 中国工业经济，（10）：29-36.

孙红玲，王柯敏. 2007. 公共服务均等化与"标准人"财政分配模型. 财政研究，（8）：38-41.

孙久文，夏文清. 2011. 区域差距与亟待解决的问题. 改革，（6）：48-53.

孙久文，姚鹏. 2014. 基于空间异质性视角下的中国区域经济差异研究. 上海经济研究，（5）：

83-92.

孙永勇. 2008. 论社会保障制度与国民福利水平. 长江论坛，（1）：58-62.

索亚 E W. 2005. 第三空间——去往洛杉矶和其他真实与想象地方的旅程. 陆扬，等译. 上海：上海教育出版社.

檀学文，吴国宝. 2014. 福祉测量理论与实践的新进展——"加速城镇化背景下福祉测量及其政策应用"国际论坛综述. 中国农村经济，（9）：87-96.

汤茂林. 2007. 我与"人文主义地理学"一文. 社会科学论坛（学术评论卷），（1）：91-96.

汤普森 D. 2003. 牛津现代英汉双解词典. 上海：外语教学与研究出版社；牛津：牛津大学出版社.

唐礼智，刘喜好，贾璇. 2008. 我国金融发展与城乡收入差距关系的实证研究. 农业经济问题，（11）：44-48.

田发. 2011. 财政均等化：模式选择与真实度量. 财经科学，（3）：58-66.

万崇华. 1999. 生命质量测定与评价方法. 昆明：云南大学出版社.

万广华. 1998. 中国农村区域间居民收入差异及其变化的实证分析. 经济研究，（5）：37-42.

万广华. 2008. 不平等的度量与分解. 经济学（季刊），8（1）：347-368.

万树. 2011. 我国国民福祉演进轨迹及其政策效应. 改革，206（4）：19-24.

王海成. 2013. 失业对主观幸福感影响研究进展. 经济学动态，（11）：135-142.

王洪亮，徐翔. 2006. 收入不平等孰甚：地区间抑或城乡间. 管理世界，（11）：41-50.

王鹏. 2014. 互联网使用对幸福感的影响——基于城镇微观数据的实证研究. 软科学，28（10）：139-144.

王绍光，胡鞍钢. 1999. 中国：不平衡发展的政治经济学. 北京：中国计划出版社.

王圣云. 2009. 区域发展不平衡的福祉空间地理学透视. 华东师范大学博士学位论文.

王圣云. 2011a. 福祉地理学：中国区域发展不平衡研究. 北京：经济科学出版社.

王圣云. 2011b. 多维转向与福祉地理学研究框架重构. 地理科学进展，30（6）：739-745.

王圣云. 2014. 中部地区社会发展测评、预警与比较——发展型福祉视角. 北京：经济科学出版社.

王圣云. 2016. 中国区域人类福祉的产出绩效与模式演进：1990—2010. 经济问题探索，（4）：106-113.

王圣云. 2017. 中国区域福祉不平衡及其均衡机制. 北京：中国社会科学出版社.

王圣云，沈玉芳. 2010. 福祉地理学研究新进展. 地理科学进展，29（8）：899-905.

王圣云，沈玉芳. 2011a. 从福利地理学到福祉地理学：研究范式重构. 世界地理研究，20（2）：162-168.

王圣云，沈玉芳. 2011b. 区域发展不平衡研究进展. 地域研究与开发，30（1）：10-14.

王树同，赵振军. 2005. 从流量到存量：中国经济高速增长中的低经济福利问题. 河北学刊，（4）：65-68.

王小鲁，夏小林. 1999. 优化城市规模推动经济增长. 经济研究，（9）：22-29.

王小鲁，樊纲. 2004. 中国地区差距的变动趋势和影响因素. 经济研究，（1）：33-44.

王小鲁，樊纲. 2005. 中国收入差距的走势和影响因素分析. 经济研究，（10）：24-36.

魏后凯. 1992. 论我国区际收入差异的变动格局. 经济研究，（4）：61-65.

魏后凯. 1996. 中国地区间居民收入差异及其分解. 经济研究，（11）：66-73.

魏后凯. 1997. 中国地区经济增长及其收敛性. 中国工业经济，（3）：31-37.

魏后凯. 2008. 改革开放 30 年中国区域经济的变迁——从不平衡发展到相对均衡发展. 经济学
　　动态，（5）：9-16.

吴碧英. 1994. 产业结构的变化轨迹. 中国软科学，（10）：29-31.

吴明隆. 2009. 结构方程模型. 重庆：重庆大学出版社.

吴明隆. 2010. 问卷统计分析实务. 重庆：重庆大学出版社.

吴明霞. 2000. 30 年来西方关于主观幸福感的理论发展. 心理学发展，（4）：23-28.

吴映梅，普荣，白海霞. 2008. 中国省级人类发展指数空间差异分析. 昆明理工大学学报（社
　　会科学版），8（8）：53-58.

奚恺元，王佳艺，陈景秋. 2008. 撬动幸福：一本系统介绍幸福学的书. 北京：中信出版社.

向书坚. 2007. 福利水平的可持续性评价研究. 中南财经政法大学学报，（1）：3-9.

肖池伟，刘影，李鹏. 2016. 基于地形起伏度的江西省人口-经济格局变化分析. 水土保持通报，
　　（2）：222-227.

谢花林，邹金浪，彭小琳. 2012. 基于能值的鄱阳湖生态经济区耕地利用集约度时空差异分析.
　　地理学报，67（7）：889-902.

谢若登 M. 2005. 资产与穷人———一项新的美国福利政策. 高鉴国译. 北京：商务印书馆.

邢占军. 2005. 测量幸福：主观幸福感测量研究. 北京：人民出版社.

邢占军，金瑜. 2003. 城市居民婚姻状况与主观幸福感关系的初步研究. 心理科学，（6）：
　　1056-1059.

熊彩云，张学玲，肖复明，等. 2011. 鄱阳湖湿地生态系统服务功能变化及其对策分析. 人民
　　长江，42（9）：28-32.

熊小刚，翁贞林. 2008. "环鄱阳湖经济圈"县域经济发展水平的聚类分析及评估. 商业研究，
　　（6）：125-128.

[汉]许慎撰，[清]段玉裁注. 1988. 说文解字注. 2 版. 上海：上海古籍出版社.

徐建华，鲁凤，苏方林，等. 2005. 中国区域经济差异的时空尺度分析. 地理研究，（1）：
　　57-68.

徐康宁，韩剑. 2005. 中国区域经济的"资源诅咒"效应：地区差距的另一种解释. 经济学家，
　　（6）：97-103.

徐愫. 1995. 生活质量论. 南京：南京大学出版社.

徐现祥，李郇. 2004. 中国城市经济增长的趋同分析. 经济研究，（5）：40-48.

许学强，胡华颖，叶嘉安. 1989. 广州市社会空间结构的因子生态分析. 地理学报，44（4）：
　　385-399.

许召元，李善同. 2006. 近年来中国地区差距的变化趋势. 经济研究，（7）：106-116.

许召元，李善同. 2009. 区域间劳动力迁移对地区差距的影响. 经济学（季刊），（1）：53-76.

严剑峰. 2003. 横向均等化财政转移支付数额分配的一种方法——主成分分析方法的一个应用. 财贸经济，（8）：48-53.

杨爱平. 2007. 地方财政权的区域分化：区域不平衡发展的一个解释视角. 武汉大学学报（哲学社会科学版），（4）：589-594.

杨开忠. 1994. 中国区域经济差异变动研究. 经济研究，（12）：28-33.

杨缅昆. 2009. 社会福利指数构造的理论和方法初探. 统计研究，（7）：37-42.

杨伟民. 1992. 地区间收入差距变动的实证分析. 经济研究，（1）：70-74.

杨伟民，袁喜禄，张耕田，等. 2012. 实施主体功能区战略，构建高效、协调、可持续的美好家园——主体功能区战略研究总报告. 管理世界，（10）：1-17.

杨永恒，胡鞍钢，张宁. 2006. 中国人类发展的地区差距和不协调——历史视角下的"一个中国，四个世界". 经济学（季刊），（2）：803-816.

姚明霞. 2005. 福利经济学. 北京：经济日报出版社.

姚洋. 2004. 转轨中国：审视社会公正和平等. 北京：中国人民大学出版社.

叶鹏飞. 2011. 农民工城市生活主观幸福感的一个实证分析. 青年研究，（3）：39-47.

余达锦. 2010. 基于生态文明的鄱阳湖生态经济区新型城镇化发展研究. 南昌大学博士学位论文.

俞孔坚. 1998. 景观：文化、生态与感知. 北京：科学出版社.

袁志刚. 2006. 中国经济增长：制度、结构、福祉. 上海：复旦大学出版社.

约翰斯顿 R J. 2004. 人文地理学词典. 柴彦威译. 北京：商务印书馆.

臧敦刚，余爽，李后建. 2016. 公共服务、村庄民主与幸福感——基于民族地区 757 个行政村 31615 个农户的调查. 农业经济问题，（3）：79-87.

早川和男. 2005. 居住福利论：居住环境在社会福利和人类幸福中的意义. 李桓译. 北京：中国建筑工业出版社.

詹国辉，张新文. 2017. 以提升社会福祉为导向的社会质量：一种新的社会发展范式——基于西方文献的理论阐释. 宁夏社会科学，（3）：102-110.

张海东. 2011. 社会质量研究：理论、方法与经验. 北京：社会科学文献出版社.

张启春. 2005. 中国区域差距与政府调控：财政平衡机制和支持系统. 北京：商务印书馆.

张启春，胡继亮，李淑芳. 2016. 区域基本公共服务均等化：政府财政平衡机制与政策研究. 北京：科学出版社.

张舜徽. 1983. 说文解字约注. 郑州：中州书画社出版社.

张文，李昌文，徐小琴. 2015. 区域城乡收入差距的主要影响因素分析——基于 1985—2012 年的江西数据. 华东经济管理，（1）：32-36.

张馨之，何江. 2007. 中国地区经济发展差距的空间分析. 地域研究与开发，26（1）：35-39.

张玉泽，张俊玲，程钰，等. 2016. 供需驱动视角下区域空间均衡内涵界定与状态评估——以山东省为例. 软科学，30（12）：1-5.

郑静，许学强，陈浩光. 1995. 广州市社会空间的因子生态再分析. 地理研究，14（2）：15-26.

中国发展研究基金会. 2005. 中国人类发展报告 2005——追求公平的人类发展. 北京：中国对外翻译出版公司.

中国国家地理杂志社. 2006. 中国国家地理（风水专辑）. 北京：中国国家地理杂志社.

钟业喜，陆玉麒. 2010. 鄱阳湖生态经济区区域经济差异研究. 长江流域资源与环境，19（10）：1111-1118.

钟业喜，陆玉麒. 2011. 鄱阳湖生态经济区人口与经济空间耦合研究. 经济地理，31（2）：195-200.

周绍杰，王洪川，苏杨. 2015. 中国人如何能有更高水平的幸福感——基于中国民生指数调查. 管理世界，（6）：8-21.

周长城. 2003. 中国生活质量：现状与评价. 北京：社会科学文献出版社.

周长城，陈云. 2003. 贫困：一种社会资本视野的解释. 学海，（2）：110-114.

周长城，等. 2003. 全面小康：生活质量与测量——国际视野下的生活质量指标. 北京：社会科学文献出版社.

周玉翠，齐清文，冯灿飞. 2002. 近10年中国经济省际差异动态变化特征. 地理研究，（6）：781-790.

周玉龙，孙久文. 2016. 论区域发展政策的空间属性. 中国软科学，（2）：67-80.

禚振坤，陈雯，孙伟. 2008. 基于空间均衡理念的生产力布局研究——以无锡市为例. 地域研究与开发，27（1）：19-27.

Gasper D，陆丽娜. 2005. 人类福利：概念和概念化. 世界经济文汇，（3）：65-91.

Acton G J. 1994. Well-being as a concept for theory, practice and research. The Online Journal of Knowledge Synthesis for Nursing，（28）：88-101.

Alesina A. 2004. Inequality and happiness: are Europeans and Americans different. Journal of Public Economics，88（9）：2009-2042.

Alexiadis S. 2013. Convergence Clubs and Spatial Externalities. Heidelberg：Springer.

Ali H，Rashid N H A，Lukman Z M，et al. 2010. Socioeconomic well-being and the quality of life between regions: a case of Malaysia. International Business Management，（4）：250-254.

Al-Janabi H，Flynn T N，Coast J. 2012. Development of a self-report measure of capability wellbeing for adults: the ICECAP-A. Quality of Life Research，21（1）：167-176.

Alkire S. 2002. Dimensions of human development. World Development，30（2）：181-205.

Anselin L. 1988. Spatial Econometrics：Methods and Models. Dordrecht：Kluwer Academic

Publishers.

Appleton S, Song L. 2008. Life satisfaction in Urban China: components and determinants. World Development, 36 (11): 2325-2340.

Assessment M E. 2005. Ecosystems and Human Well-being. Washington: Island Press.

Barro R J, Sala-I-Martin X. 1992. Convergence. Journal of Political Economy, 100 (2): 223-251.

Barro R J, Sala-I-Martin X, Blanchard O J, et al. 1991. Convergence across states and regions. Brookings Papers on Economic Activity, (1): 107-182.

Bartley K F. 2006. Technology and the convergence of U.S. urban migration patterns: 1970-2000. Growth and Change, 37 (1): 82-106.

Barun B, Olson P, Bauer J. 2002. Welfare to well-being transition. Social Indicators Research, 60: 147-154.

Bebbington A, Hinojosa-Valencia L. 2007. Livelihoods and resource accessing in the Andes: desencuentros in theory and practice. Biochemical Pharmacology, 13 (8): 1239-1247.

Beck W, van der Maesen L, Walker A. 1997. The Social Quality of Europe. The Hague: Kluwer Law International.

Böhnke P, Kohler U. 2010. Well-being and inequality//Immenfall S, Therborn G. Handbook of European Societies. New York: Springer: 629-666.

Clark A E, Frijters P, Shields M A. 2008. Relative income, happiness and utility: an explanation for the Easterlin paradox and other puzzles. Journal of Economic Literature, 46 (1): 95-144.

Coates B E, Johnston R J, Knox P L. 1977. Geography and Inequality. London: Oxford University Press.

Conceição P, Bandura R. 2011. Measuring subjective wellbeing: a summary review of the literature. United Nations Development Programme (UNDP) Development Studies.

Dagum C. 2004. On the relationship between income inequality measures and social welfare functions. Journal of Econometrics, 43 (1): 91-102.

Deaton A S. 2013. The Great Escape: Health, Wealth, and the Origins of Inequality. Princeton: Princeton University Press.

Decancq K, Decoster A, Schokkaert E. 2009. Evolution of world inequality in well-being. World Development, 37: 11-25.

Deci E L, Ryan R M. 2008. Hedonia, eudaimonia, and well-being: an introduction. Journal of Happiness Studies, 9 (1): 1-11.

Diener E. 1984. Subjective well-being. Psychological Bulletin, 95 (3): 542-575.

Diener E. 1995. Cross-cultural correlates of life satisfaction and self-esteem. Journal of Personality and Social Psychology, 68（4）: 653-663.

Diener E, Biswas-Diener R. 2002. Will money increase subjective well-being. Social Indicators Research, 2（57）: 119-169.

Diener E, Tay L. 2015. Subjective well-being and human welfare around the world as reflected in the gallup world poll. International Journal of Psychology, 50（2）: 135-149.

Dodge R, Daly A, Huyton J, et al. 2012. The challenge of defining wellbeing. International Journal of Wellbeing, 2（3）: 222-235.

Doyal L, Gough I. 1991. A Theory of Human Need. New York: The Guilford Press.

Dubos R. 1976. The state of health and the quality of life. Western Journal of Medicine, 125（1）: 8-9.

Dumazedier J. 1967. Toward a Society of Leisure. McClure S Trans. New York: The Free Press.

Easterlin R. 1995. Will raising the incomes of all increase the happiness of all. Journal of Economic Behavior and Organization, 27（1）: 35-47.

Eckermann L. 2000. Gendering indicators of health and well-being: is quality of life gender neutral? Social Indicators Research, 52（1）: 29-54.

Eckersley R, Dixon J, Douglas B. 2001. The Social Origins of Health and Well-being. Cambridge: Cambridge University Press.

Engelbrecht H. 2009. Natural capital, subjective well-being, and the new welfare economics of sustainability: some evidence from cross-country regressions. Ecological Economics,（2）: 380-388.

Eyles J. 1987. The geography of the national health: an essay in welfare geography. Croom Helm, 44（2）: 93-94.

Ezcurra R, Rapún M. 2006. Regional disparities and national development revisited the case of western Europe. European Urban & Regional Studies, 13（4）: 355-369.

Ezcurra R, Rodriguez-Pose A. 2013. Political decentralization, economic growth and regional disparities in the OECD. Regional Studies, 47（3）: 388-401.

Fan J, Li P X. 2009. The scientific foundation of major function oriented zoning in China. Journal of Geographical Sciences, 19（5）: 515-531.

Ferrans C E. 1990. Quality of life: conceptual issues. Seninars in Oncology Nursing, 6（4）: 248.

Ferrell B R, Grant M, Funk B, et al. 1996. Quality of life in breast cancer. Cancer Pract, 4（4）: 331-340.

Ferriss A. 2002. Does material well-being affect non-material wellbeing? Social Indicators Research, 60: 275-280.

Fleuret S, Atkinson S. 2007. Well-being, health and geography: a critical review and research agenda. New Zealand Geographer, 63: 106-118.

Gasper D. 2010. Understanding the diversity of conceptions of well-being and quality of life. The Journal of Socio-Economics, (3): 351-360.

Goff L, Helliwell J F, Mayraz G. 2016. The welfare costs of well-being inequality. Nber Working Papers.

Gould P. 2010. Problems of space preference measures and relationships. Geographical Analysis, 1 (1): 31-44.

Grossi E S. 2012. The interaction between culture, health and psychological well-being data mining from the Italian culture and well-being project. Journal of Happiness Studies, 1 (13): 129-148.

Haas B K. 1999. Clarification and integration of similar quality of life concepts. Journal of Nursing Scholarship, 31 (1): 215-220.

Hall C. 1984. Regional inequalities in well-being in Costa Rica. Geographical Review, 74 (1): 48-62.

Hall E. 2010. Creating spaces of well-being for people with learning disabilities: a commentary. New Zealand Geographer, 63 (2): 130-134.

Hamilton K. 2003. Sustaining economic welfare: estimating changes in total and per capita wealth. Environment Development and Sustainability, 5 (3/4): 419-436.

Hasegawa H, Ueda K. 2011. Measuring inequality of subjective well-being: a Bayesian approach. The Journal of Socio-Economics, (5): 1-9.

Helburn N. 1982. Annals of the association of American geographers, geography and the quality of life. Association of American Geographers, 72 (4): 445-456.

Hills P, Argyle M. 2002. The Oxford happiness questionnaire: a compact scale for the measurement of psychological well-being. Personality and Individual Differences, 33 (7): 1073-1082.

Isham J, Kelly T, Ramaswamy S. 2002. The Concept of Social Capital in Development Economics. Cambridge: Cambridge University Press.

Islam N. 1995. Growth empirics: a panel data approach. Quarterly Journal of Economics, 110 (4): 1127-1170.

Jackson T, Stymne S. 1996. Sustainable Economic Welfare in Sweden: A Pilot Index 1950-1992. Stockholm: Stockholm Environment Institute.

Jordá V, Sarabia J M. 2015. Well-being distribution in the globalization era: 30 years of convergence. Applied Research in Quality of Life, 10 (1): 123-140.

Kahn R L, Juster F T. 2002. Well-being: concepts and measures. Journal of Social Issues, 58 (4): 627-644.

Kakwani N C. 1977. Measurement of tax progressivity: an international comparison. Economic Journal, 81 (345): 71-80.

Kinder D R. 2006. Politics and the life cycle. Science, 312 (5782): 1905-1908.

Knox P L, Cottam M B. 1981. A welfare approach to rural geography: contrasting perspectives on the quality of highland life. Transactions of the Institute of British Geographers, 6 (4): 433-450.

Koen D, Andre D, Erik S. 2008. The evolution of world inequality in well-being. World Development, 1 (37): 11-25.

Konya L, Guisan M C. 2008. What does the human development index tell us about convergence. Applied Econometrics and International Development, 8: 19-40.

Krugman P. 1991. Increasing returns and economic geography. Journal of Political Economy, 99 (3): 483-499.

Kulkarni K M. 1990. Geographical Patterns of Social Well-being. New Delhi: Concept Publishing Company.

Lee B. 2012. Regional convergence and the impact of European structural funds over 1989-1999: a spatial econometric analysis. Review of Development Economics, 87 (2): 219-244.

Levine R V. 1997. A Geography of Time. New York: Basic Books.

Marchante A J, Ortega B, Sánchez J. 2006. The evolution of well-being in Spain (1980-2001): a regional analysis. Social Indicators Research, 76 (2): 283-316.

Markova N. 2010. Global inequality in well-being dimensions. The Journal of Development Studies, 46 (2): 371-378.

Matthews J, Munday M, Roberts A. 2003. An index of sustainable economic welfare for wales: 1990-2000. Cardiff: Cardiff Business School.

Mayer-Foulkes D. 2003. Convergence clubs in cross-country life expectancy dynamics. Wider Working Paper.

Mazumdar K. 2003. Determinants of Human Well-being. New York: Nova Science Publishers Inc.

McGillivray M. 2007. Human Well-being: Concept and Measurement. London: Palgvave Macmillan.

Mcnamara R S. 1973. Address to the Board of Governors of the World Bank. Washington: World Bank.

Moore A. 1994. Well-being: a philosophical basis for health services. Health Care Analysis, 2: 207-216.

Myers D G. 2000. The funds, friends and faith of happy people. American Psychologist, 55 (1): 56-67.

Nakazato N, Schimmack U, Oishi S. 2011. Effect of changes in living conditions on well-being: a prospective top-down bottom-up model. Social Indicators Research, 100（1）：115-135.

Narayan D. 1999. Bonds and Bridges：Social Capital and Poverty. Washington：World Bank.

Narayan D, Patel R, Schafft K. 2000. Can Anyone Hear Us? Voices from 47 Countries. Washington：World Bank.

Nath S K. 1973. A Perspective of Welfare Economics. London：Macmillan.

Neff D F. 2007. Subjective well-being, poverty and ethnicity in South Africa：insights from an exploratory analysis. Social Indicators Research, 80（2）：313-341.

Niels L A. 2010. Calibrated index of human development. Social Indicators Research,（98）：301-319.

Noorbakhsh F. 2002. Human development and regional disparities in Iran：a policy model. Journal of International Development, 14（7）：927-949.

Noorbakhsh F. 2007. International convergence or higher inequality in human development? Evidence for 1975-2002. Wilder Research Paper.

O'Leary E. 2001. Convergence of living standards among Irish regions：the roles of productivity, profitoutflows and demography, 1960-1996. Regional Studies, 35（3）：197-205.

Osberg L, Sharpe A. 2002. An index of economic well-being for selected OECD countries. Review of Income and Wealth, 48（3）：291-316.

Panelli R, Tipa G. 2007. Placing well-being：a maori case study of cultural and environmental specificity. EcoHealth, 4（4）：445-460.

Panelli R, Tipa G. 2009. Beyond foodscapes：considering geographies of indigenous well-being. Health and Place, 15：455-465.

Pavot W, Diener E. 1993. Review of the satisfaction with life scale. Psychological Assessment, 5：164-172.

Pesta B J. 2010. Toward an index of well-being for the 50 U.S. states. Intelligence, 38：160-168.

Powell M, Boyne G. 2001. The spatial strategy of equality and the spatial division of welfare. Social Polity & Administration, 35（2）：181-194.

Prescott-Allen R. 2001. The Wellbeing of Nations：A Country-by-Country Index of Quality of Life and the Environment. Washington：Island Press.

Prescott-Allen R. 2002. The wellbeing of nation. Social Indicators Research, 91（1）：5-21.

Sab R, Smith S C. 2001. Human Capital Convergence：International Evidence. IMF Working Paper.

Scottfrey R, Song F X. 1997. Human well-being in Chinese cities. Social Indicators Research, 42：77-101.

Sen A. 1981. Poverty and Famines. London：Oxford University Press.

Sen A. 1982. Choice, Welfare and Measurement. Oxford：Basil Blackwell.

Sen A. 1993. The Quality of Life. Oxford: Clarendon Press.

Sen A. 2006. Reason, freedom and well-being. Utilitas, 18（1）: 80-96.

Smith D M. 1973. The Feography of Social Well-being in the United States. New York: McGraw-Hill.

Smith D M. 1977. Human Geography of a Welfare Approach. London: Edward Arnold.

Smith D M. 1981. Industrial Location: An Economic Geographical Analysis. 2nd ed. New York: John Wiley & Sons.

Srinivasan T N. 1977. Development, poverty and basic human needs: some issues. Food Research Institute Studies, 16: 11-28.

Streeten P. 1981. First Things First: Meeting Basic Human Needs in the Developing Countries. London: Oxford University Press.

Thantavanh M, Buapun P. 2015. Measuring well-being from local perspective: the case of lao PDR. Social Indicators Research, 123（2）: 391-409.

Tuan Y F. 1976. Humanistic geography. Annals of the Association of American Geographers, 66（2）: 266-276.

United Nations Development Programme. 1990. Human Development Report 1990. New York: Oxford University Press.

United Nations Development Programme. 2015. Human Development Report 2015. New York: Oxford University Press.

Veenhoven R. 1984. Conditions of Happiness. Dordrecht: Kluwer Academic Publishers.

Veenhoven R. 1996. Happy life-expectancy: a comprehensive measure of quality-of-life in nations. Social Indicators Research, 39: 1-58.

Veenhoven R. 2002. Why social policy needs subjective indicators. Social Indicators Research, 58: 33-45.

Veenhoven R. 2004. Subjective measures of well-being. Palgrare Macmillan, 31（2）: 117-124.

Veenhoven R. 2007. Quality of life research. Quality of Life Research,（S1）: S19-S26.

Waterman A S. 1993. Two conceptions of happiness: contrasts of personal expressiveness（eudaimonia）and hedonic enjoyment. Journal of Personality & Social Psychology, 64（4）: 678-691.

White J M. 1992. Marital status and well-being in Canada. Journal of Family Issues, 13（3）: 390-409.

Wilbanks T J, Narine B. 1980. Location and Well-being: An Introduction to Economic Geography. San Francisco: Harper and Row.

Williamson J G. 1965. Regional inequality and the process of national development: a description of patterns. Economic Development and Culture Change , 3（4）: 9-10.

Wills E, Orozoco L E, Forero P C, et al. 2011. The relationship between perceptions of insecurity, social capital and subjective well-being: empirical evidences from areas of rural conflict in Colombia. The Journal of Socio-Economics, 40（1）: 88-96.

Witter R A, Stock W A, Haring M J. 1985. Religion and subjective well-being in adulthood: a quantitative synthesis. Review of Religious Research, 26（4）: 332-342.

Wolff J, de Shalit A. 2007. Disadvantage. New York: Oxford University Press.

Woolcock M, Narayan D. 2000. Social capital: implications for development theory, research, and policy. World Bank Research Observer, 15（2）: 225-249.

后　记

　　本书是笔者主持的国家自然科学基金项目"环鄱阳湖区居民福祉空间均衡的动力机制与情景模拟——福祉地理学视角"（项目编号 41361027）的最终研究成果。本书由王圣云总撰、设计和统稿，罗玉婷、翟晨阳做了大量数据处理和前期研究工作，单梦静、谭嘉玲参与了部分内容研究和校对工作，许双喜、廖纯韬等参加了课题前期调研和问卷收集工作。

　　特别要感谢南昌大学经济管理学院院长、中国中部经济社会发展研究中心主任、长江学者刘耀彬教授的支持和指导，南昌大学原党委书记、博士生导师周绍森教授，郑克强研究员，以及南昌大学国际交流处处长、博士生导师傅春教授等的关照和帮助。感谢科学出版社李嘉编辑、刘文娟编辑的大力支持。

　　十分感谢恩师张耀光教授、沈玉芳教授，以及孙才志教授、安树伟教授对我的教导。笔者攻读博士学位时的指导老师沈先生不幸因病去世，令人惋惜叹息，不胜怀念！本书主要的撰写工作是笔者在 2015~2016 年在美国密歇根州立大学地理系访学期间完成的，并得益于国家留学基金委地方合作项目资助，很感谢我的合作导师——密歇根州立大学的陈果教授对我在美国访学期间的指导和关照。

　　感谢国家自然科学基金委员会地球科学部对本课题的资助。由于本人学识水平和时间有限，本书难免有不妥之处，诚恳地希望得到专家和读者的批评指正。我的联系方式是：wangshengyun@163.com。

王圣云

2017 年 8 月